❖警官高等职业教育系列教材❖

司法会计原理与实务

主 编 袁 泉

中国政法大学出版社

编写说明

进入新世纪以来,伴随着"依法治国"方略的大力推进和高等职业教育事业的迅猛发展,我国司法警官职业教育事业也迎来了蓬勃发展的春天。作为高等教育的重要组成部分,警官类高等职业院校经过结构调整、资源重组和内涵建设,其办学层次和教育质量稳步提高,为社会输送了一大批应用型人才。在肯定成绩的同时,我们也清醒地认识到,社会对职业型、应用型人才的要求越来越高,警官类高等职业院校现有的教材体系已相对滞后,图书市场上虽然不乏有关这方面的教材,但理论性、学术性太强,缺乏针对性,不能适应高等职业教育所强调的理论知识传授以"必需、够用"为度,突出职业性和应用技能培养的要求。为了适应培养职业技能型人才的客观需要,确保因材施教,在中国政法大学出版社的大力支持下,我们组织编写了这套突出职业性和应用性的警官高等职业教育系列教材。

本套系列教材是根据教育部《关于加强高职高专教育人才培养工作的意见》和《关于全面提高高等职业教育教学质量的若干意见》的精神,组织在教学一线、具有丰富的教学实践经验和科研能力的老师共同编写。本套系列教材具有如下鲜明特点:

1.系统性。本套教材注重对相应学科中的基本概念、基本原理和基本实务问题的分析和阐述,释义准确、论点明确、重点突出、系统科学、结构严谨、逻辑严密,便于学生有针对性地学习和掌握相关知识点,并运用基本原理解决实际问题,真正做到学以致用。

2.实用性。本套教材通过对基本知识、基本实务问题的科学编排和准确阐述,教学素材(包括案例释疑、课后复习思考题、案例分析、实务训练题)的精心选取,实践教学环节的组织以及相关问题的展现,将知识和技能有机地融合起来,突出了职业性、应用性的要求和方法论的内容,注重对学生应用能力包括识别能力、归纳能力、解释能力、提高能力的培养和训练,真正实现从"教学生以知识"到"予学生以方法"的转化,从而使教材真正满足培养社会需求的应用型专门人才的实际需要。

3. 时代性。参加本套教材编写的作者,绝大多数都有硕士学位,具有教授、副教授高级职称,或同时具有律师、注册会计师、心理咨询师等"双师"素质,他们长期工作在高等职业院校教学和研究第一线,不仅具有较为深厚的专业理论造诣和丰富的教学经验,而且具有多年的职业实务能力。本套教材以最新立法规定和司法解释为依据,以多年的教学心得和知识积累为基础,广泛吸收理论界最新科研成果和国外的先进经验,强调理论联系实际,突出前沿性、实用性和操作性,具有现实指导意义和时代特色。

4. 针对性。本套教材的编写,在突出职业性和应用性特点、强调理论与实践紧密结合的同时,坚持"以市场需求为导向,增强学生就业竞争力为核心"的宗旨,紧密联系学生就业工作实际,兼顾学生和广大读者参加国家司法考试、公务员考试、人民警察招录考试和学历提升考试的需要。

5. 通俗性。本套教材力求用典型的案例和深入浅出的阐述,使抽象的专业术语及复杂的理论浅显易懂,易于学生掌握。针对警官高等职业教育的特殊性,本套教材在内容方面基本不涉及比较法学和学术争论等理论问题,对现行立法与司法解释中的某些不足之处亦不作评析。因此,本套教材既是警官高等职业学院和警官、司法丛业人员业务培训的首选教材,又可以作为其他类型职业学校、高等专科、成人高等学校法学专业的实用教材,还可供广大法律爱好者自学之用。

本套十七本系列教材的编写,参考吸取了有关教材、资料的相关成果,在此表示感谢。同时,恳请广大师生和读者对教材的不足和遗漏给予批评指正,以便进一步提高教材质量和水平,更好地为警官高等职业教育事业服务。

本书由袁泉任主编。具体写作分工如下(按撰写章节先后排序):

袁　泉:第一章、第二章、第九章、第十三章

冯　军:第三章、第四章、第六章、第七章、第八章、第十四章

尹　瑜:第五章、第十章、第十一章、第十二章、第十五章、第十六章

警官高等职业教育系列教材编审委员会
2007 年 10 月

前　言

2006 年 2 月 15 日,中华人民共和国财政部颁发了新的企业会计准则体系。该准则的发布实施,对规范我国企业的财务行为,保证提高会计信息质量,提高会计核算水平,以及实现与国际惯例的接轨,都具有重要意义。

为了更好地贯彻理论与实践相结合的原则,满足法律及警官类高职院校培养大批既懂相关法律知识又懂财会知识的专门应用型人才的需求,我们根据新颁布的《企业会计准则——基本准则》及其应用指南,结合会计从业资格考试的内容和要求,对 2005 年初编写的这本《司法会计原理与实务》教材进行了修订。本书主要用于各类法律及警官类院校的司法会计、基础会计教学,也可作为广大司法会计人员及财会人员的自学或参考用书。

本教材主要阐述了司法会计的基本理论、基本方法和基本操作技术。司法会计以基础会计原理为前提和基础,基础会计原理主要阐述了会计的基本理论、基本知识和会计核算的基本方法,重点介绍了会计记账、算账和报账的程序与操作技术;司法会计主要阐述了司法会计的基本内容、会计要素的鉴定程序和鉴定方法等。

在教材的编写中,注重体现"先进、简化、实用"的原则,深入浅出、突出重点,精选典型实例,理论与实际相结合,通俗易懂,增强教材的实用性、可读性和可操作性。凡涉及的基本概念,都尽量阐述清楚;凡涉及的会计方法及操作技术,都有实例。为方便教师教学和学生学习,在每章开始安排有内容提要,每章结束安排有复习思考题,以使广大学生及读者更好地理解和掌握所学知识,培养分析和解决问题的能力。

全书分为上、中、下三篇共十六章,上篇为司法会计概述,中篇为基础会计原理,下篇为司法会计鉴定实务。本书由袁泉主编,负责全书提纲的拟订、内容修订补充及统稿、定稿,冯军、尹瑜参编。本书在编写过程中参考了大量的专著和教材,得到了有关专家和领导的支持,在此一并表示感谢!

编写司法会计教材,既具有探索性,又具有深远的意义。由于时间仓促,水平有限,书中的疏漏和不足在所难免,还需要在使用过程中不断充实、完善,也恳请广大读者批评指正。

编　者

2007 年 11 月

目 录

上篇 司法会计概述

中篇 基础会计原理

下篇　司法会计鉴定实务

上篇 司法会计概述

第一章 绪 论

内容提要:

本章介绍了司法会计产生和发展的必要性,司法会计的概念、特征、基本内容与种类,司法会计审查、检查和鉴定的职能、主体与适用对象,在司法实践中的作用和专门方法;并阐述了司法会计的法律依据和标准,司法会计与会计学、审计学、侦查学、证据学等各学科的关系。使读者对什么是司法会计有一个初步的了解和认识。

第一节 司法会计的产生和发展

任何学科都是为了适应实践需要,解决客观实践中的问题而产生和建立的。司法会计,作为一门新兴学科,是社会经济发展到一定阶段的产物,同样是在经济社会和司法实践中产生、发展的,是专门用于解决司法实践中有关会计问题的科学理论。

随着社会主义市场经济的发展,经济交往的日益增多,社会经济活动中的经济犯罪、民事财产纠纷、经济纠纷等也随之增多和复杂。这些犯罪、纠纷、矛盾只有得到正确、合理的解决,才能惩治罪犯,解决矛盾,有效保护国有资产,维护社会经济秩序的正常进行。上述情况在诉诸法律的过程中,都涉及对有关资产的核实、验证和核算等专门性问题,也就是会计问题,即运用反映单位经济活动的会计资料作为法律证据,依法办案。这就要求司法机关在处理这些案件时,必须借助专门的会计、审计查明案件,以便取得科学、真实、客观的法律证据。

会计资料作为大量经济活动原始凭证的汇总概括,具有综合性、相关性和专业性的特点,只有具备专业知识的人才能阅读和理解。一般司法人员由于专业知识的局限无法理解会计资料的内容,无法判断会计资料的真实、合法程度,只有依靠会计、审计等专业人员的科学检查和鉴定,会计资料才能成为司法活动的证据。离开会计、审计人员,查案将无从下手。因此,我国司法实践的客观需要,产生了司法会计,并不断在司法实践中得到发展、补充和完善,成为一门比较系统的新兴学科。

同时,会计学的发展也推动了司法会计的产生和发展。现代会计,作为管理经济的重要手段,在实践和理论上都有很大发展,在社会经济活动的管理实践中得到广泛的应用,已逐步形成一套科学的方法体系,且随着生产力水平的不断提高,仍在不断地发展和完善。从而,使司法机关在办理有关的经济案件时,有可能而且有必要利用财务会计提供的经济活动的会计资料和其他有关资料,来作为办案的事实和证据,以便查明案情,保证司法机关的职能得以实现。

与一些发达国家相比,我国司法会计起步较晚。从 20 世纪 50 年代末至 80 年代初,由于受各方面的影响,司法会计工作一度停滞不前。改革开放后,随着我国《刑法》、《刑事诉讼法》的颁布实施,司法会计进入了真正发展的阶段。特别是 20 世纪 80 年代中期,为了适应反腐败斗争的需要,最高人民检察院技术部门在对国外司法会计的有关情况进行调研后建议,检察机关有必要建立司法会计专业技术门类,配备司法会计技术人员,开展为检察机关查办贪污贿赂、偷税等犯罪案件服务的司法会计工作。为此,最高人民检察院从 1987 年开始了对全国检察机关司法会计人员的培训工作。同时,司法会计工作的范围也由原来主要为检察机关查办案件提供查账技术协助和进行司法会计鉴定扩大到接受公安、法院等部门的委托,为公安、法院等部门在办理案件中提供司法会计鉴定结论和技术服务。20 世纪 80 年代后期,一些法院在审理涉及财务会计业务的民事、经济、行政案件时,开始委托社会中介机构,如会计师事务所等,进行相关的司法会计活动。个别地方的法院还与银行、审计等部门联合成立了开展司法会计业务的机构。到 20 世纪末本世纪初,一些地方的公安、法院、专业院校等部门为了满足侦查和审判工作的需要,已酝酿建立了司法会计专业技术门类或机构,开展司法会计工作。

在国外,司法会计作为一门课程进行传授和研究,时间较早。在 20 世纪 50 年代,前苏联的一些法律学院开设了"司法会计"课程,美国的一些法学院把"司法会计业务"作为博士生的学习课程。国内的一些法学院,从 20 世纪 80 年代初期也开始开设"司法会计"课程,但一直由于受到重视程度不够、课时紧张、专业教师缺乏等的制约,大部分院校的"司法会计"教学和研究难以深入。这些年来,虽然司法部早已把"司法会计学"列为政法院校的一门课程,但大多数院校因为缺乏合适的教材和教师,只能以"会计学原理"作为授课内容。近几年来,随着经济发展和改革开放的深入,经济犯罪、经济纠纷的日益增多和复杂,司法会计作为一门学科,在司法理论研究和实践中越来越受到理论界及公、检、法等办案和预防经济犯罪部门的关注。

司法会计作为一种取证技术和鉴定手段,正是为了适应市场经济条件下,有力打击经济犯罪、职务犯罪而产生的,并且展现出了勃勃生机。借助现代会计学的发展和计算机等高新技术的广泛运用,司法会计已成为司法鉴定技术领域内的一支生力军。

第二节 司法会计的概念、特征和种类

一、司法会计的概念

司法会计,作为一种理论,它是指司法会计学的研究对象;作为一种实践,它是指司法会计工作;作为一种职业,它是指司法会计人员。这里所讲的司法会计的概念是从司法会计理论角度所作的定义。

司法会计,是指运用有关的司法会计原理和方法,在涉及财务会计业务案件的调查、审理中,为了查明案情,对案件所涉及的财务会计资料及相关财物进行专门检查,或对案件所涉及的财务会计问题进行专门鉴定的法律诉讼活动。

从这一定义出发,司法会计作为一项法律诉讼活动应具备以下特征。

二、司法会计的特征

(一)司法会计是一种法律诉讼活动

法律诉讼活动起始于立案,终止于判决生效。因此,司法会计活动只能发生并存在于这一过程中。

(二)司法会计是以检查案件所涉及的会计资料及相关财物,或解决办案中遇到的财务会计问题为主要内容

这一特征说明司法会计活动的基本内容包括司法会计审查活动、司法会计检查活动和司法会计鉴定活动;并概括了司法会计活动的主要对象,其中,司法会计审查与司法会计检查的对象是案件所涉及的会计资料及相关财物,司法会计鉴定的对象是案件所涉及的财务会计问题。

(三)司法会计活动存在于涉及财务会计业务案件的调查、审理中

涉及财务会计业务案件,既指案件事实本身就包含着财务会计行为或内容的诉讼案件,也指案件事实本身虽不包含财务会计业务,但在查证案件的某些事实时,需要查清一些财务会计事实的诉讼案件。

在刑事案件中,案件事实本身包含财务会计行为或内容的达 120 余种。如生产销售伪劣商品案件、走私案件、金融诈骗案件、挪用资金案件等;在民事(经济)纠纷案件中,当事人一方为法人或经营单位的欺诈交易案件、结算争议案件、权益争议案件、涉及产权及收益的离婚案件等;在行政案件中的行政损害案件、涉税案件等,这些都会涉

及财务会计业务。

三、司法会计的内容与种类

司法会计一般不以普通的企事业单位为对象,不对财务收支状况和经济效益好坏进行鉴定,也不对经济业务发生的过程和结果进行评价,只是对与已经发生的经济案件有关的特定会计事项进行审查、检查和鉴定。

（一）基本内容与分类

按其内容和目的,具体分为:

1. 司法会计审查。司法会计审查,是指司法会计人员对案件所涉及的财务会计资料及相关证据进行审查、验证的技术活动。其目的是为诉讼活动收集、固定、判断、鉴别会计资料及相关证据;其主要特征是对有关会计资料及相关证据进行审查,对其合法性、可靠性进行确定。司法会计审查在不同的诉讼程序中起着不同的作用,可包括司法会计文证审查、司法会计制度审查和司法会计环境审查三种。其中,文证审查是实质性审查,主要是对涉案的会计资料及相关材料的审查;制度审查和环境审查是非实质性审查,制度审查主要是对单位内部控制制度的审查,环境审查主要是对单位的手工环境和计算机环境进行审查。制度审查和环境审查为文证审查服务。

2. 司法会计检查。司法会计检查,是指在法律诉讼中,为了查明案情,对案件涉及的财务会计资料及相关财务依法进行专门检查的活动。按照我国法律规定,人民法院、人民检察院和公安机关有权向有关单位和个人调查取证,有关单位和个人不得拒绝。司法会计检查,通俗地讲就是司法诉讼中所进行的查账、查物活动。其目的是为了寻找、发现、收集和固定有关财务会计资料和财产状况方面的诉讼证据。具有现场性、客观性的特征。

3. 司法会计鉴定。司法会计鉴定,是指在诉讼中,为了查明案情,指派或聘请具有司法会计专业知识的人员,对案件中需要解决的财务会计问题进行鉴别判断的一项司法会计活动。其目的是为诉讼活动提供鉴定结论。其结论——《司法会计鉴定书》,是一种独立的诉讼证据,它与会计证据等互相印证、互相补充,具有主客观相统一的特点。司法会计鉴定可以分为经济犯罪案件鉴定和经济纠纷案件鉴定、诉讼案件鉴定和非诉讼案件鉴定、司法机关委托鉴定和当事人委托鉴定等。在案件中只涉及一个财务会计问题,需要进行一项司法会计鉴定,涉及多个财务会计问题,则需要进行多项司法会计鉴定。

（二）其他分类

1. 司法会计按其范围,分为全面查证、专案查证和单项查证。
2. 司法会计按其方式,分为指派方式、委托方式。

3. 司法会计按其诉讼性质,分为刑事诉讼的司法会计、民事诉讼的司法会计和行政诉讼的司法会计。

第三节 司法会计的职能、对象和作用

一、司法会计的职能

根据司法会计的基本内容和分类,其具有以下职能:

(一)司法鉴证职能

司法会计专业人员运用司法会计知识和检验鉴定方法,对与案件有关的会计事项、财务会计资料及相关证据,进行鉴别、判断,鉴定其真实性、合法性,为司法诉讼活动提供证据。它是对有关经济活动的公证,是会计核算职能和审计鉴证职能在会计活动中的发展,是一种特殊的法律公证形式,在司法实践中具有重要作用。

(二)司法监督职能

司法会计专业人员利用司法会计审查、检查方式,对发案单位的内部控制制度是否健全、会计资料和会计业务是否真实可靠、经济活动是否合理合法等进行检查、验证,对涉案的所有会计事项和经济活动的过程和结果进行司法监督。它与审计、财政、银行、税务、工商、物价等部门的经济监督一起,构成整个国民经济的监督体系,成为经济监督体系中最后也是最严厉的一个环节。

(三)司法侦查职能

司法会计专业人员,由于具有会计的专业知识,通过对财务资料的审查、检查和鉴定,能够及时发现、分析线索,提取、审查证据,为确定有无犯罪发生及涉嫌犯罪的性质提供科学依据。而一般司法侦查人员,由于缺乏会计专业知识以及经济活动、犯罪手段的复杂性,在确定有无犯罪发生和涉嫌犯罪的性质上,往往存在一定困难。

二、司法会计的主体和对象

(一)司法会计的主体

司法会计的主体,是国家司法机关具有侦查办案身份的司法会计人员,或由国家司法机关指派、委托的司法鉴定机构的人员。通过国家司法活动的实施,具有权威性和威慑力。

（二）司法会计的对象

1. 必须是经济案件的发案单位和有关单位。只要与经济案件有关，不论哪个单位都可能成为司法会计审查、检查、鉴定的对象，不受行政隶属关系和地域的限制。

2. 必须是在诉讼过程中，或者由当事人提请司法鉴定部门进行的鉴定活动中，与案件有关的，且需要进行专门技术鉴定的财务会计资料。包括：会计凭证、会计账簿、会计报表以及有关的财务情况分析、说明等相关资料。

3. 其他与案件有关的资料。如相关的经济合同、协议文本、往来函件、统计资料、业务记录等。

三、司法会计的作用

司法会计的审查、检查、鉴定内容及鉴证、监督和侦查职能，使之在社会主义市场经济建设和司法实践中发挥着重要作用。

（一）通过司法会计，可以为司法机关发现、揭露和证实犯罪提供线索和证据

经济犯罪行为，必然会在有关的财务会计资料中留下犯罪痕迹。司法会计人员通过查账、查物，就可以从这些资料中捕捉到有用的犯罪信息，发现有关犯罪线索和犯罪事实，以此作为证据，揭露和证实犯罪。这也有利于节省办案时间，提高工作效率，符合诉讼经济原则。

（二）通过司法会计，可以查实、审核犯罪线索和举报材料，为司法机关确定是否立案侦查提供依据

经济犯罪案件与其他犯罪案件有明显的不同，它在受理立案时，往往无明显的犯罪现场可供勘察，因此，是否需要立案侦查往往难以确定。而经济犯罪行为，大多会涉及财务会计业务，司法会计人员对有关的财务会计资料进行检查，便可查实是否存在犯罪事实，是否需要立案侦查。

（三）通过司法会计，可以为司法机关鉴别、固定证据，为诉讼提供科学的结论

司法会计人员收集到的有关案件的财务会计资料中，有些会计资料可以直接地反映案件事实，而有些会计资料不能直接地反映案件事实，往往涉及一些技术性问题。这就需要通过司法会计鉴定来鉴别和确认，以揭示其具体的财务会计含义，固定证据，进而查明案件事实。

（四）通过司法会计提供的会计证据和鉴定结论，可以为司法机关办案形成一条有内在联系的证据锁链，对证实犯罪，惩办犯罪分子，维护社会主义经济秩序具有重要意义

司法会计工作之所以能够为司法机关查办案件提供科学的技术保障，一是其所提供的司法会计技术协助具有及时性和科学性，使办案部门能够及时查明案情，侦破案件；二是其所提供的司法会计鉴定结论的独立性、科学性和可靠性较强，使司法机关能够方便的使用鉴定结论、查明案情；三是其工作主体自身也就是司法会计人员，都具备司法会计的专业知识和技能，并有较强的政治素质和业务素质。

第四节　司法会计的方法

司法会计的方法，是指用以完成司法会计的任务而采用的手段，即司法会计审查、检查、鉴定所使用的技术手段。主要有以下几种：

一、核对法

核对法，是将会计记录与其他有关资料的相关数据进行对照，以审核其是否相符的一种查账方法。它广泛用于证证、账证、账账、账表及表与表之间相关数字的核对。通过核对发现问题，找出疑点，再根据需要逐步扩大查账范围，查实问题。它以会计资料间的科学联系为前提，是司法会计最常用的基本方法之一。

二、审阅法

审阅法，是以政策法规制度为准绳，阅读审查各种资料，从中发现疑点和问题，确定进一步检查线索的一种方法。它是以审查的心态和眼光进行阅读，审阅的资料包括：会计凭证、会计账簿、会计报表、经济合同、业务往来函件等。审阅的内容一般包括三个方面，一是外表审阅，看资料是否完整，手续是否完备，项目填写是否齐全；二是实质审阅，看相关数据是否衔接，内容是否真实，相关资料口径是否一致；三是合理合法性审阅，看其是否符合国家的有关法规、制度、批文规定，对其合理性、合法性进行审查。

三、复核法

复核法，就是对会计记录中的某些数字按照要求重新计算，以审核原记录数字是否正确的查账方法。它可以发现会计人员工作中粗心大意造成的差错，还可以揭露会计核算中弄虚作假等问题。

四、查询法

查询法,是通过找当事人或知情人调查询问,取得必要的书面资料,以弄清或印证问题的一种查账方法。有直接口头询问和间接函电询问两种。采用这种方法,应根据查账要求,考虑好要解决的问题、讯问对象、讯问方式等。

五、盘点法

盘点法,是对查账单位的财产物资、货币资金等进行实地清查盘点、核对数额,以检查账面核算资料是否正确的一种查账方法。通过实地盘点,可从中揭示问题。

六、分析法

分析法,是通过对会计资料的比较、分析,以发现疑点或线索,进一步开展检查的查账方法。按其分析对象可以分为账户分析和报表指标分析两种。它是从对相关数据的分析中找出差异、疑点,查明原因。

七、鉴定法

鉴定法,是指对某些书面资料、实物的确认,超过了一般查账人员知识、技能的范围,而组织专业人员进行技术鉴定识别的一种查账方法。专业人员在进行技术鉴定后,应出具鉴定报告,作为查账认定的依据。

第五节 司法会计的法律依据和标准

一、司法会计的法律依据

(一)司法会计检查的法律依据

司法会计检查是司法检查的一种,其法律依据主要有:

1. 我国《民事诉讼法》第 64 条第 2 款规定:"当事人及其诉讼代理人因客观原因不能自行收集的证据,或者人民法院认为审理案件需要的证据,人民法院应当调查收集";第 65 条规定:"人民法院有权向有关单位和个人调查取证,有关单位和个人不得拒绝"。

2. 我国《刑事诉讼法》第 101 条规定:"侦查人员对于与犯罪有关的场所、物品、人身、尸体应当进行勘验或者检查。在必要的时候,可以指派或者聘请具有专门知识的人,在侦查人员的主持下进行勘验、检查";第 107 条规定:"人民检察院审查案件的时候,对公安机关的勘验、检查,认为需要复验、复查时,可以要求公安机关复验、复查,并且可以派检查人员参加";第182条第2款规定:"人民法院调查核实证据,可以进行勘验、检查、扣押、鉴定和查询、冻结"。

3. 我国《行政诉讼法》第34条第2款规定:"人民法院有权向有关行政机关及其他组织、公民调取证据。"

(二)司法会计鉴定的法律依据

司法会计鉴定是司法鉴定的一种,其法律依据主要有:

1. 我国《民事诉讼法》第72条规定:"人民法院对专门性问题认为需要鉴定的,应当交由法定鉴定部门鉴定;没有法定鉴定部门的,由人民法院指定的鉴定部门鉴定";第125条第3款规定:"当事人要求重新进行调查、鉴定或者勘验的,是否准许,由人民法院决定"。

2. 我国《刑事诉讼法》第119条规定:"为了查明案情,需要解决案件中某些专门性问题的时候,应当指派、聘请有专门知识的人进行鉴定";第121条规定:"侦查机关应当将用作证据的鉴定结论告知犯罪嫌疑人、被害人。如果犯罪嫌疑人、被害人提出申请,可以补充鉴定或者重新鉴定";第158条第2款规定:"人民法院调查核实证据,可以进行勘验、检查、扣押、鉴定和查询、冻结"。

3. 我国《行政诉讼法》第35条规定:"在诉讼过程中,人民法院认为对专门性问题需要鉴定的,应当交由法院鉴定部门鉴定;没有法院鉴定部门的,由人民法院指定的鉴定部门鉴定"。

二、司法会计的标准

司法会计的标准是司法会计人员判断案件所涉及的有关会计事项是否真实、合法的依据,是司法会计人员提出意见、做出结论的依据,也是被查证单位和个人应当遵循的规范。司法会计人员正是依据司法会计标准,来判断是非,衡量经济活动是否遵循规范的。按其内容可分为:

(一)法律规定

法律规定,是指一切与经济犯罪和经济相关的实体法律、行政法规。主要包括:民法、经济法中有关财产权利、债务和合同的规定,刑法中有关经济犯罪行为的规定,行政法中有关国民经济管理的规定等。

(二)规章制度

规章制度,是指行政管理部门制定的行政规章和企业单位内部制定的规章制度。它可以作为司法会计人员计算被查事项数额,划清责任等的依据。

（三）预算、计划和合同

预算、计划和合同，可以作为司法会计人员判断有关经济业务是否真实、合法的依据。

（四）技术指标

技术指标，包括有关历史指标、定额、质量指标、性能指标和同行业指标等。它可以作为司法会计人员评估推算有关事项和数据的依据。

第六节　司法会计与相关学科的关系及学科体系

一、司法会计与相关学科的关系

司法会计学是一门应用会计学，属于会计学的组成部分，他的基本原理主要来源于会计学、审计学，是在应用这些学科的理论和技术，解决司法实践中的有关问题。但是，司法会计学对这些学科原理的应用，并非机械照搬，已形成了自己特有的特征和理论体系，与会计学和审计学存在着一定的共性和差异。同时，司法会计由于其特有的性质与作用，还与侦查学、证据学、诉讼法学、实体法学等学科密切联系，这些学科的发展也影响和促进着司法会计的发展。

（一）司法会计与会计学的关系

会计，是以货币为主要计量单位，用科学的方法对经济活动进行专门核算和监督，并参与经济决策的经济管理活动。

1. 司法会计与会计学的共性。

（1）体系相同。司法会计是会计学的一个分支学科，是会计学的一个特殊领域。会计学分为理论会计学和应用会计学，应用会计学又分为财务会计、成本会计、管理会计、司法会计等专业会计。

（2）会计学的原理和方法是司法会计学的基础之一。会计核算与监督是司法会计产生和应用的前提，司法会计是现代会计学的补充和发展。

2. 司法会计与会计学的差异。

（1）服务领域不同。会计是以货币为主要计量单位，反映并监督经济活动过程的一种管理活动，其本身是经济管理的重要组成部分；司法会计是司法审查、检查和鉴定，是诉讼活动的组成部分。

（2）目的不同。会计学的目的是加强经济管理、提高经济效益；司法会计侧重于研究如何运用会计学的专门知识,解决诉讼活动中涉及的财务问题,目的是为了查明案情事实,正确处理案件。

(3)方法不同。会计学主要采用会计核算和会计监督的方法;司法会计主要采用审查、检查和鉴定的方法。

(4)结果不同。会计学的会计核算和监督形成各种财务会计资料;司法会计则形成司法会计证据。

(二)司法会计与审计学的关系

审计,是指审计机构根据需要或接受委托,指派专业人员依据审计标准,通过审查被审单位的财务会计资料和有关经济活动,提出意见和结论的一种经济监督见证和评价活动。

1.司法会计与审计学的共性。

(1)对象相同。审计与司法会计都是对一定的财务会计资料的检查、验证。

(2)手段相同。审计与司法会计均采用一定的账务检查手段来完成任务。

(3)结果相同。审计与司法会计均出具书面文件报告工作结果。

(4)主体相同。当审计人员按照法律程序时,可以成为具体案件的司法会计主体。

2.司法会计与审计的差异。

(1)性质不同。审计是一种社会经济监督、鉴证和评价活动;司法会计则是法律诉讼活动的组成部分。

(2)范围不同。审计是一项独立的社会活动,涉及经济的各个方面;司法会计则只针对需要查明的案件事实,只围绕案件所涉及的财务会计问题进行审查、检查和鉴定。

(3)目的不同。审计的目的具有多样性,包括监督经济活动、鉴证经济业务、评价财务会计报告等;司法会计的目的则是为了查明案情,查证经济活动中的贪污舞弊行为,解决经济纠纷。

(4)时间不同。审计既监督财务收支的真实、合法,又对经济活动的合理性进行事前审查、事中控制;司法会计则只在经济业务发生后,对其真实性、合法性进行查证。

(5)组织机构不同。目前,我国审计的启动权在于审计机关、经济监督部门或被审单位,其过程由审计机关或提请审计的单位进行控制和监督;司法会计的启动权只是司法机关,其过程受到司法机关的控制和监督。

(三)司法会计与侦查学的关系

侦查,是指侦查机关为了收集证据,揭露和证实犯罪,查获犯罪分子,依法进行专门调查和实施强制性措施的活动。

1.司法会计与侦查学的共性。

(1)目的相同。侦查学与司法会计都是研究利用科学技术手段,收集证据,查明案件事实真相的学科。

(2)方法相同。侦查学与司法会计都是运用专门方法重现犯罪事实的手段。

(3)在刑事诉讼中,司法会计检查和鉴定是侦查活动的有机组成部分。实践中,两者常常互相配合、相互映证。

2.司法会计与侦查学的差异。

(1)研究对象不同。侦查学的对象包括一切与案件有关的场所、物品和痕迹等;司法会计针对的则是会计核算资料。

(2)应用范围不同。侦查学只能用于刑事诉讼侦查环节;司法会计则可以用于民事、刑事和行政诉讼,也可以用于刑事侦查、批捕、起诉等环节。

(3)技术方法不同。侦查学可以运用询问、讯问、勘察、扣押、搜查、鉴定等一系列专门方法和强制措施;司法会计则只能运用审查、检查和鉴定方法。

(四)司法会计与证据学的关系

1.司法会计与证据学的共性。司法会计是研究审查、收集、鉴定、提供司法会计证据的学科。证据学是研究收集、审查、鉴别、判断、综合和运用诉讼证据的学科。因此司法会计学也是证据学的一个部分。

2.司法会计与证据学的区别。

(1)内容不同。证据学是研究包括书证、物证等在内的全部证据;司法会计只是研究会计证据和司法会计审查、检查、鉴定结论等司法会计证据。

(2)范围不同。诉讼证据运用于各种案件的诉讼活动;司法会计证据主要运用于经济犯罪和经济纠纷案件的诉讼活动。

(五)司法会计与实体法学的关系

实体法包括民法、刑法、经济法和行政法等部门法。它们是司法会计的重要依据和标准,司法会计正是根据实体法的规定,才能对会计事实进行审查、检查和鉴定,收集、提供证据。

二、司法会计的学科体系

根据目前我国法律与警官类高职院校教学的实际情况和学生特点,我们认为司法会计的学科体系应包括以下内容:

(一)绪论

这部分是司法会计的概述,主要介绍司法会计的概念、特征、种类、职能、对象、作用和方法,以及司法会计的产生和发展,司法会计的法律依据和标准等内容。

（二）基础会计原理

基础会计中会计核算和监督的原理与方法是司法会计存在和发挥作用的前提。基础会计原理主要包括会计核算的基本内容与方法、会计核算的步骤、账务处理程序、财产清查等内容。

（三）司法会计实务

主要阐述司法会计鉴定的概念、特点、意义、种类、范围、内容等,重点对具体的会计对象,即资产、负债、损益和所有者权益进行实务鉴定,了解其鉴定技术、程序和方法。

以上是本教材的基本框架。随着司法会计实践经验的不断积累和丰富,司法会计这门学科的体系和内容也将日益得以丰富和完善。

思考与练习

一、名词解释

司法会计　司法会计审查　司法会计检查　司法会计鉴定

二、简答题

1. 司法会计是怎样产生的? 目前在我国发展状况如何?
2. 简述司法会计的对象、特点、内容和作用。
3. 简述司法会计的法律依据和标准。
4. 司法会计的方法主要包括哪些? 它们各自具有什么作用?
5. 司法会计与会计学、审计学、侦查学、证据学等学科有何关系?

中篇　基础会计原理

第二章　基础会计总论

内容提要：

本章阐述了会计的产生、发展与社会经济环境的关系，会计的概念、本质、特点，会计的职能、对象、目标、核算方法；并介绍了会计核算与监督的准绳和标准——会计核算的基本前提和对会计信息质量的要求。

第一节　会计的产生和发展

一、会计的产生

人们在生产活动中，总是力求以较少的劳动和耗费取得尽可能多的劳动成果，这样必然要对生产过程中的劳动耗费和劳动成果进行记录、计量、计算、比较和分析，于是会计便产生了。会计是社会生产发展到一定阶段，由于管理经济的需要而逐步产生的；是伴随着人类社会生产实践和经营活动的产生、发展而形成和发展起来的一项特定的管理活动。

我国早在原始社会初期，人们就知道把生产活动的过程和结果记录下来，进行简单的食物交换。这种单凭人们头脑记忆的方法，使最简单的计算出现。到上古时期，随着经济活动的增多，出现了"绘图记事"、"结绳记事"、"刻木记数"等记账符号。在国外的古代社会，有埃及的刻石、巴比伦的泥板等，这些最原始的经济计算和记录活动，就是会计的萌芽。由于在人类社会早期，社会生产力水平极其低下，没有剩余产品，因此，那时会计的经济记录活动非常简单，仅作为生产职能的附带部分遗留下来。

原始社会后期，生产力进一步发展，剩余产品出现。随着生产过程中需要和记录的内容逐渐增多,生产者忙于生产,已无暇兼顾会计工作。于是,会计逐渐地从生产职能中分离出来,成为特殊的、专门委托当事人的独立的活动。

据文字记载,我国早在三千多年前的西周奴隶社会,就出现了"会计"一词。在《孟子·正义》中,把会计概括为"零星算之为计,总和算之为会",当时对会计的涵义解释为"既有日常零星的核算,又有年终的总和核算",通过日积月累,以达到正确反映经济活动及结果的目的。在当时还设立了专门管理钱粮赋税的官员——"司会"和单独的会计部门,掌管国家全部会计账簿,定期对收入和支出实行"月要"、"岁会",进行会计监督,考核地方管理情况和财务收支。

早期的会计,只是对财产物资的收支活动进行实物数量的记录和计算,与统计和其他核算是混在一起的简单会计。

二、会计的发展

随着人类社会的进步和商品经济的发展,也带动着会计的不断发展。

秦始皇统一中国后,统一了度量衡和货币,大大促进了当时封建社会经济的发展,使货币量度成为会计核算的主要计量单位,会计记录和统计记录有了一定的区别,也是古代会计向近代会计转变的开始和会计区别与统计和其他业务核算的重要标志。会计上出现了"账簿"和记账符号"入"、"出"等。到了唐朝,农业、手工业和商业空前繁荣,随着对外贸易和造纸业的发展,会计在国内外得以广泛传播,出现了一系列会计方面的专著,如:李吉莆的《元和国计簿》、丰处厚的《大和国计簿》,标志着当时我国会计核算和经济管理水平有了较大的提高。在宋代,会计核算上出现了"四柱清册"的结账方法,通过"旧管 + 新收 - 开除 = 实在"平衡公式的计算,全面地反映了钱物的增减变化和其期初、期末结余情况及来龙去脉。明末清初,山西的傅山根据"四柱清册"的方法设计出"龙门账",它是一套简单明了的适用于民间商业的会计核算方法,同时会计上统一了账簿格式。清朝,产生了资本主义的萌芽,社会生产进一步发展,会计方法也在不断成熟。在民间商业界产生了"四脚账",以反映同一项经济业务的来龙去脉,它可以说是现代会计"复式记账"的雏形。

在欧洲,12 世纪到 15 世纪,在地中海沿岸的热那亚、威尼斯等城市,由于活跃的商品经济及与其相互依存的借贷资本业产生了科学的复式借贷记账法,这是会计发展史上的里程碑。这一先进科学的记账方法很快在欧洲乃至全世界流传。18 世纪末到19 世纪初,西欧经济迅速发展,生产的社会化程度越来越高。随着股份有限公司的出现,使得资本的所有权与企业的经营权分离。公司的股东通常不直接参与企业的生产经营活动,而由董事会聘请经理人员来管理公司,这样股东就需要了解公司的财务状况和盈利能力;而信贷业务的开展,债权人也要了解企业的偿债能力。这样,公司的经营者就要向有关各方提供财务报告,反映公司的财务状况和经营业绩,并由与公司经营者没有利益关系的第三方来验证公司财务报告的真实性和准确性。于是,注册会计师应运而生了,由此推动了会计内容的发展,对财务报告进行分析、财产估价等各种原则和方法相继出现。1973 年 6 月,美国、澳大利亚、加拿大、法国等国的会计职业团体发起组成了会计准则的国际组织——国际会计准则委员会,形成了会计国际化的大趋势。20 世纪二三十年代,随着预算管理、标准成本和差异分析等管理思路在生产经营活动中的广泛运用,促使会计自身必须不断发展和变革,以适应经济环境变化的要求,这样管理会计产生。财务会计、成本会计主要应用于企业外部各方面对企业管理的需要;管理会计则主要应用于企业自身内部管理的需要。三者有机结合和促进,构成当代会计的基本特点。20 世纪 50 年代后,由于信息论、控制论、系统论、行为科学、电子计算机等引入会计,使会计控制成为会计工作的重要内容,现代会计在传统财务会计的基础上逐步形成。近年来随着电子计算机在会计领域的普及,实现了会计信息的收集、分类、处理、反馈的电算化,提高了会计信息处理的及时性和准确性。

新中国成立后,我国全面引进前苏联的会计模式,建立了适应社会主义计划经济体制的会计制度。1978 年改革开放后,国家对会计工作更加重视,引进和利用现代会计新的理论和方法,制定了大量的会计制度来指导和规范会计工作。1981 年建立了会计师制度;1985 年 1 月,颁布了《中华人民共和国会计法》;1992 年 11 月,根据改革开放和社会主义市场经济发展的需要,颁布了《企业会计准则》和各行业的会计制度;1999 年 11 月又颁布了修订后的《中华人民共和国会计法》,并于 2000 年 7 月 1 日起实行,进一步规范了会计行为;特别是 1997 年颁布的《企业具体会计准则》、2000 年底颁布的《企业会计制度》、2006 年 2 月新颁布的会计准则,突破了原有的会计核算模式,建立起了符合国际惯例的、具有我国特色的新的会计管理体系。

总之,会计随着社会生产力的发展,经历了由简单到复杂、由低级到高级的发展历程,从时间上划分,它大致可以分为古代会计、近代会计和现代会计三个阶段。见图表 2 - 1 会计的发展历程。

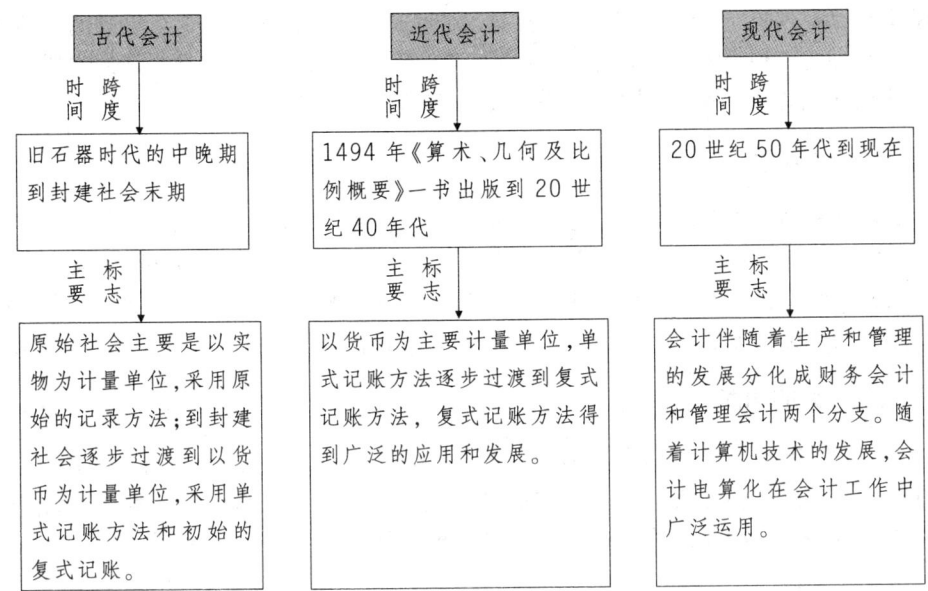

图表 2-1　会计的发展历程

第二节　会计概述

　　会计发展至今,其基本内容不断丰富,涉及的领域不断扩大,会计的职能也不断完备。从企业角度看,其内容包括:预测、计划、核算、控制、决策、考核和分析等多项功能,能对企业的经济活动进行连续、系统、全面和综合的反映和监督;从全社会来看,会计的内容涉及财政、金融、税务、投资、企业决策、经营战略、市场定价、人力资源、环境保护、资产评估、资本运作、跨国经营和国民经济等各个方面。实践证明,现代经济社会的发展不可能离开会计工作。

一、会计的概念

(一)会计的本质

　　认识会计的概念,首先必须明确会计的本质。会计的本质,是指不同历史时期会计所具有的共性。随着社会生产力的发展和经济关系的复杂化,会计的内容和形式也在不断地完善和变化,由简单的记账、算账、对外报送会计报表,发展为参与事前预测、决策,对经济活动进行事中控制、监督,事后分析、检查。但是,无论会计如何发展和变化,无论是在过去、现在或将来,会计都是人们运用会计方法对经济进行管理的一项实践活动,即是一种经济管理活动,是经济管理的重要组成部分,这正是会计的本质。另外,不同时代的会计有其不同的特征,而这正是各个时代会计的个性。

（二）会计的概念

会计是一种经济管理活动,会计人员除了为管理各环节提供信息以外,还直接参与管理和控制,其内容主要是资金与成本,其方法主要有会计核算、分析、检查以及参与预测和决策,其目的是提高经济效益。因此,会计的概念是:会计是以货币为主要计量单位,运用会计方法,对一定单位的经济活动进行核算和监督的一种经济管理工作。

二、会计的职能

会计的职能是指会计在经济管理工作中所具有的基本功能,是会计本质的体现。《中华人民共和国会计法》对会计的基本职能表达为:会计核算与会计监督职能。随着生产力的发展、经济关系的复杂化,会计逐渐又具有了参与经济决策的职能。

（一）核算职能

会计核算职能也称为会计反映职能,主要是以货币为主要计量单位,通过确认、计量、记录和报告等形式,对经济活动从数量方面进行全面、综合、连续、系统地计算和记录,将经济活动的内容转换成会计信息的功能。它是会计最基本的职能。记账、算账、报账是会计执行核算职能的主要形式。

会计对经济活动的核算是全面的,即事前、事中、事后全面核算经济活动情况,为经济管理提供数据资料。同时,会计核算要对经济活动情况进行科学的分类和整理,以保证所提供的会计资料成为一个有序的整体,揭示出客观经济活动的规律性。

（二）监督职能

会计监督职能又称为会计控制职能,是指控制、规范单位经济活动的运行,使其达到预期目标的功能。会计监督是全部会计管理工作的核心,与会计核算有着密切的联系,分为监督经济活动的合法性与合理性两个方面。监督经济活动的合法性,就是通过干预经济活动,使之符合国家有关法律、法规和制度的规定,提供的会计信息真实、完整;监督经济活动的合理性,就是对每项经济活动的合理性、有效性进行审查、控制、分析和检查,及时反映经济活动的偏差,及时采取调整措施。

会计监督贯穿于经济活动的全过程,包括事前监督、事中监督和事后监督。

（三）参与经济决策职能

参与经济决策职能，是指会计工作对未来经济活动的效果进行预测，提供经济决策所需的数据，帮助单位管理者正确进行决策的功能。

核算和监督是会计的基本职能。

三、会计的特点

会计的特点主要体现在会计核算上，包括以下三个方面：

（一）以货币为主要计量单位

货币是特殊的商品，具有价值尺度的功能。在商品经济条件下，任何经济活动都可以表现为价值的运动。在会计核算中，实物量度缺乏综合反映的功能，劳动量度也无法对劳动耗费进行广泛的计量，只有采用货币量度，才能综合地反映经济活动的过程和结果，取得全面经济活动的会计信息资料。因此，在会计核算中，以货币作为主要量度，实物量度和劳动量度仅作为货币量度的辅助量度。

（二）针对某一特定的会计主体的经济活动

会计必须有相应的服务对象。企业、行政事业单位就是最典型的服务主体，而它们的经济活动就是会计的服务对象。

（三）会计从本质上说是一种经济管理活动

会计工作从表面上看似乎是处理数据，提供信息，像是一个工具。但其实质是所提供的信息是为了促使各单位提高经济效益，满足有关各方管理需求的，是一种主动型的经济管理活动。

四、会计的对象

会计对象是会计工作的内容，也是会计核算和监督的内容。如前所述，会计是以货币为计量单位，对特定主体的经济活动进行核算和监督的管理活动，这特定主体的经济活动必须是能够以货币表现的，而能以货币表现的经济活动，我们通常也称为资金运动（价值运动）。所以，资金运动就是会计核算和监督的内容。

资金，是指单位所有的各种财产物资的货币表现，包括货币本身；资金运动，是指单位所有财产物资货币表现的运动，即资金在企业周而复始的循环和周转，包括资金投入、资金运用和资金退出三部分。在不同行业，由于其经济活动的特征，其各自的资金运动也不同，下面以工业企业、商业企业和行政事业单位为例，分别说明各自的资金运动特点。

（一）工业企业的会计对象，即工业企业再生产活动的资金运动

工业企业是进行工业商品生产和销售的，自主经营、自负盈亏的经济实体。其生产经营活动由供应过程、生产过程和销售过程三阶段组成。

企业开展经济活动之前，首先要取得一定的资金。目前，工业企业资金来源的主要渠道是投资人投入的资本金和向债权人借入的资金。这时资金表现为货币资金。

在供应过程，企业先用现金或银行存款购买原材料等劳动对象，为进行生产储备必要的物资，这时货币资金转化为储备资金；在生产过程，生产工人借助于机器设备对原材料进行生产加工，改变其原有的实物形态，同时，机器设备在生产中发生损耗，企业还要支付工人的工资和其他各种生产费用，这时，储备资金转化为生产资金；当产品制造完工，原材料变为库存商品时，生产资金又转化为成品资金；在销售过程，企业将产品销售出去，取得货币资金，这样成品资金又转化为货币资金。通常企业收入的货币资金大于其投入的货币资金，两者之间的差额是企业的利润。利润中，一部分以所得税的形式上缴国家，一部分分给投资者作为其对企业投资的回报，同时还要偿还借款，这些资金退出企业。其余的利润按规定提取公积金和公益金后，又用于购买材料，支付生产费用，继续进行资金周转。如图表 2－2 所示。

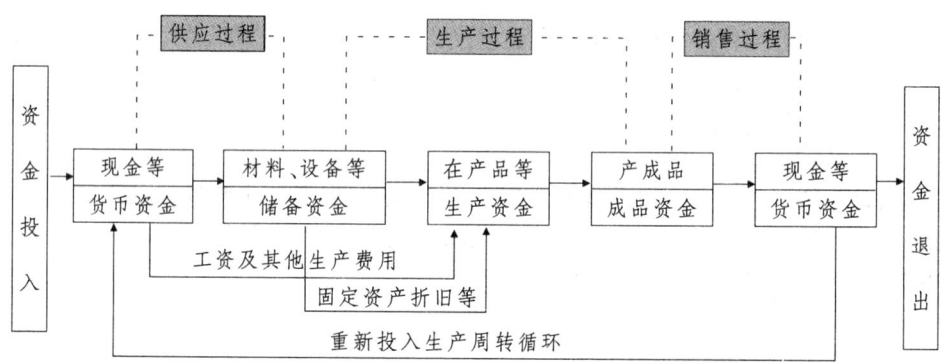

图表 2-2　工业企业资金运动

工业企业的资金运动，从货币资金起，依次转化为储备资金、生产资金、成品资金，又转化为货币资金，从而形成了资金周而复始的循环和周转。工业企业资金的取得、循环周转和退出，构成了工业企业的资金运动，即工业企业的会计对象。企业就是在这种资金不断地循环和周转中实现价值增值，扩大再生产的。另外，企业在生产经营活动中还会发生其他的一些经济活动，如申请银行借款，偿还到期贷款，扩股增资、减资等，也是会计核算和监督的内容。

(二)商业企业会计对象,即商业企业再经营活动的资金运动

商业企业是指组织商品购销,自主经营、自负盈亏的经济实体。其经营活动比工业企业的经营活动简单,只有购进和销售两个过程,没有生产过程。

在购进过程,企业用货币购买商品,同时支付运输、装卸等购进商品的费用,这样货币资金转化为商品资金;在销售过程,企业出售所购商品,收回货款,同时支付运输、包装、广告宣传等销售费用,商品资金又转化为货币资金;商品销售取得的货币资金,在补偿全部劳动耗费后,剩余部分构成企业盈利。一部分按规定上交税金,提取公积金和公益金,在投资者之间分配利润;剩余的另一部分又用于购买商品,支付有关费用,继续进行资金周转。如下图表2-3所示。

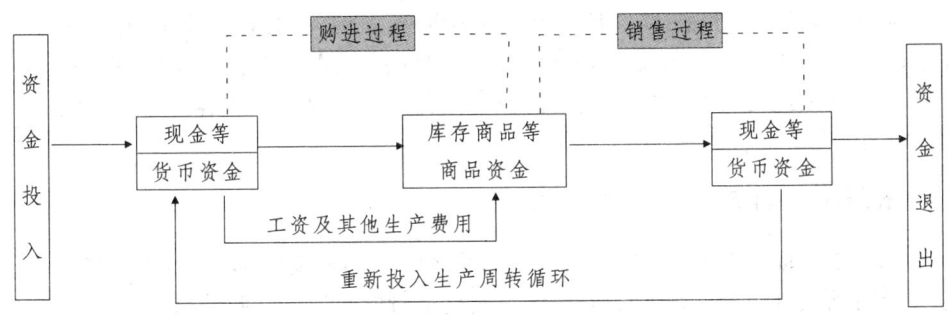

图表 2-3　商业企业的资金运动

另外,商业企业与工业企业一样,除上述主要经营活动外,在经营过程中还与财政、税务、银行、其他单位和职工个人发生其他的一些经济活动,这些也是会计核算和监督的内容。

(三)行政、事业单位会计对象,即行政、事业单位的资金运动

行政、事业单位与企业性质不同,是非营利单位。为了完成国家赋予的各项任务,它们必须拥有一定数量的资金,这些资金基本上由国家拨给。国家每年根据各单位的预算,拨给一定数量的资金,叫预算拨款;各单位在完成任务时按预算以货币形式支付的各项费用,叫预算支出。这种支出是非补偿性的,不能从收入中得到补偿,因此,行政事业单位的资金不能像企业单位那样,形成资金周而复始的循环和周转,支出后即退出单位或形成新的物质基础。其会计对象,即会计核算和监督的内容,是预算拨款和预算支出构成的资金运动,包括资金来源和运用,收入和支出等。另外,有些事业单位与行政机关在资金来源上有所不同。行政机关的资金来源主要是财政全额拨款,而事业单位的资金来源可分为全额拨款、差额拨款和自收自支三种情况。实行全额拨款的事业单位,其会计对象与行政机关的会计对象相同,即预算资金的收支活动;实行差额预算的事业单位,除预算资金的收支活动外,还有经营活动,这部分资金运动与企业的会计对象相同;实行自收自支的事业单位,其资金来源与企业相同,完全由自己解决,因此,其会计对象与企业的会计对象相似。

本书以后所涉及的资金运动均以工业企业为例。

(四)会计对象的具体内容

为了实现会计的目的,系统地向有关各方提供会计信息,对企业经济业务进行分门别类的核算和监督,就必须对会计对象进行分类。这种分类在会计上称为会计要素。会计要素是对会计对象具体内容按其经济特征所作的划分,是会计对象的具体化;是会计用于反映会计主体财务状况,确定经营成果的基本单位。

我国《企业会计准则》将会计要素划分为资产、负债、所有者权益、收入、费用和利润六大会计要素,前三项反映的是企业在某一时点的财务状况,后三项反映的是企业在某一时期的经营成果。这六大会计要素构成会计对象的具体内容,其内容及相互关系,本文将在第三章第一节详细介绍。

五、会计的目标

会计的目标是指在一定的环境和条件下,会计运行所期望达到的结果。它决定着整个会计活动过程的发展方向和方式,是会计运行的出发点和归结点,是检查会计工作的标准和依据,决定着会计提供信息的内容及所提供信息的数量和质量。

在最新的《企业会计准则——基本准则》(2006年版)中,对会计目标的定位是:向财务会计报告使用者提供与企业财务状况、经营成果和现金流量等有关的会计信息,反映企业管理层受托责任履行情况,有助于财务会计报告使用者作出经济决策。

财务会计报告使用者一般分为两类:一类是企业内部使用者,主要是企业经营管理者,他们在作出经营管理决策时一般需要借助会计信息;另一类是企业外部使用者,主要是指企业内部管理人员以外的其他人员,包括与企业有直接利害关系的企业的投资者和债权人,也包括与企业有间接利害关系的政府有关部门以及企业的潜在投资者、社会公众等。

在确定会计目标之前,应解决好有哪些会计信息的使用者、会计信息使用者需要哪些会计信息和如何提供会计信息三方面的问题,这是确定会计目标的前提。

六、会计的方法

会计方法是指用来核算和监督会计对象,执行会计职能,实现会计目标所采用的手段。会计方法是人们在长期的会计工作实践中总结创立的,并随着社会生产力的发展、会计管理活动的复杂化而逐步得以完善和提高的。

前面已讲过,会计的职能包括会计核算、预测、决策、会计分析、会计控制等,因此,会计方法也应该包括会计核算的方法、会计分析的方法、会计控制的方法等。这些方法各具特点,既独立又相互配合,密切联系。其中会计核算方法是最基本、最主要的方法,是会计初学者必须掌握的基本知识。本书只讲述会计核算方法,其他会计的方法将在以后有关会计课程中阐述。

(一)会计核算方法

会计核算方法是指对会计对象进行连续、系统、综合、完整的记录、计算,反映和监督所应用的方法,主要包括:

1. 设置账户。设置账户是对会计对象的具体内容进行归类、反映和监督、记录不同会计信息资料的一种专门方法。会计所核算和监督的内容复杂多样,在生产活动中各有作用,管理的要求也不同。为了发挥会计内容的作用和满足经济管理的要求,会计上必须设置一系列的账户,对会计对象复杂的具体内容进行科学的分析和记录,提供各种不同的经济信息。一个账户表示会计对象的某一个方面。因此,要对各项会计要素规定分类核算的会计科目,并据以设置一定的账户,进行归类核算和监督,取得各种核算指标。

2. 复式记账。复式记账是对发生的每一项经济业务都以相等的金额在相互关联的两个或两个以上的账户中进行记录的一种专门方法。任何一项经济业务的发生都会引起资金的双重或多重变化。如以银行存款购买材料,一方面引起材料的增加,另一方面引起银行存款的减少。采用复式记账法,就可以相互联系地反映经济业务的来龙去脉,同时又可以进行试算平衡,核对账簿记录,检查和监督经济活动。

3. 填制和审核会计凭证。填制和审核会计凭证是为了保证会计记录的完整、真实和可靠,审查经济活动是否合理合法而采用的一种专门方法。任何单位发生任何会计事项,都必须填制或取得原始凭证,证明经济业务的进行或发生完成情况。只有内容完整、手续齐备、业务发生合理合法、经过审核无误的原始凭证,才能作为编制记账凭证的依据。记账凭证是登记账簿的依据,原始凭证和记账凭证统称为会计凭证。会计凭证是经济业务的书面证明,填制和审核会计凭证是会计核算的一种专门方法。它可以保证会计记录的完整、可靠,明确责任,提高会计核算的质量。

4. 登记账簿。账簿是具有一定格式、相互联结的账页所组成的簿籍。登记账簿就是根据审核无误的会计凭证,用复式记账的方法,将经济业务的内容连续系统地记录在账页中的一种专门方法。通过登记账簿,将分散的反映经济业务的会计资料进行汇总,连续系统地提供每一类经济活动的完成情况,了解某一方面经济活动发展变化的全过程,并为编制会计报表提供准确无误的会计数据。

5. 成本计算。成本计算是指按一定对象归集各个经营过程中所发生的费用,从而计算各个对象的总成本和单位成本的一种专门方法。这一方法主要在企业会计中采用。在工业企业经营活动中,供应阶段采购材料所发生的费用,要按照每种材料来归集;生产阶段生产产品所发生的费用,要按照每种产品来归集;销售阶段出售产品所发生的费用,要按照售出的产品来归集。利用成本计算所提供的资料,可以全面而又具体地了解企业各个经营过程费用支出的情况,各成本计算对象实际成本的高低,从而考核成本计划的完成情况,促使企业加强经济核算,挖掘潜力,不断降低成本。

6. 财产清查。财产清查是指对各项财产物资、货币资金进行实物盘点,对各项往来款项进行核对,以查明其实有数,保证账账、账实相符的一种方法。具体做法是通过对财产物资、货币资金的清查盘点,将实物盘点的结果与账面结存相核对,将企业的债权、债务逐笔与其对方相核对。发现账存数与实存数不符时,应立即查明原因,追究责任,并调整账面记录,做到账实相符。

通过财产清查,一方面可以查明财产物质实有数,以保证账实相符;另一方面还可以检查各种物资的储存保管情况和各种债权、债务的结算情况,加强物资管理,保护单位财产的安全完整、账实相符,并为编制会计报表提供正确的资料。

7. 编制财务会计报告。编制财务会计报告是指根据账簿记录,按照规定的表格形式,集中反映各单位在一定会计期间经济活动过程和结果的专门方法。通过编制财务会计报告,可以把分散在账簿中的日常核算资料集中起来,加以综合、分析、归纳整理,使之系统化、条理化,集中和总括地反映经济单位的经济活动全貌,以便考核企业的财务状况、经营成果、偿债能力和营利能力,为与企业有关的利益关系人提供决策依据。

(二)会计核算方法间的关系

以上会计核算的七种专门方法相互联系、密切配合,形成一个完整的方法体系。在这一方法体系中,设置账户是基础环节,复式记账是记账的方法,成本计算是对初级会计信息资料的加工过程,填制和审核会计凭证、登记账簿、编制会计报表是整个会计核算方法体系的主要环节,财产清查则是这个方法体系的必要补充。

这些方法相互配合运用的程序是:①经济业务发生后,取得和填制会计凭证。②按账户对经济业务进行分类核算,并运用复式记账法在有关会计账簿中进行登记。③对生产经营过程中各种费用进行成本计算。④通过财产清查对账簿记录进行核实。⑤期末,根据账簿记录和其他有关资料,编制会计报表。

本教材就是以这七种核算方法为主线来编排基础会计原理的各章内容的。

这七种方法是会计核算最基本的方法,它们相互联系、相互制约,共同构成一个完整的会计核算体系。见图表 2 - 4 所示。

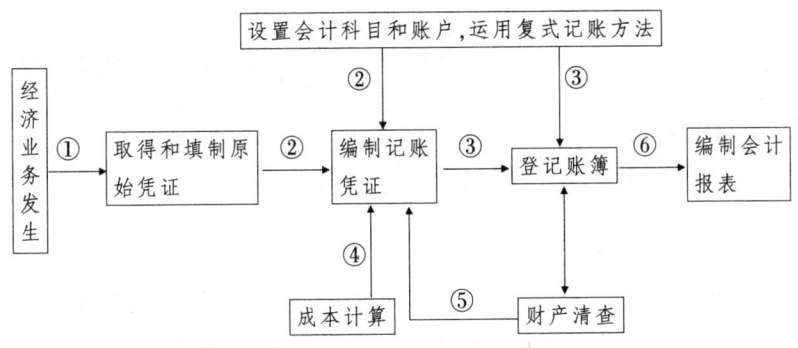

图表 2-4　会计核算方法关系

第三节　会计程序和确认、计量原则

一、会计程序

会计程序,是指会计为发挥其职能作用,达到其既定目标而采取的各种程序和方法的总称。

会计程序的内容:为了向企业信息使用者提供所需的会计信息,会计对所在单位生产经营活动发生的经济业务进行正确的确认、计量、记录和报告。即确认、计量、记录和报告四个环节是会计核算的基本程序。

二、会计确认和计量的原则

(一)会计确认、计量、记录、报告的含义

1.会计确认:是指运用特定会计方法、以文字和金额同时描述某一交易或事项,使其金额反映在特定主体财务报表的合计数中的会计程序。

2.会计计量:是指确定会计确认中用以描述某一交易或事项的金额的会计程序。企业应当按照规定的会计计量属性进行计量,确定其金额。例如:桌子的长度,楼房的高度,矿石的重量等。从会计的角度,计量属性反映的是会计要素金额的确认基础,它主要包括历史成本、重置成本、可变现净值、现值和公允价值等。一般情况下,对于会计要素的计量,应当采用历史成本计量属性。例如,企业购入材料、生产产品、建造厂房等,应当以所购入资产发生的实际成本作为资产计量的金额。但是在某些情况下,如果以历史成本作为计量属性,难以达到会计信息的质量要求,不利于实现财务报告的目标,有必要采取其他计量属性进行会计计量。

3. 会计记录:是指对特定主体的经济活动采用一定的记账方法,在会计账簿中进行登记的会计程序。

4. 会计报告:是指在确认、计量和记录的基础上,对特定主体的财务状况、经营成果和现金流量情况,以财务报表的形式向有关方面报告。

(二)会计确认和计量的原则

1. 历史成本原则:是指企业的各项资产和负债按照其取得时的实际成本计量。除法律、行政法规和会计准则允许采用重置成本、可变现净值、现值和公允价值等进行计量以外,企业一律不得自行调整其账面价值。

2. 权责发生制原则:是指在会计核算中,以权益和责任是否发生为标准来确定本期收入和费用的原则。采用这种方法,凡应归属于本期的一切收益、费用,不论其是否在本期内实际收到或者付出,都作为本期的收益和费用处理;反之,凡不应归属本期的收益、费用,即使在本期内实际收到或付出,也不作为本期的收益和费用处理。同"权责发生制"相对应的是"收付实现制",它是以款项的实际收到或付出作为本期收益和费用确认的标志。

采用权责发生制能够正确地计算企业的经营成果,准确地考核企业的经营业绩;采用收付实现制能够真实地反映企业的财务状况。但国际上普遍采用权责发生制作为收入费用确认的标准。所以,我国会计准则规定企业应采用权责发生制作为会计核算的基础。

3. 配比原则:是指企业在进行会计处理时,收入与其相关的成本、费用应当相互配比,同一会计期间的各项收入和与其相关的成本、费用,应当在该会计期间内确认。

4. 划分资本性支出和收益性支出的原则:是指企业的会计处理应当合理划分资本性支出和收益性支出的界限。凡支出的效益及于本会计期间的,应当作为收益性支出;凡支出的效益及于几个会计期间的,应当作为资本性支出,以便正确计算各会计期间的损益。

第四节　会计核算的基本前提和会计信息的质量要求

目前,我国的企业会计准则分为两个层次:第一个层次是基本会计原则,第二个层次是具体会计准则。基本会计准则主要规定了会计核算所必须遵循的基本原则和基本要求;具体会计准则主要是根据基本会计准则所规定的各种重要业务的核算规范。

我国已颁布的企业会计准则属于基本准则,主要包括以下内容:

一、会计核算的基本前提

会计核算的基本前提是对会计核算的范围、内容、要求等作出的规定，以确保会计工作的正常进行和会计信息的质量。在我国《企业会计准则》中把会计主体、持续经营、会计分期、货币计量的假设作为会计核算的四个基本前提。

（一）会计主体

会计主体又称为会计个体、会计实体，是指独立组织会计工作，独立计算盈亏，独立编制会计报表的特定单位。它为会计工作规定了活动的空间范围。

会计核算不是漫无边际的，必须严格限制在一个在经营上或经济上具有独立性或相对独立的单位之内。一般会计核算要划清两方面的界限：一是不能和其他会计主体相混淆；二是企业的所有权与经营权是相分离的。企业是依法自主经营、自负盈亏、自我发展和自我约束的经济实体，在客观上要求将企业的资产和债务与其投资者的资产和债务严格区分开来，企业应站在自身的立场上，独立组织会计工作，全面、完整地核算本单位的财务状况和经营成果。企业应从本单位的角度，处理各种经济业务和经济关系，而不是从所有者或职工的角度来处理。

会计主体可以是独立经营的企业，也可以是以非营利为目的的行政机关、事业单位等。只有把会计主体作为基本前提，明确会计核算和监督的空间范围，才能正确反映特定单位所拥有的资产、承担的债务和投资者所拥有的权益；合理地计算经营过程中发生的收益和费用；向有关各方提供准确的会计信息。

（二）持续经营

持续经营是指在正常情况下，会计主体，即企业的生产经营活动将按照既定的目标持续不断地经营下去，在可以预见的将来，不会面临破产进行清算。

持续经营是针对市场经济条件下，作为会计主体的企业存在着竞争，其经营的持续性具有不确定性而提出的。会计主体假设为会计的活动规定了空间范围，而持续经营假设则为会计的正常活动作出了时间上的规定，为会计核算的正常进行提供了依据，解决了财产计价、费用成本和收益的确定等问题。

会计主体的经营活动是否持续进行，在会计处理的方法上是不同的。例如，企业因破产清理，或其他原因停业或改组、合并、出售时，其财产物资的计价，费用的摊销，债权、债务的结算、清偿等，都与正常企业经营的会计处理方法不同。为了使会计主体的会计处理能够前后一致，保持会计资料的可比性，在一般情况下，必须假定会计主体的经营活动能够持续地经营下去，这样，才能进行正常的会计核算。只有在正式确定不再继续经营时，才能改变原来的会计处理方法。

（三）会计分期

会计分期又称为会计期间,是指在会计主体持续经营的基础上,将其连续不断的经营活动人为地划分为各个固定的时间单位,以便分期结算账目,计算盈亏,并及时向有关各方提供会计主体的会计信息。这种按时间划分的固定的时间单位,称为会计分期。

根据持续经营的前提,作为会计主体的企业,其经营活动是持续不断的。为了反映会计主体的经营情况,计算其财务成果,会计核算中必须将持续经营的经济活动划分为较短的经营期间,以便定期进行结账,总结经营成果,编制会计报表,向企业内外部提供及时有用的会计信息。

我国《企业会计准则》规定,会计期间划分为年度、季度和月份。会计年度、季度、月份的起讫日期均采用公历日期。会计年度是以一年为标准的最重要的会计期间,其起讫日期为每年公历的 1 月 1 日至 12 月 31 日。

（四）货币计量

货币计量是指以货币为基本计量单位核算会计主体的一切经济活动,并假设币值稳定。

在商品经济条件下,货币是衡量一般商品的共同计量尺度,有了货币这个共同的计量尺度,才能为会计核算提供一个普遍适用的手段,最好地反映单位的财务状况和经营成果。在我国,以人民币为各单位的记账本位币,即法定货币。境内的外资企业和我国的境外企业可以选定某种外币为记账本位币,但在向国内编报财务会计报告时,应当折算为人民币反映。

币值稳定是会计核算的前提条件,只有在这一前提下,对不同会计期间的经济核算才有意义,才能够对各项会计指标前后加以比较。但出现恶性通货膨胀时仍以此为前提,就会导致会计信息的扭曲和失真,这时需用特殊的会计准则加以确定。

二、会计信息的质量要求

会计信息的质量要求是对会计核算工作的规范,是会计核算工作中从事账务处理、编制会计报表所依据的一般规则和准绳。它能够保证会计信息的质量和可比性,保护投资人和债权人的利益,更好地为国家进行宏观调控服务。按照最新颁布的《企业会计准则——基本准则》的规定,包括以下几方面:

（一）客观性原则

客观性原则又称真实性原则,是指会计核算必须以实际发生的经济业务为依据进行会计确认、计量和报告,如实反映财务状况和经营成果。

客观性原则要求会计核算必须以经济业务发生时取得的合法凭证为依据,做到会计资料内容真实、数字准确可靠、项目完整、手续齐备,以保证为各级管理者、决策者及投资者所提供会计信息的质量,发挥会计工作在经营管理中的作用。客观性原则是对会计核算工作和会计信息的最基本的指导原则,离开了这个原则,会计资料也就成了一堆虚假数字,会计的作用也就无从谈起。

(二)相关性原则

相关性原则又称有用性原则,是指会计信息应当符合国家宏观经济管理的要求,满足有关各方了解企业财务状况和经营成果的需要,满足企业内部加强经营管理的需要。

相关性原则要求会计核算要按照会计资料使用者的需要,有针对性地提供会计信息,而不是漫无目的地提供使用者所不需要的或者无足轻重的会计信息。要求会计主体的会计核算在收集、处理、传递会计信息时,要全面考虑并满足有关各方对会计信息的需要,既要满足国家宏观调控的需要,也要满足投资人、债权人、财税部门和企业内部自身管理的需要。

(三)明晰性原则

明晰性原则是指会计记录和会计报表应当清晰明了、简明易懂地反映企业的财务状况和经营成果,以便于理解和利用。

根据明晰性原则,会计核算的各种资料如凭证、账簿和会计报表的书写要工整清楚,不得潦草;会计科目、账簿和会计报表的设置要简单明了。只有这样,才能便于不同会计使用者准确地掌握和运用会计信息,充分发挥会计在经济管理中的作用。

(四)可比性原则

可比性原则,又称为统一性原则,是指会计核算必须符合国家的统一规定,做到口径一致,相互可比。会计的可比性就是指企业的有关财务会计指标在内容上可与历史的、计划的或其他企业的同类指标相互比较。要提高会计资料的可比性,必须贯彻统一性原则。

可比性原则要求各会计主体都要依据国家的统一规定进行统一的会计核算,使其提供的会计信息便于比较、分析、汇总。制定会计准则的目的之一,就是要提高所有企业、单位之间会计资料的可比性。只有贯彻可比性原则,做到口径一致,才能统一汇总各单位的会计资料,为国民经济的宏观调控提供有用的会计信息。

(五)实质重于形式原则

实质重于形式原则是指企业应当按照交易或者事项的经济实质进行确认、计量、记录和报告,不应仅以交易或者事项的法律形式为依据。比如,融资租赁方式租入的固定资产,在租期未满之前,从法律形式上看,租赁企业并不拥有资产的所有权,该资产还不是租赁企业的,但从经济实质上看,由于租期比较长,基本上接近该资产的有效使用寿命,与该固定资产相关的收益和风险都已转嫁给了承租人,承租人实际上也能对该固定资产进行控制。所以,这项固定资产从实质上已和自有的固定资产效用无明显区别。因此,承租人应本着实质重于形式的原则,将该固定资产视同自有的固定资产一样进行管理和核算。

(六)重要性原则

重要性原则是指企业的财务报告在全面反映企业财务状况和经营成果的基础上,对于重要的经济业务,应当单独、重点反映。

重要性原则要求会计核算在全面反映的基础上突出重点。就是要求对那些对企业的经济活动或会计信息使用者相对重要的会计事项,应分别核算,单独反映,并在会计报告中作重点说明;而对于那些相对不重要的事项,在不影响会计信息真实性的前提下,可适当简化会计核算手续,合并反映。实行重要性原则,目的在于使企业的会计资料和会计报表能够突出其经营情况和财务状况的重点,这样,有利于抓住那些对企业经营决策有重大影响的关键性问题,提高工作效率。

(七)谨慎性原则

谨慎性原则又称稳健性原则,是要求会计人员对某些经济业务或会计事项存在不同的会计处理方法和程序可供选择时,在不影响合理选择的前提下,应尽可能选用一种不导致企业虚增利润和夸大所有者权益的会计处理方法和程序进行会计处理,合理核算可能发生的损失和费用。

谨慎性原则要求企业在进行会计核算时,不高估资产价值,不预测可能发生的收入,而应预测可能发生的费用和损失。其实质是为了多预计费用,少估计资产和收益,稳打收入,少打利润,使企业所提供的财务状况和盈亏情况是留有余地的、稳健的,以提高企业抵御风险能力和竞争能力。同时,在贯彻谨慎性原则时,应当合法合理地核算可能发生的损失和费用,而不能把它变成压低资产价值、乱挤成本、隐瞒利润、偷税漏税的保护伞。另外,过多地预计损失、不预计收益的"过度稳健"也是不合理的。

(八)及时性原则

及时性原则是指会计核算工作要讲求实效,会计处理及时进行,以便会计信息的及时利用。

在市场经济条件下,市场瞬息万变,企业间的竞争日趋激烈,企业有关各方面对会计信息及时性的要求也越来越高。如果会计核算不及时,提供的会计信息滞后,就会使企业的管理者、投资人、债权人等不能及时掌握、了解企业的财务状况,也就无法进行有效的管理、监督和控制。及时性原则要求企业及时收集、加工处理和传递会计信息,以有利于企业及有关各方面加强经济管理和经营决策,满足国家宏观经济管理的需要。

思考与练习

一、名词解释

会计 会计主体 会计方法 权责发生制原则 资本性支出实质重于形式原则 可比性原则 重要性原则 谨慎性原则

二、单项选择题

1.会计的对象是( )。

A.企业的资金运动 B.企业的经营活动 C.企业的生产活动

2.会计的主要方法是( )。

A.会计预测方法 B.会计分析方法 C.会计核算方法 D.会计决策方法

3.会计的基本职能是( )。

A.核算与监督 B.分析与考核 C.预测与决策 D.以上都是

4.资金的周转过程包括( )。

A.资金筹措、资金投入和资金退出 B.资金筹措、资金运用和资金退出

C.资金投入、资金运用和资金退出

5.导致权责发生制产生的基本前提或会计信息质量要求是( )。

A.谨慎性原则 B.历史成本原则 C.会计分期 D.货币计量

6.会计的目标就是( )。

A.提供对决策有用的信息 B.核算 C.监督 D.核算和监督

7.会计核算上将以融资租赁方式租入的固定资产视为企业自有的固定资产进行管理和核算的会计信息质量要求的是( )。

A.实质重于形式原则 B.谨慎性原则

C.权责发生制原则 D.及时性原则

8.强调不同企业会计信息横向可比和同一企业会计信息纵向可比的会计信息质量要求的是( )。

A.相关性原则 B.可比性原则 C.及时性原则 D.重要性原则

9.凡是当期已经实现的收入和已经发生或应当负担的费用,不论款项是否收付,

都应作为当期的收入和费用处理。这是(　)的要求。

　　A.权责发生制原则　　B.收付实现制　　C.可比性原则　　D.重要性原则

　　10.根据特定的经济业务对经济决策的影响大小,来选择合适的会计方法和程序,能够使提供会计信息的收益大于成本,这体现了(　)原则。

　　A.相关性　　B.谨慎性　　C.重要性　　D.明晰性

三、多项选择题

　　1.会计的特点具体表现在(　)。

　　A.以货币为主要计量单位

　　B.以真实、合法的会计凭证为依据

　　C.以实物为主要计量单位

　　D.对经济活动进行综合、连续、系统、完整地核算和监督

　　E.以真实、合法的会计账簿为依据

　　2.会计核算具有(　)。

　　A.系统性　　B.连续性　　C.综合性　　D.计划性　　E.完整性

　　3.会计监督是一个过程,它分为(　)。

　　A.社会监督　　B.外部监督　　C.事前监督　　D.事中监督　　E.事后监督

　　4.单位确定会计目标要解决以下问题(　)。

　　A.谁是会计信息的使用者　　B.何时需要会计信息　　C.如何提供会计信息

　　D.会计信息使用者的层次　　E.会计信息使用者需要什么样的会计信息

　　5.下列属于会计核算方法的是(　)。

　　A.复式记账　　B.填制和审核凭证　　C.登记账簿　　D.编制会计报表

　　6.下列属于会计核算基本前提的是(　)。

　　A.会计主体　　B.持续经营　　C.会计期间　　D.货币计量

　　7.下列项目中,可以作为一个会计主体进行会计核算的包括(　)。

　　A.企业内部销售部门　　　　B.分公司

　　C.企业集团　　　　　　　　D.企业内部的生产车间

　　8.客观性原则要求做到(　)。

　　A.内容完整　　B.数字准确　　C.资料可靠　　D.对应关系清楚

　　9.相关性原则要求所提供的会计信息(　)。

　　A.满足企业内部加强经营管理的需要　　B.满足国家宏观经济管理的需要

　　C.满足银行了解企业的财务状况和经营成果的需要

　　D.满足提高全民素质的需要

　　E.满足投资者了解企业财务状况和经营成果的需要

　　10.以下属于会计方法的是(　)。

A.会计核算方法 B.会计分析方法 C.会计检查方法 D.会计预测方法

四、判断题(正确的在括号内打"√",不正确的在括号内打"×")

1.会计是一种经济管理活动。( )

2.会计主要以货币计价进行监督,不必进行实物监督。( )

3.会计核算不必区分自身的经济活动与其他单位的经济活动。( )

4.会计的任务是为了充分实现会计的职能。( )

5.会计核算的是企业的经济活动而非企业投资者的经济活动。( )

6.行政事业单位的预算资金运动表现为价值的循环与周转。( )

7.某一会计事项是否具有重要性,在很大程度上取决于会计人员的职业判断。对于某一会计事项,在某一企业具有重要性,在另一企业则不一定具有重要性。( )

8.企业一旦确定了相应的会计核算方法就不能变更,这是可比性原则的要求。( )

9.对企业资产的计量必须采用历史成本。( )

10.凡效益涉及几个会计年度的支出,应作为收益性支出。( )

五、简答题

1.为什么说经济愈发展,会计愈重要?

2.什么是会计?它有哪些特征?

3.会计的基本职能和目标是什么?

4.试述会计核算对象的具体内容。

5.企业的基本核算方法有哪些,它们之间有什么样的相互关系?

6.会计核算的基本前提有哪些? 为什么要规定这些前提?

7.会计信息质量的要求有哪些?

第三章　会计科目和账户

内容提要：

设置会计科目、账户是会计核算的专门方法。本章阐述了会计要素、会计等式的构成，会计科目的概念、设置原则、分类，账户的概念、基本结构，会计科目与账户间的区别与联系等内容。

第一节　会计要素和会计等式

一、会计要素

会计要素是对会计对象进行的基本分类，是会计对象的具体内容。它是财务报告最基本的组件，也是设置账户、会计确认、会计计量和记录的基础。我国《企业会计准则》和《企业会计制度》将企业会计要素划分为资产、负债、所有者权益、收入、费用、利润六大类。其中，资产、负债、所有者权益是静态会计要素，构成资产负债表的基本框架，反映企业在某一特定时点的财务状况；收入、费用、利润是动态会计要素，构成利润表的基本框架，反映企业在一定时期内的财务成果。

（一）资产

1.资产的概念。资产是指企业过去的交易、事项形成并由企业拥有或控制的，能用货币计量，能给企业带来未来经济利益的经济资源。

2.资产的基本特征。

（1）资产是由过去的交易或事项产生的，是现实而不是预期的。

（2）资产是企业拥有或者控制并能用货币计量的。

（3）资产能给企业目前和未来带来经济利益。

（4）资产是一项经济资源。

3.资产的分类。资产可以按照多种形式进行分类。比较常见的是按其在经营活动中的性质和存在形态分为流动资产和非流动资产。

（1）流动资产是指企业在一年或长于一年的一个营业周期内变现或耗用的资产。

包括货币资金、交易性金融资产、应收及预付款以及存货等。它们具有一次性参加企业生产经营活动,价值一次、全部转移到所生产的产品价值中去,并从销售收入中得到补偿的特点。

货币资金,包括库存现金、银行存款和在其他金融机构的存款,由于它们均以货币形态表现,故又称为货币资产。

交易性金融资产是指企业购入的各种能够随时变现,且持有时间不超过一年(含一年)的有价证券及不超过一年的其他投资。包括各种股票、债券、基金等。

应收及预付款是指企业在日常生产经营过程中发生的各种应收款项。主要包括应收账款、应收票据、其他应收款和预付账款等。

存货是指企业除固定资产以外的、为保证企业生产经营活动连续进行而拥有的、参与短期经营周转的各种实物财产。主要包括各类材料、燃料、辅助材料、包装物、低值易耗品、在产品、半成品、产成品等(工业企业)和各种商品及非商品材料物资(商品流通企业)。

流动资产是资产负债表中的一个重要项目,利用它不仅可以反映企业对流动资产的占用情况,还可以说明企业的短期偿债能力。

(2)非流动资产是指在一年以上或者超过一年的一个营业周期以上变现或耗用的资产。包括长期投资、固定资产、在建工程、无形资产、工程物资、开发支出等。它们具有多次参加企业的经营活动,价值逐渐地转移到生产对象中去,并从以后各期实现的收入中逐步收回的特点。

长期投资是指持有时间准备超过一年(不含一年)的各种股权投资、不能变现或不准备随时变现的长期债券投资、长期股权投资和其他长期投资。

固定资产是指企业使用年限在一年以上,单位价值在规定的标准以上,并在使用过程中保持其原有实物形态的资产,包括房屋及建筑物、机器、机械、运输工具以及其他与生产经营有关的设备、器具、工具等。它们具有多次参加企业生产经营活动,在使用过程中实物形态不变,价值逐渐、部分地转移到所生产的产品成本中去,并从销售收入中得到补偿的特点。

在建工程是指为构建固定资产或对固定资产进行更新改造发生的,尚未转作固定资产的各项支出。

无形资产是指企业长期使用、没有实物形态的资产,包括专利权、非专利技术、商标权、著作权、土地使用权和商誉等。

资产的构成见图表3-1。

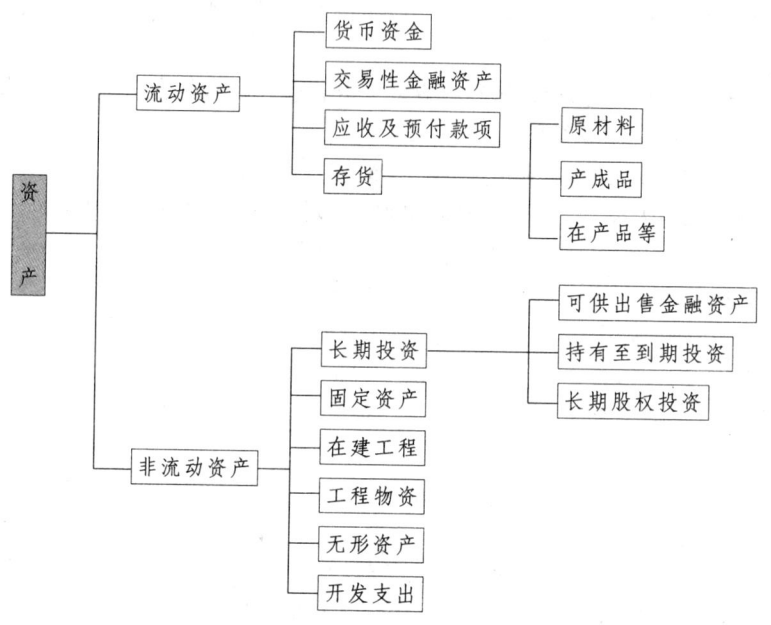

图表 3-1 资产的构成

（二）负债

1.负债的概念。负债是企业所承担的,能以货币计量,需以资产或劳务偿付的债务。如果把资产理解为企业的权利,那么负债则可以理解为企业所承担的义务。

2.负债的基本特征。

（1）负债是现实存在的,由过去的经济业务所产生的债务责任。

（2）负债是能以货币确切计量或合理估计出的债务。

（3）债务的清偿会导致企业经济利益的流出。

3.负债的种类。负债按照偿还期限的长短,分为流动负债和长期负债。

（1）流动负债。流动负债是指在一年或长于一年的一个营业周期内偿还的债务。包括短期借款、应付票据、应付账款、预收账款、应付职工薪酬、应交税费、应付利润、其他应付款等。

短期借款是指企业为维持正常生产经营周转所需而向银行或其他金融机构借入的偿还期限在一年以内的各种借款。

应付票据是指企业采用商业汇票支付方式购买货物时开出、承兑的商业汇票,包括银行承兑汇票和商业承兑汇票。

应付账款是指企业因为购买材料、商品和接受劳务供应等发生的债务。

预收账款是指企业按照合同规定向购货单位预先收取的部分购货款或定金。

应付职工薪酬是指企业应支付给职工个人的工资、津贴、福利、保险费、住房公积金、工会经费、教育经费和劳动补偿等。

应交税费是指企业按照税法规定应该向国家缴纳的各种税金。

应付利润是指企业应该向投资者分配的股利或应付未付的利润。

其他应付款是指除上述各项以外的其他应付款项,如应交教育费附加,车辆购置附加费等。

(2)长期负债。长期负债是指偿还期在一年或超过一年的一个营业周期以上的各种债务。包括长期借款、应付债券和长期应付款等。

长期借款是指企业向银行或其他金融机构借入的,偿还期限在一年以上的各种借款。

应付债券是指企业为筹集长期资金而对外发行债券所发生的债务。

长期应付款是指企业除长期借款、应付债券以外的其他一切长期借款。

负债的构成见图表3-2。

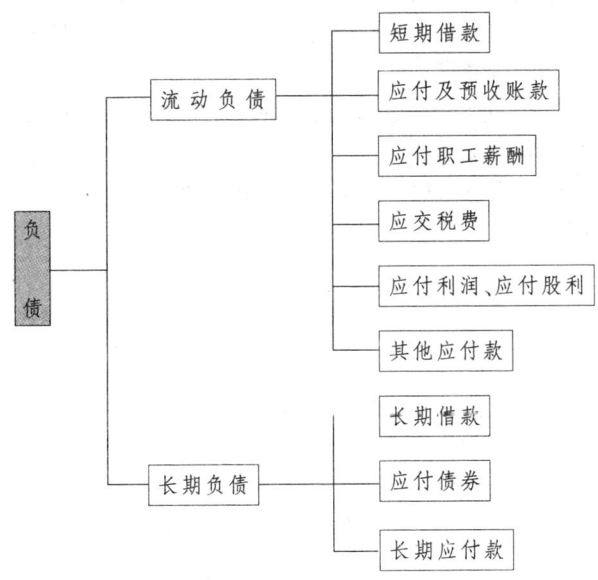

图表3-2 负债的构成

(三)所有者权益

对一个企业的资产可以提出的权利,称为权益,它由负债和所有者权益两部分组成。

1. 所有者权益的概念。所有者权益是指所有者在企业资产中享有的经济利益,其金额为资产减去负债后的余额,又称之为净资产。

2. 所有者权益的特征。

(1)所有者权益表现为投资者对企业净资产的所有权,随投资者的投资行为而产生。

(2)所有者权益一般不需要归还给投资人,除非发生清算、减资或分派现金股利的情况。一般情况下,投资者投入企业的资本归企业长期使用,不需偿还,也不能任意抽回。

(3)所有者按其投资额的大小或合同章程的规定,参加企业经营管理,享有参与利润分配的权益和分担风险或亏损的责任。

(4)所有者权益为剩余权益。所有者权益置于债权人权益之后。

3. 所有者权益的分类。所有者权益按形成的方式不同分为实收资本(或者股本)、资本公积、盈余公积和未分配利润。

实收资本是指投资者作为资本实际投入到企业中的各种资产的价值。按照投资者的不同可以分为国家投资、其他法人单位投资、个人投资和外商投资等。

资本公积是指企业取得的但不是由于企业生产经营活动本身带来的各种增值。包括股本溢价、资本溢价、接受捐赠的资产价值、外币资本折算差额等。

盈余公积是指企业按照规定从税后利润中提取的公积金,包括法定盈余公积金、任意盈余公积金和法定公溢金等。

未分配利润是指企业留待以后年度进行分配的利润。

所有者权益构成见图表3-3。

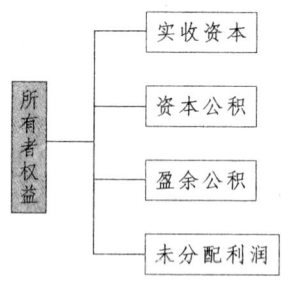

图表 3-3 所有者权益的构成

(四)收入

1. 收入的概念。收入是指企业在销售商品,提供劳务及让渡资产使用权等日常活动中所形成的经济利益的总流入。

2. 收入的特征。

(1)收入是在企业日常活动中形成的,而不是从偶发的交易或事项中产生的。

(2)收入会导致所有者权益增加。

(3)收入与投资者投入资本无关。

3. 收入的分类。包括主营业务收入和其他业务收入。

(1)主营业务收入也叫基本业务收入,是指企业主要经营活动带来的收入,如工业企业销售产成品、半成品和提供工业性劳务所取得的收入;商品流通企业销售商品所取得的收入。

(2)其他业务收入是指企业主营业务以外的其他日常活动所取得的收入,如工业企业销售材料、出租包装物、出租固定资产等取得的收入。

收入的构成见图表3-4。

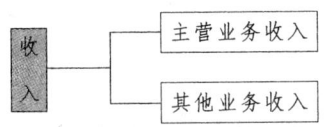

图表3-4 收入的构成

(五)费用

1. 费用的概念。费用是指企业在生产经营过程中发生的各种耗费。

2. 费用的特征。

(1)费用是在企业日常经营活动中发生的,是企业为获得收入或保持其营利能力而负担的支出。

(2)费用代表企业资源的流出,它的发生会导致资产的减少或负债的增加,并最终会导致所有者权益的减少。

(3)费用与向所有者分配的利润无关。

3. 费用的分类。包括生产成本和期间费用两部分。

(1)生产成本,包括直接记入产品成本的材料费、人工费和制造费用。

(2)期间费用是指与生产产品无直接关系,由发生时的会计收入负担的费用。包括管理费用、财务费用和销售费用,它们不计入产品成本,直接计入当期损益。管理费用是指企业行政管理部门为组织和管理生产经营活动而发生的各项费用;财务费用是指企业为筹集生产经营资金而发生的各项费用;销售费用是指企业在销售产品、商品或提供劳务过程中所发生的各项费用。

费用的构成见图表3-5。

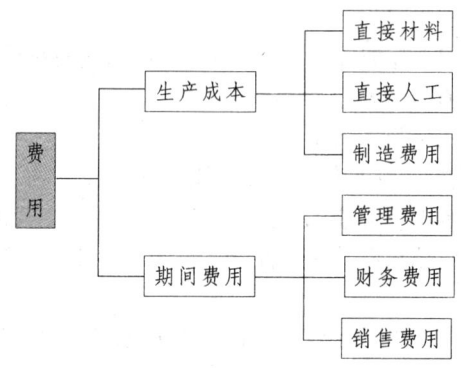

图表 3-5 费用的构成

(六)利润

1.利润的概念。利润是指企业在一定会计期间的经营成果,利润包括减去费用后的净额,直接计入当期利润的利得和损失等。

2.利润的特征。

(1)企业利润主要来自于企业的经济活动,包括经营活动、投资活动和筹资活动。

(2)企业的利润与所有者权益具有密切的关系。

利润增加,所有者权益随之增加;利润减少,所有者权益随之减少。

3.利润的种类。营业利润是企业经营成果的主要部分,指营业收入减去营业成本、主营业务税金及附加、期间费用、资产减值损失,加上公允变动净收益、投资净收益后的金额。

利润总额是指营业利润加上营业外收支净额、补贴收入后的金额。

净利润是指利润总额减去所得税费用后的金额。

二、会计等式

会计等式,是指运用数学方程的原理来描述会计要素之间相互关系的一种表达式。它是设置账户、复式记账以及编制会计报表的理论基础。

任何企业进行生产经营活动,都必须具备一定的资产,资产是用货币表现的经济资源。企业的资产来源有两个渠道:一是由企业所有者提供即投资人投入;二是由企业债权人提供即借入。所有者和债权人将其所拥有的资金提供给企业使用,必然对该企业的资产享有一定的权利,这种权利称为权益。其中,所有者的权益称为所有者权益,债主的权益称为负债。

资产和权益是同一资金的两个方面，一个是指资产表现的形态，一个是指对这些资产所拥有的权利。两者同时并存，对立统一。有一定的资产，必然有对这部分资产所享有的权益；有一定的权益，也必然表现为一定的资产。资产与权益从价值量方面是恒等的。这种资产和权益之间客观存在的必然相等的关系，在会计上称为会计基本等式。用公式表示为：

$$资产 = 权益$$

企业的资产主要来源于企业的债权人和所有者，所以说这些人对企业资产所享有的权益又可分为负债和所有者权益。任何企业的资产总额必须等于负债总额加上所有者权益总额。因此，会计基本等式又扩展为：

$$资产 = 负债 + 所有者权益$$

这个等式是会计基本等式的扩展式，也称为会计恒等式。它是一个静态等式，反映了企业在某一特定时点资产、负债和所有者权益三者之间的恒等关系，是编制资产负债表的基础。

企业资产投入运营，在一定时期内取得的经营成果，表现为收入、费用、利润。企业的经营成果在动态情况下，收入、费用、利润三者之间也存在恒等关系，用公式表示为：

$$收入 - 费用 = 利润$$

利润在未进行分配以前，表现为企业权益的增加，在营运过程中，资产、负债、所有者权益以及收入、费用之间的关系式为：

$$资产 = 负债 + 所有者权益 + (收入 - 费用)$$

这是一个动态的会计等式，表示企业在营运过程中的增值情况。收入是所有者权益的增加因素，费用是所有者权益的抵减因素。

企业在结算时，利润经过分配，将一部分利润分给投资者，退出企业；一部分形成企业的留存收益，归入所有者权益项目。则上述等式又恢复到期初的基本形式，即：

$$资产 = 负债 + 所有者权益$$

在一个企业的生产经营活动中，必然要发生大量的经济业务，每项经济业务的发生又必然会引起资产、负债、所有者权益的增减变化。但是无论经济业务如何变化，都不会破坏上列的会计等式。现举例说明如下：

假定红星机械公司 2006 年 11 月 30 日资产、负债及所有者权益的数额如图表 3 - 6 所示。

图表 3 - 6

单位:元

资　产	金　额	负债及所有者权益	金　额
固定资产	100 000	短期借款	30 000
原材料	40 000	长期借款	20 000
产成品	50 000	应付账款	10 200
现金	400	实收资本	130 000
银行存款	40 800	盈余公积	28 000
应收账款	9 000	利润分配	22 000
合　计	240 200	合　计	240 200

该公司 12 月份发生如下经济业务:

例 1　江淮机械公司以现金方式投入资本 50 000 元,红星机械公司将这笔钱存入银行。

这项经济业务发生,使资产项目银行存款增加 50 000 元,同时所有者权益项目实收资本增加 50 000 元,资产与所有者权益同时增加,两边总额同时增加到 290 200 元。会计等式双方仍然保持平衡关系。

例 2　该公司用银行存款 30 000 元,购入新设备一台。

这项经济业务发生,使资产项目银行存款减少 30 000 元,同时资产项目固定资产增加 30 000 元,资产内部有增有减,总额不变仍为 290 200 元。会计等式双方仍然保持平衡关系。

例 3　该公司从银行借入短期借款 5 000 元,存入银行。

这项经济业务发生,使资产项目银行存款增加 5 000 元,同时负债项目短期借款增加 5 000 元,资产与负债同时增加,两边总额同时增加到 295 200 元。会计等式双方仍然保持平衡关系。

例 4　该公司用银行存款 3 000 元偿还应付供货单位货款。

这项经济业务发生,使资产项目银行存款减少 3 000 元,同时负债项目应付账款减少 3 000 元,资产与负债同时减少,两边总额同时减少到 292 200 元。会计等式双方仍然保持平衡关系。

例 5　经批准该公司向江淮机械公司退还投资款 50 000 元,通过银行转账。

这项经济业务的发生,使资产项目银行存款减少 50 000 元,同时所有者权益项目实收资本减少 50 000 元,资产与所有者权益同时减少,两边总额同时减少到 242 200 元。会计等式双方仍然保持平衡关系。

例6 该公司将5 000元短期借款转入长期借款。

这项经济业务发生,使负债项目短期借款减少5 000元,同时负债项目长期借款增加5 000元,负债内部有增有减总额不变,仍为242 200元。会计等式双方仍然保持平衡关系。

例7 经批准,该公司将其盈余公积20 000元转增资本。

这项经济业务发生,使所有者权益项目实收资本增加20 000元,同时所有者权益项目盈余公积减少20 000元,所有者权益项目内部有增有减,总额不变仍为242 200元。会计等式双方仍然保持平衡关系。

例8 年终结算该公司应付给投资者利润8 000元。

这项经济业务发生,使所有者权益项目利润分配减少8 000元,同时负债项目应付利润增加8 000元,负债增加,所有者权益减少即权益内部有增有减,总额不变仍为242 200元。会计等式双方仍然保持平衡关系。

例9 光明机械公司将该公司所欠货款7 000元转作投入资本。

这项经济业务发生,使负债项目应付账款减少7 000元,同时所有者权益项目实收资本增加7 000元,负债减少,所有者权益增加,即权益内部有增有减,总额不变仍为242 200元。会计等式双方仍然保持平衡关系。

上述九项经济业务引起的资产、负债及所有者权益的增减变化可以用图表3-7所示。

一个企业尽管会发生大量的经济业务,但其所引起的资产、负债及所有者权益的变化无外乎以下四种类型、九种形式,而且无论发生何种经济业务,资产总量与负债及所有者权益总量都始终相等。

四种类型:

(1)资产与负债、所有者权益同时增加;

(2)资产与负债、所有者权益同时减少;

(3)资产内部有增有减;

(4)负债、所有者权益内部有增有减。

图表 3-7

单位:元

资 产					负债及所有者权益				
项 目	增减前金额	增加金额	减少金额	增减后金额	项 目	增减前金额	增加金额	减少金额	增减后金额
固定资产	100 000	(2) 30 000		130 000	短期借款	30 000	(3) 5 000	(6) 5 000	30 000
原材料	40 000			40 000	长期借款	20 000	(6) 5 000		25 000
产成品	50 000			50 000	应付账款	10 200		(4) 3 000	200
								(9) 7 000	
现金	400			400	盈余公积	28 000		(7) 20 000	8 000
应收账款	9 000			9 000	实收资本	130 000	(1) 50 000	(5) 50 000	157 000
							(7) 20 000		
银行存款	40 800	(1) 50 000	(2) 30 000	12 800	利润分配		(9) 7 000		
		(3) 5 000	(4) 3 000		应付利润	22 000		(8) 8 000	14 000
			(5) 50 000				(8) 8 000		8 000
合 计	240 200	85 000	83 000	242 200	合 计	240 200	95 000	93 000	242 200

上述四种类型可用图表 3-8 表示。

图表 3-8

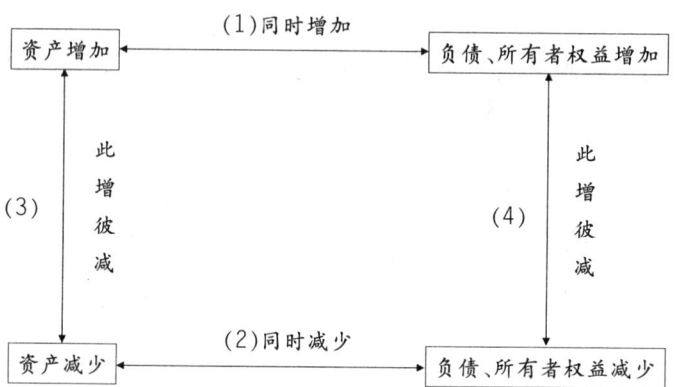

将上述四种类型业务具体化,可表现为九种形式:

(1)资产与负债同时增加;

(2)资产与所有者权益同时增加;

(3)资产与负债同时减少;

(4)资产与所有者权益同时减少;

(5)资产内部有增有减;

(6)负债内部有增有减;

（7）所有者权益内部有增有减；

（8）负债增加，所有者权益减少；

（9）负债减少，所有者权益增加。

上述四种类型九种形式的变化，对会计等式的影响可以概括为以下两点：

（1）一项经济业务的发生只影响资产类项目或只影响负债、所有者权益类项目，则同类项目有增有减，总额不变。会计等式平衡。

（2）一项经济业务的发生同时影响资产类项目或负债、所有者权益类项目，则异类项目同增或同减，总额会发生相应的增减变动，会计等式仍然平衡。

会计等式的平衡关系，是贯穿于财务会计始终的一条红线，它是设置账户、进行复式记账和编制资产负债表等的依据。正确理解和运用这一平衡关系，对于掌握会计核算的基本方法，反映和监督各项经济业务，有着十分重要的意义。

第二节 会计科目

一、会计科目的概念

会计科目是对会计对象的具体内容进行科学分类的项目名称。会计对象的具体内容不同，管理要求也不同。为了全面、系统、分类地核算和监督各项经济业务的发生情况，以及由此而引起的各项资产、负债、所有者权益和收入、费用、利润的增减变化情况，有必要按照各项会计对象的具体内容分别设置会计科目。例如，将企业存放于银行委托银行管理的货币归为一类，取名为"银行存款"；将企业因为销售产品而未收回的货款，取名为"应收账款"等。这里的"银行存款"、"应收账款"等都是账户名称，也叫"会计科目"。

二、设置会计科目的意义和原则

设置会计科目能使编制、整理会计凭证和设置账簿记录有所依据，为编制会计报表提供基础，并能提供全面、统一的会计信息，便于投资人、债权人以及其他会计信息使用者掌握和分析企业的财务状况、经营成果和现金流量。正确确定会计科目，是进行会计核算的起点。

为了系统地提供会计信息，提高会计工作效率，正确组织会计工作，会计科目必须根据企业会计准则和国家统一会计制度的规定设置和使用。设置会计科目应遵循下列基本原则：

（一）设置会计科目，必须结合会计对象的特点

会计科目的设置是对会计对象的具体内容进行分类，因此，必须根据会计对象的特点来设置会计科目。

（二）设置会计科目，必须结合经济管理的要求

会计科目的设置，既要考虑会计对象的特点，又要符合经济管理的要求。各个单位经济管理的要求不同，需要设置的会计科目也就有所不同。

（三）会计科目的设置，既要保证统一性，又要保持灵活性

会计科目的设置由国家财政部统一规定，企业可以根据实际需要，对所统一规定的会计科目作必要的增减或合并。

（四）会计科目要含义明确，概念清楚，简明扼要，通俗易懂，并保持相对稳定

为了便于会计科目的分类排列，便于记账、查账，便于实行会计电算化，会计科目应按国家规定的会计制度统一编号。以阿拉伯数字确定会计科目的类别及其所属的会计科目。

三、会计科目的分类

（一）会计科目按其反映的经济内容分类

会计科目按其反映的经济内容不同，分为资产类、负债类、共同类、所有者权益类、损益类和成本类。

1. 资产类会计科目，分为流动资产类和非流动资产类科目。

流动资产类科目主要包括：库存现金、银行存款、其他货币资金、交易性金融资产、应收票据、应收账款、预付款项、应收利息、应收股利、其他应收款、存货等。

非流动资产科目主要包括：长期股权投资、固定资产、在建工程、工程物资、无形资产、开发支出等。

2. 负债类会计科目，分为流动负债和非流动负债科目。

流动负债科目主要包括：短期借款、应付票据、应付账款、预收款项、应付职工薪酬、应交税费、应付利息、应付股利、其他应付款等。

非流动负债科目主要包括：长期借款、应付债券、长期应付款等。

3. 所有者权益类会计科目主要包括：实收资本、资本公积、盈余公积、本年利润和利润分配等。

4. 成本类会计科目主要包括：生产成本、制造费用、劳务成本、研发支出等。

5.损益类会计科目主要包括:主营业务收入、主营业务成本、管理费用、财务费用、销售费用、其他业务收入、其他业务成本、营业税金及附加、营业外收入、营业外支出、投资收益、所得税费用等。

6.共同类会计科目主要包括:衍生工具、套期工具、被套期项目。

(二)会计科目按其提供核算指标的详细程度分类

会计科目按其提供核算指标的详细程度不同,分为总分类科目和明细分类科目两大类。

总分类科目,简称总账科目,也称一级科目,它是对会计要素的具体内容进行总括分类的会计科目,用以反映某一类经济内容的总括资料。

明细分类科目是对总分类科目的进一步分类,用以反映某一类经济内容更加详细的资料。明细分类科目又可以分为二级明细科目和三级明细科目。二级明细科目是对总分类科目所作的进一步分类;而三级明细科目是对二级明细科目的分类。例如"原材料"总分类科目下可按材料的类别设置二级明细科目,"原料及主要材料"、"辅助材料"、"燃料"等,再在"原料及主要材料"二级明细科目下设置"圆钢"、"方钢"、"钢板"等三级明细科目。

在我国,总分类科目原则上由财政部统一制定,以会计制度的形式颁布实施,明细分类科目除国家会计制度规定设置的以外,各单位可根据实际情况和需要自行设置。当然,也不是所有总分类科目都需要设置明细分类科目,有的总分类科目就不设明细分类科目,例如"所得税"科目等。

第三节 账 户

一、账户的概念及意义

账户是在账簿中,根据会计科目开设的具有一定格式的,用来记录经济业务增减变动及其结果的一种手段和方法。

设置账户是会计核算的主要方法。会计科目只是对会计要素具体内容进行分类的名称,各单位为了系统、连续地把各种经济业务发生情况和引起的各项资金变化分门别类地进行核算与监督,必须根据规定的会计科目在账簿中开设账户,以便提供单位日常管理上的核算资料。

通过设置账户,可以加强对企业经济活动的日常监督和定期分析总结,不仅可以得到定期的资料,还能得到日常核算资料;不仅有变动结果的静态资料,还能有变动本身的动态资料;不仅能够提供某类核算指标的总括资料,还能提供此类核算指标更加详细的资料,具有重要意义。

二、账户的基本结构

为了正确记录和反映各项经济业务所引起的资产、负债、所有者权益、收入、费用和利润的增减变化及其结果情况,账户不但要有明确的核算内容,而且要有一定的结构,即账户由哪些部分组成,以及如何在账户中记录会计要素的增加、减少及余额情况等。

根据资金平衡原理,各项经济业务引起的资金变动,尽管错综复杂,但是从数量上看,总不外乎增加和减少两种情况,因此反映各个会计要素的增加数、减少数和结余数三部分就是账户的基本结构。

不同记账方法下,由于记账符号不同,账户的结构也有所不同。借贷记账法下,用"借"、"贷"两个记账符号来表示各个会计要素的增加、减少情况,账户左方为"借方",右方为"贷方"。

1. 教学中,为了方便,账户的结构通常用简化的"T"形或"丁"形格式表示。见图表3-9。

图表3-9

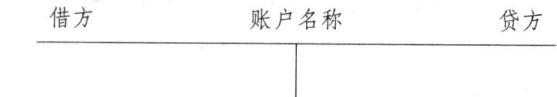

2. 在会计实务中,账户的格式并非如此简单,而是根据实际需要设计账户的具体格式,一般包括如下内容:

(1)账户的名称:会计科目。

(2)日期和凭证号数:用以说明账户记录的日期及来源。

(3)摘要:概括说明所记录经济业务的内容。

(4)增加或减少金额。

(5)期末余额。

在借贷记账法下,我国会计实务中常用的三栏式账户基本格式如图表3-10所示。

图表 3 - 10

账户名称

年		凭证号数	摘 要	借方	贷方	余额
月	日					

期初余额,是上期结转下来的数字,即上期的期末余额。

本期增加额,是在一定时期(月、季、半年、年)内,登记在账户中的增加金额之和,也称本期增加发生额。

本期减少额,是在一定时期,登记在账户中的减少金额之和,也称本期减少发生额。

期末余额,在没有期初余额时,是由本期增加发生额减去本期减少发生额后的差额。在有期初余额时,其计算公式为:

$$期末余额 = 期初余额 + 本期增加发生额 - 本期减少发生额$$

在简化账户上,账户的余额、本期增加发生额和本期减少发生额是记在该账户的左方还是右方,取决于该账户所采用的记账方法以及该账户所记录的经济业务的内容。

三、会计科目与账户的联系和区别

1. 联系:会计科目是账户的名称,决定了账户核算和控制的经济内容;账户是根据会计科目开设的,是对会计科目的具体运用,二者都是对会计要素的科学分类。

2. 区别:账户是对会计事项连续反映监督的一种方法,而会计科目是给每类会计事项规定的名称;账户具有一定的结构,是用来系统、连续地记载各项经济业务的一种手段,而会计科目只是对会计要素内容的分类项目。

没有会计科目,就无法将会计对象进行科学的分类,没有账户则无法记录和积累会计核算资料。设置会计科目和账户共同构成会计核算的重要方法,缺一不可。

思考与练习

一、名词解释

资产 负债 所有者权益 收入 费用 利润 会计等式 会计科目 账户

二、选择题

1.下列经济业务中,引起资产与负债同时减少的业务是( )。

A.从银行取得借款　　B.以银行存款归还借款　　C.将现金存入银行　　D.用借款直接偿还欠款

2.利润是企业在一定时期内的经营成果,按其构成的不同层次可分为( )。

A.营业利润　B.利润总额　C.净利润　D.所得税　E.营业外收入

3.下列账户中属于成本计算账户的有( )。

A.主营业务成本　B.生产成本　C.制造费用　D.材料采购

4.假如某企业本期增加发生额为 1 200 元,减少发生额为 1 500 元,期末余额为 1 300 元,则该企业本期期初余额为( )元。

A.1 000　　　B.1 600　　　C.4 000　　　D.1 200

三、判断题

1.会计科目按其提供核算指标详细程度的不同分为总账科目和明细科目。( )

2.已毁损报废的设备不能作为企业的资产。( )

3.从数量上看,所有者权益等于企业全部资产减去全部负债后的余额。( )

4.账户是根据会计科目开设的,账户的名称就是会计科目。( )

5.会计科目能全面、连续记录会计要素的增减变动。( )

四、简答题

1.会计要素有哪几大类?它们各自包含哪些内容?

2.经济业务的变动类型有哪几种?对会计等式有何影响?

3.会计科目与账户的关系是什么?

五、业务题

(一)目的:根据发生的经济业务,分析资产、负债及所有者权益的增减变动情况及其对会计等式平衡关系的影响。

(二)资料:

1.长江公司 2006 年 3 月 31 日资产、负债及所有者权益状况如下:固定资产 400 000 元,材料 30 000 元,应交税金 3 000 元,银行存款 48 000 元,本年利润 12 000 元,应付账款 5 000 元,应收账款 3 500 元,库存商品 24 000 元,现金 500 元,实收资本 420 000元,盈余公积 45 000 元,短期借款 8 000 元,其他应收款 2 000 元,应付工资 27 000 元。

2.该公司 4 月份发生下列经济业务:

（1）采购员王强暂借差旅费 400 元，财务科以现金付讫。

（2）购入材料 10 000 元，货款尚未支付。

（3）向银行借入期限为六个月的借款 20 000 元存入银行。

（4）用银行存款缴纳上月欠缴税金 3 000 元。

（5）用银行存款偿还所欠货款 15 000 元。

（6）生产车间领用原材料 20 000 元，全部投入产品生产。

（7）用银行存款购买机器一台，价值 30 000 元。

（8）收到外单位归还的上月所欠货款 3 500 元，存入银行。

（9）用银行存款归还短期借款 8 000 元。

（10）收到外单位投资 50 000 元，存入银行。

（三）要求：

1. 根据资料1，分清资产、负债及所有者权益，编制三月末的资产、负债及所有者权益平衡表。

2. 根据资料2，分析每一项经济业务发生后引起的会计要素增减变化情况及其结果。

第四章　复式记账

内容提要：

通过本章学习,理解复式记账法的基本原理和基本内容,重点掌握借贷记账法的概念、记账规则、账户结构及其试算平衡,认识对应账户、会计分录及其形式,了解总分类账户与明细分类账户的平行登记。

第一节　复式记账法

一、复式记账法的概念

如前所述,为了核算和监督会计对象,首先应当设置会计科目,并根据规定的会计科目开设账户。但是,账户仅仅是记录经济业务的场所和工具,要把经济业务的发生和完成情况记录到账户中去,以取得经济管理所需要的资料,还必须运用科学的记账方法。

记账方法,是根据一定的记账原理,按照一定的记账规则,运用特定的记账符号,采用一定的计量单位,利用文字和数字在规定的账户中连续地、全面地记录经济业务活动的一种专门方法。

按记录方式的不同,记账方法可分为单式记账法和复式记账法两大类。单式记账法是一种简单而又不完整的记账方法。它对每一项经济业务,只在一个账户中登记,反映经济业务的一个方面,一般只反映现金收付及人欠、欠人事项,而不反映现金收付及债权、债务的对象。总之,采用单式记账法没有完整的账户体系,不能全面、系统的反映经济业务的来龙去脉,也不便于检查账户记录的正确性。随着生产的发展、经济管理职能的深化和加强,复式记账法逐渐取代了单式记账法。

复式记账法,是以"资产 = 负债 + 所有者权益"的平衡原理为理论依据,对发生的每一项经济业务,以相等的金额在两个或两个以上账户中进行登记的记账方法。复式记账法能够反映经济业务的来龙去脉,是一种较为完善的记账方法。当前,我国企业、机关、事业单位和其他组织均采用复式记账法。

二、复式记账法的特点

复式记账法比较单式记账法有两个明显特点：

1. 对发生的每项经济业务，都要按照规定的会计科目，在相互联系的两个或者两个以上账户中进行分类记录。这不仅可以了解每项经济业务的来龙去脉，而且可以在把全部的经济业务都互相联系地登记入账之后，通过账户记录，完整、系统地反映经济活动的过程和结果。

2. 对每项经济业务都以相等金额进行分类记账。记账时，如果是记入两个账户，那么记入这两个账户的金额必须相等；如果记入两个以上的账户，那么记入一方账户的金额要与记入另一方几个账户的金额相等。这样对账户记录的结果可以进行试算平衡，以检查账户记录的正确性。

三、复式记账法的作用

复式记账法主要有以下几方面的作用：

1. 可以完整、系统地反映资金运动的来龙去脉。

2. 可以根据账户之间的平衡关系来检查账户的记录是否正确，便于及时查找原因，更正错账，确保账户记录的准确可靠。

3. 可以通过账户的对应关系了解经济内容，便于检查经济业务是否合理合法。

复式记账法，根据记账符号、记账规则及其试算平衡方法的不同，分为借贷记账法、增减记账法和收付记账法三种。借贷记账法，是一种国际上通用的记账法；增减记账法是在 20 世纪 60 年代我国商业系统在改革记账方法时设计提出的一种记账方法；收付记账法是在我国传统的收付记账法的基础上发展起来的复式记账法。1992 年底我国的《企业会计准则》规定，所有企业一律采用借贷记账法；2000 年 7 月 1 日开始，国内的所有行政事业单位也统一采用借贷记账法。由此可见，借贷记账法作为复式记账法的同义语来使用。

第二节 借贷记账法

一、借贷记账法的概念

借贷记账法，是按照复式记账法的原理，以资产与权益的平衡关系为基础，以"借"、"贷"二字作为记账符号，以"有借必有贷，借贷必相等"为记账规则，反映资产、负债、所有者权益、收入、费用和利润增减变动情况及其结果的一种记账方法。

借贷记账法从其产生到基本定型，经历了将近两百年的时间，根据史料记载，借贷记账法大约起源于 12 世纪～15 世纪封建社会开始瓦解、资本主义社会开始萌芽的意大利。开始只进行单式记账,大约到 15 世纪形成比较完善的复式记账法。据记载,1494 年,意大利数学家卢卡·巴其阿勒在他所著的《算术、几何与比例概要》一书中,系统、全面地介绍了当时流行于威尼斯一带的复式记账法,并从理论上给予了必要的总结和说明。从此,复式记账就逐渐流传于西欧,并风行于世界。因而,1494 年被认为是近代会计的开始时间,借贷记账法理论上的总结被誉为会计发展史上的第一个里程碑。

日本在明治维新时自英国引进了借贷记账法,并意译为日语汉字"借"、"贷"。在我国清末 1905 年由谢霖从日本抄译过来,并设计了大清银行会计制度,以后逐步推广到工商企业及其他经济单位。

借贷记账法在长期的实践中逐步成为比较科学、严密、完善的一种复式记账法,具有广泛的国际性,目前,已是我国法定的记账方法。

二、借贷记账法的记账符号

借贷记账法以"借"、"贷"二字作为记账符号,分别作为账户的左方和右方。至于"借"表示增加还是"贷"表示增加,则取决于账户所记录的经济业务的内容。

三、借贷记账法下的账户结构

学习借贷记账法,首先应该明确账户的结构,以及账户所反映的经济内容,才能正确地运用记账规则,把账记好。本书第三章已经介绍了一般账户的基本结构和内容,并指出因记账方法的不同,账户的结构也有所不同。借贷记账法是以"借"、"贷"作为记账符号,习惯上把账户的左方称为"借方"、右方称为"贷方",分别用来登记增加额和减少额。至于哪一方登记增加额,哪一方登记减少额,要根据各个账户反映的经济内容来决定,也就是要根据账户的基本性质来决定。

在借贷记账法下,由于反映资产类的账户和反映负债、所有者权益类的账户是两种不同性质的账户,因此用来反映增加和减少的部分,采用了相反的方向。在资产类账户中,用"借方"来反映增加数,用"贷方"来反映减少数;负债和所有者权益类账户中,则用"贷方"来反映增加数,"借方"来反映减少数。资产类账户一般为借方余额;负债及所有者权益类账户一般为贷方余额。账户的余额和发生额之间的关系可以用以下公式表示:

资产类账户:

借方期末余额 = 借方期初余额 + 本期借方发生额 - 本期贷方发生额

负债及所有者权益类账户:

贷方期末余额 = 贷方期初余额 + 本期贷方发生额 - 本期借方发生额

下面用"T"形账户分别反映资产类账户和负债及所有者权益类账户的结构,见图

表 4 - 1、4 - 2。

图表 4 - 1

借方	资产类账户	贷方
期初余额		
本期增加数	本期减少数	
本期增加发生额小计	本期减少发生额小计	
期末余额		

图表 4 - 2

借方	负债及所有者权益类账户	贷方
	期初余额	
本期减少数	本期增加数	
本期减少发生额小计	本期增加发生额小计	
	期末余额	

前已说明,账户是分类连续记录各项经济业务,反映各个会计要素增减变化情况及其结果的一种手段。因此,账户的设置除了要设置资产、负债及所有者权益类账户以外,还要设置收入、费用账户。由于企业取得的收入和发生的费用,最终导致所有者权益发生变化。根据"资产 = 负债 + 所有者权益 + 收入 - 费用"的会计等式,收入的增加可视为所有者权益的增加,费用的增加可视为所有者权益的减少。所以收入类账户的结构与所有者权益类账户的结构相同,成本费用类账户结构与权益类账户相反,与资产类账户结构相同。

根据上述情况,我们可以把借贷记账法下账户的基本结构用图表 4 - 3 列示如下。

图表 4 - 3

账户性质	账户的借方	账户的贷方	账户的余额
资产类账户	资产的增加	资产的减少	借方
负债类账户	负债的减少	负债的增加	贷方
所有者权益类账户	所有者权益的减少	所有者权益的增加	贷方
费用成本类账户	费用成本的增加	费用成本减少或转销	一般无余额,若有在借方
收入收益类账户	收入收益的减少或转销	收入收益的增加	一般无余额,若有在贷方

四、借贷记账法的记账规则

所谓记账规则,是指运用借贷记账法把经济业务记入有关账户时,所应遵循的规则。借贷记账法是以"有借必有贷,借贷必相等"作为记账规则。这不是人为规定的,而是从资金运动及其数量增减变化规律中总结出来的。

现以前面所列举的九项经济业务为例,进一步分析借贷记账法的记账规则。

例 1 江淮机械公司以现金方式投入资本 50 000 元,红星机械公司将这笔钱存入银行。

外单位投资应记入"实收资本"账户贷方;存入银行应记入"银行存款"账户借方。因此,这项经济业务作如下记录:

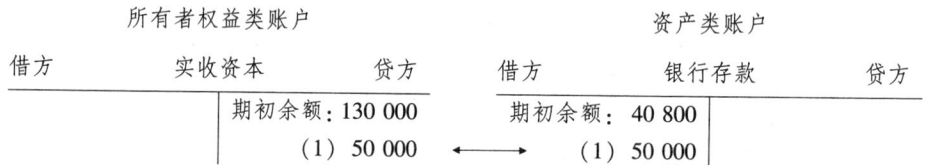

所有者权益类账户			资产类账户		
借方	实收资本	贷方	借方	银行存款	贷方
	期初余额: 130 000		期初余额: 40 800		
	(1) 50 000		(1) 50 000		

例 2 该公司用银行存款 30 000 元购入新设备一台。

购入新设备应记入"固定资产"账户借方;用银行存款购买应记入"银行存款"账户贷方。因此,这项经济业务作如下记录:

资产类账户			资产类账户		
借方	银行存款	贷方	借方	固定资产	贷方
期初余额: 40 800			期初余额: 100 000		
(1) 50 000		(2) 30 000	(2) 30 000		

例 3 该公司从银行借入短期借款 5 000 元,存入银行。

存入银行应记入"银行存款"账户借方;借入借款应记入"短期借款"账户贷方。因此,这项经济业务作如下记录:

负债类账户			资产类账户		
借方	短期借款	贷方	借方	银行存款	贷方
	期初余额: 30 000		期初余额: 40 800		
			(1) 50 000		(2) 30 000
	(3) 5 000		(3) 5 000		

例4 该公司用银行存款 3 000 元偿还应付供货单位货款。

偿还货款应记入"应付账款"账户借方;用银行存款支付应记入"银行存款"账户贷方。因此,这项经济业务作如下记录:

资产类账户			负债类账户		
借方	银行存款	贷方	借方	应付账款	贷方
期初余额: 40 800					期初余额: 100 200
(1) 50 000		(2) 30 000			
(3) 5 000		(4) 3 000 ←		(4) 3 000	

例5 经批准,该公司向江淮机械公司退还投资款 50 000 元,通过银行转账。

退还投资应记入"实收资本"账户借方;通过银行转账应记入"银行存款"账户贷方。因此,这项经济业务作如下记录:

资产类账户			所有者权益类账户		
借方	银行存款	贷方	借方	实收资本	贷方
期初余额: 40 800		(2) 30 000			期初余额: 130 000
(1) 50 000		(4) 3 000			(1) 50 000
(3) 5 000		(5) 50 000 ←		(5) 50 000	

例6 该公司将 5 000 元短期借款转入长期借款。

短期借款转出应记入"短期借款"账户借方;长期借款转入应记入"长期借款"账户贷方。因此,这项经济业务作如下记录:

负债类账户			负债类账户		
借方	长期借款	贷方	借方	短期借款	贷方
		期初余额: 40 800			期初余额: 30 000
		(6) 5 000 ←		(6) 5 000	(3) 5 000

例7 经批准,该公司将其盈余公积 20 000 元转增资本。

盈余公积转增资本应记入"盈余公积"账户借方;转增资本应记入"实收资本"账户贷方。因此,这项经济业务作如下记录:

所有者权益类账户				所有者权益类账户		
借方	实收资本	贷方		借方	盈余公积	贷方
		期初余额：130 000				期初余额：28 000
		(1) 50 000				
(5) 50 000		(7) 20 000	⟷		(7) 20 000	

例8 年终结算该公司应付给投资者利润 8 000 元。

应付给投资者利润应记入"应付利润"账户贷方；从利润中分配应记入"利润分配"账户借方。因此，这项经济业务作如下记录：

负债类账户				所有者权益类账户		
借方	应付利润	贷方		借方	利润分配	贷方
						期初余额：22 000
		(8) 8 000	⟷	(8) 8 000		

例9 光明机械公司将公司所欠的货款 7 000 元转作投入资本。

欠款转出应记入"应付账款"账户借方；转增资本应记入"实收资本"账户贷方。因此，这项经济业务作如下记录：

所有者权益类账户				负债类账户		
借方	实收资本	贷方		借方	应付账款	贷方
		期初余额：130 000				期初余额：10 200
(5) 5 000		(1) 50 000		(4) 3 000		
		(7) 20 000				
		(9) 7 000	⟷	(9) 7 000		

从上述九种类型的经济业务中可以看出，任何经济业务的发生，至少要在两个相关的账户中进行登记，即以相等的金额记入一个账户的借方和另一个账户的贷方，这就是借贷记账法"有借必有贷，借贷必相等"的记账规则。

在实际工作中，有些经济业务比较复杂，有时往往会涉及一个账户的借方与另几个账户的贷方，或是一个账户的贷方与另几个账户的借方，即"一借多贷"或"一贷多借"。现举例说明如下。

例10 购入原材料 5 000 元，以银行存款支付 3 000 元，其余暂欠。

购入原材料应记入"原材料"账户借方；支付银行存款应记入"银行存款"账户，这是一个资产类账户，减少数应记入贷方；贷款暂欠应记入"应付账款"账户，这是一个

负债类账户,增加数应记入贷方。因此,这项经济业务应在这三个账户中作如下记录:

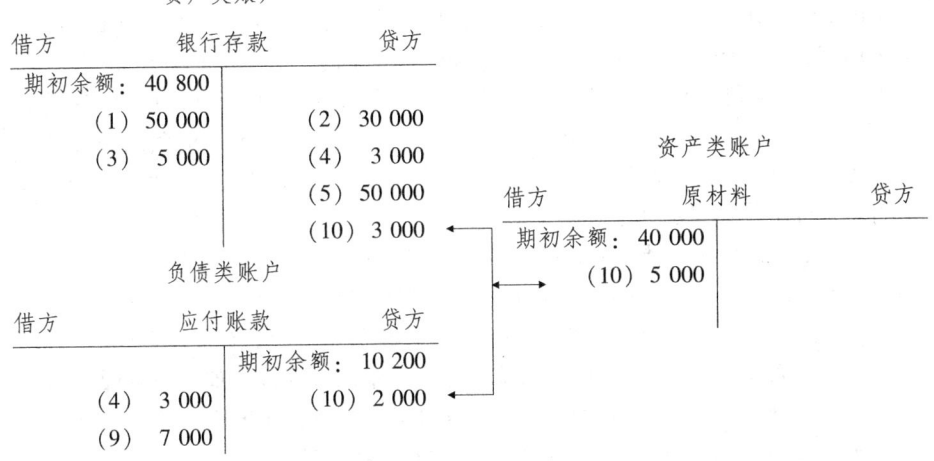

例11 收到债务人开出的汇票3 000元,银行支票3 500元,清偿前欠货款,收到支票后当即存入银行。

收到债务人开出的汇票应记入"应收票据"账户借方;将支票存入银行应记入"银行存款"账户借方;债务人清偿前欠贷款应记入"应收账款"账户贷方。因此,在这项经济业务中,应在三个账户中作如下记录:

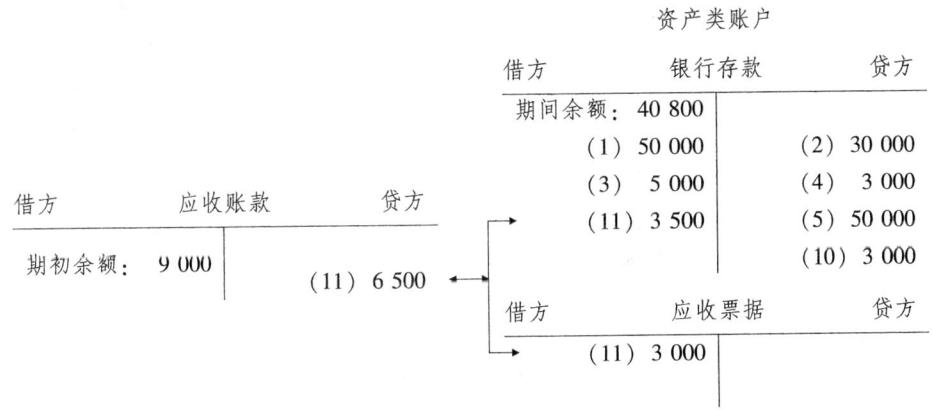

借贷记账法对每项经济业务的记录,都按照相等的金额,同时记入一个账户的借方和另一个账户的贷方;或者一个账户的借方和另几个账户的贷方;或者一个账户的贷方和另几个账户的借方。由于"借"、"贷"是同时出现的记账符号,而且双方的金额又是相等的,这就形成了借贷记账法"有借必有贷,借贷必相等"的记账规则。

经济业务的变动类型与各类账户的结构,共同决定了借贷记账法的记账规则。

五、借贷记账法的试算平衡

所谓试算平衡,就是根据资产和权益之间的平衡关系来检查各账户的记录是否正确。

采用借贷记账法记录经济业务,要求对每一项经济业务都按照"有借必有贷,借贷必相等"的记账规则进行记录,因而记录的数额借方与贷方相等,这样记录的结果,所有账户借方之和必然与所有账户贷方之和相等。因此,无论对账户的余额还是对账户的发生额,都可以根据对每项会计事项借贷金额必相等的记账规则进行试算平衡,这种平衡关系可用公式表示如下:

全部账户期初借方余额合计数 = 全部账户期初贷方余额合计数

全部账户本期借方发生额合计数 = 全部账户本期贷方发生额合计数

全部账户期末借方余额合计数 = 全部账户期末贷方余额合计数

上述三方面的平衡关系,可以用来检查账户记录的正确性。如果三方面都保持平衡,说明记账工作基本上是正确的。通常把这种检查账户记录的工作称为试算平衡。

试算平衡,一般是在月末结出各账户本期发生额和期末余额之后,通过编制试算平衡表来进行的。现据前例,编制试算平衡表如图表 4 - 4 所示。

图表 4 - 4:

红星机械公司
试算平衡表
2006 年 12 月 31 日   单位:元

账　户	期初余额		本期发生额		期末余额	
	借　方	贷　方	借　方	贷　方	借　方	贷　方
资产:						
现金	400				400	
银行存款	40 800		58 500	86 000	13 300	
应收账款	9 000			6 500	2 500	
应收票据			3 000		3 000	
原材料	40 000		5 000		45 000	
产成品	50 000				50 000	
固定资产	100 000		30 000		130 000	
负债:		10 200				
应付账款		30 000	10 000	2 000		2 200
短期借款		20 000	5 000	5 000		30 000
长期借款				5 000		25 000
所有者		130 000				
权益		28 000	50 000	77 000		157 000
实收资本		22 000	20 000			8 000
盈余公积			8 000			14 000
利润分配				8 000		8 000
应付利润						
合　计	240 200	240 200	189 500	189 500	244 200	244 200

必须指出,试算平衡表只是通过借贷金额是否平衡来检查账户记录是否正确。如果借贷不平衡,可以肯定账户的记录和计算有错误;如果借贷平衡,并不能完全肯定记账没有错误,因为有些错误并不影响借贷双方的平衡。如某项经济业务全部漏记或者重记,或应借应贷的账户互相颠倒,借贷的金额出现等额的多记或少记的错误,错记账户等,凡此种种并不能通过试算平衡发现。因此,我们对一切会计记录必须经常或定期进行及时地对账和复核,以求经济信息的正确性。

六、会计分录

从前面的举例中可以看出,每项经济业务发生后所登记的账户之间,存在着一种互相对立而又互相依存的关系。有时是一个账户与另外一个账户发生这种关系,有时是一个账户与另外几个账户发生这种关系,账户之间的这种互相对立而又互相依存的关系,称为对应关系。构成对应关系的账户,称为对应账户。账户间的对应关系,不仅可以正确了解经济业务的内容,而且反映了账户与账户间的联系,即各会计要素之间的内在联系。

为了连续、系统地记录资产、负债、所有者权益、收入、费用和利润的变化,清晰地反映各个账户之间的对应关系,并防止记账的差错,在每项经济业务登入账户之前要先编制会计分录。这种预先分析确定每项经济业务应借和应贷账户的名称及金额的记录,称为会计分录。每项经济业务发生后,都必须按照经济业务发生的时间顺序编制会计分录,确定经济业务的对应账户及其金额。会计核算全部过程中,编制会计分录是最初阶段。

现将前面所举十一项经济业务,编制会计分录如下:

(1)借:银行存款   50 000
    贷:实收资本   50 000
(2)借:固定资产   30 000
    贷:银行存款   30 000
(3)借:银行存款   5 000
    贷:短期借款   5 000
(4)借:应付账款   3 000
    贷:银行存款   3 000
(5)借:实收资本   50 000
    贷:银行存款   50 000
(6)借:短期借款   5 000
    贷:长期借款   5 000
(7)借:盈余公积   20 000
    贷:实收资本   20 000
(8)借:利润分配   8 000

	贷：应付利润	8 000
(9)	借：应付账款	7 000
	贷：实收资本	7 000
(10)	借：原材料	5 000
	货：银行存款	3 000
	应付账款	2 000
(11)	借：银行存款	3 000
	应收票据	3 500
	贷：应收账款	6 500

从上述例中可看出，会计分录有两种类型：一种是经济业务的发生只涉及一个账户的借方和另一个账户的贷方所组成的分录，即"一借一贷"的会计分录，称为简单会计分录，如例(1)～例(9)；另一种是经济业务的发生同时涉及一个账户的借方和另几个账户的贷方或一个账户的贷方和另几个账户的借方所组成的分录，即"一借多贷"或"一贷多借"的会计分录，称为复合分录，如例(10)、(11)。每个复合分录都可以分解为两个以上的简单分录。

编制会计分录应注意以下几点：一是分录的书写格式应借贷分行写，借在上、靠前；贷在下、后退一、二格；二是账户名称使用要规范，不能随意命名或增减文字；三是金额用阿拉伯数字、不带计量单位；四是在有多借多贷的情况下，要求借方或者贷方账户的文字和数字必须对齐。

第三节 总分类账户与明细分类账户的平行登记

一、总分类账户与明细分类账户的关系

和会计科目一样，账户按其所提供的核算资料的详细程度不同可以分为总分类账户(一级账户)和明细分类账户(二级、三级账户)。总分类账户是根据总分类科目设置的，总括地反映各个会计要素增减变化及其结果的账户，提供的是总括的核算资料；明细分类账户是根据明细分类科目设置的，用来详细地反映会计要素增减变化及其结果的账户，提供的是明细核算资料。总分类账户和所属明细分类账户的核算内容是相同的，只是反映资金增减变化的详细程度不同。在实际工作中总分类账户是明细分类账户的统驭账户，它对明细分类账户起着控制作用；明细分类账户则是总分类账户的从属账户，它对总分类账户起着辅助和补充作用，两者结合起来能够概括而详细地反映同一经济业务的核算内容，所以在记账时，总分类账户和明细分类账户是平行登记的。也就是说，对于每一项经济业务，一方面要在总分类账户中进行总括的登记，另一方面还要在所属明细分类账户中进行详细具体的登记。这种平行登记的方法，有时也

称为平行处理。

二、总分类账户与明细分类账户的平行登记

所谓平行登记,是指对发生的每项经济业务,都要以会计凭证为依据,一方面记入有关总分类账户,另一方面记入有关总分类账户所属明细分类账户的方法。平行登记既可以满足管理上面对总括会计信息和详细信息的需求,又可以检验账户记录的完整性和正确性。总分类账户与明细分类账户平行登记的原则如下:

(一)同时期

对同一时期发生的每一项经济业务,既要记入有关的总分类账户,又要记入其相应的明细分类账户。如果一项经济业务涉及某一个总分类账户所属的几个明细分类账户,则应分别记入有关的几个明细分类账户。

(二)同方向

对发生的每一项经济业务,在总分类账户和所属明细分类账户进行登记时,其记账方向(借方或贷方)必须相同。

(三)同金额

对发生的每一项经济业务,记入总分类账户中的金额必须与记入其所属明细分类账户中的金额或金额之和相等。

(四)同依据

对发生的每一项经济业务,都要以相关的会计凭证为依据,既登记有关的总分类账户,又登记其所属的明细分类账户。

按照上述原理在总分类账户与其所属的明细分类账户之间进行平行登记,其结果是:总分类账户与其所属的明细分类账户之间就必然形成相互核对的数量关系。可以用公式表示如下:

总分类账户本期发生额 = 所属明细分类账户本期发生额合计

总分类账户期末余额 = 所属明细分类账户期末余额合计

下面以"应收账款"账户为例,列示总分类账户与明细分类账户之间的关系。如图表4-5、4-6、4-7所示。

图表 4 - 5

账户名称:应收账款

2006 年		凭证 号数	摘　　要	借　方	贷　方	借或贷	余　额
月	日						
5	1	（略）	期初余额			借	30 000
5	8		出售产品货款未收	60 000		借	90 000
5	18		收回欠款		60 000	借	30 000
5	30		出售产品货款未收	45 000		借	75 000
5	31						
			本期发生额及期末余额	105 000	60 000	借	75 000

图表 4 - 6　　　　　　　　　　应收账款明细分类账

账户名称:新新公司

2006 年		凭证 号数	摘　　要	借　方	贷　方	借或贷	余　额
月	日						
5	1	（略）	期初余额			借	20 000
5	8		出售产品货款未收	60 000		借	80 000
5	18		回欠款		60 000	借	20 000
5	31		本期发生额及期末余额	60 000	60 000	借	20 000

图表 4 - 7

账户名称:心仪公司

2006 年		凭证 号数	摘　　要	借　方	贷　方	借或贷	余　额
月	日						
5	1	（略）	期初余额			借	10 000
5	18		出售产品货款未收	45 000		借	55 000
5	31		本期发生额及期末余额	45 000		借	55 000

　　有的总分类账户所反映的经济内容比较广泛,也可以在总分类账户下先设置必要的二级账户,然后在二级账户下再分设明细账户。在设置二级账户的情况下,二级账户对总分类账户来说带有明细分类账户的性质,对于明细分类账户来说,又带有控制账户的性质。

思考与练习

一、名词解释

复式记账　借贷记账法　账户的对应关系　会计分录　试算平衡

二、选择题

1.会计分录要素包括( )。

A.账户的结构　B.账户的名称　C.应记金额　　D.记账方法　E.记账方向

2.在借贷记账法下,账户的何方记增加,何方记减少,取决于( )。

A.记账规则　　B.账户的结构　C.账户的性质　D.账户的用途

3.采用复式记账法在账户中登记经济业务时,其特点是有关账户之间存在着( )。

A.平行登记关系　　　B.从属关系　　　　C.对应关系　　　D.广泛关系

4.在借贷记账法下,账户的借方登记( )。

A.资产的增加　　　B.所有者权益增加　C.费用的减少　D.负债的减少

E.收入的减少

5.借贷记账法下,借方表示( )。

A.资产增加权益减少　B.资产增加权益增加　C.资产减少权益增加

D.资产减少权益减少

6.假如某企业本期增加发生额为 1 200 元,减少发生额为 1 500 元,期末余额为 1 300元,则该企业本期期初余额为( )元。

A.1 000　　　　　B.1 600　　　　　C.4 000　　　　D.1 200

7.总分类账户与明细分类账户平行登记的要点,可以概括为( )。

A.同时登记　　B.方向相反　　C.方向相同　　D.金额相等

8.存在着对应关系的账户称为( )。

A.恒等账户　　B.平衡账户　　C.对应账户　　D.联系账户

9.在借贷记账法下,一般复合会计分录的具体表现形式有( )。

A.一借一贷　　B.一借多贷　　C.一贷多借　　D.多借多贷

三、判断题

1.成本类账户如果有余额,则余额一般在借方。( )

2.总分类账户期末余额应与所属明细分类账户期末余额合计数相等。( )

3.借贷记账法的双重性质账户,其性质根据发生额判断。( )

4.在借贷记账法下,借表示增加,贷表示减少。( )

5.会计科目能全面、连续记录会计要素的增减变动。( )

6.如果某总分类账户的期末余额为零,则其所属的各明细分类账户一定全部为零。( )

四、简答题

1.什么是复式记账法? 其基本原理是什么? 有何特点?

2.试述借贷记账法下各类账户的结构。

3.试述总分类账户与明细分类账户平行登记的要点。

4.什么是借贷记账法? 借贷记账法的基本内容有哪些?

五、业务题

习题一

(一)目的:练习运用借贷记账法。

(二)资料:

1.长江公司 2006 年 3 月 31 日资产、负债及所有者权益状况如下:固定资产 400 000 元,材料 30 000 元,应交税金 3 000 元,银行存款 48 000 元,本年利润 12 000 元,应付账款 5 000 元,应收账款 3 500 元,库存商品 24 000 元,现金 500 元,实收资本 420 000 元,盈余公积 45 000 元,短期借款 8 000 元,其他应收款 2 000 元,应付工资 27 000 元。

2.该公司 4 月份发生下列经济业务:

(1)采购员王强暂借差旅费 400 元,财务科以现金付讫。

(2)购入材料 10 000 元,货款尚未支付。

(3)向银行借入期限为六个月的借款 20 000 元存入银行。

(4)用银行存款缴纳上月欠缴税金 3 000 元。

(5)用银行存款偿还所欠货款 15 000 元。

(6)生产车间领用原材料 20 000 元,全部投入产品生产。

(7)用银行存款购买机器一台,价值 30 000 元。

(8)收到外单位归还的上月所欠货款 3 500 元,存入银行。

(9)用银行存款归还短期借款 8 000 元。

(10)收到外单位投资 50 000 元,存入银行。

(三)要求:

1.开设各有关账户登记期初余额。

2.根据资料所提供的经济业务编制会计分录,并据以登记各有关账户。

3.结出各账户的本期发生额和期末余额,并编制试算平衡表。

习题二

(一)目的:练习总分类账户和明细分类账户的平行登记。

(二)资料:

1.大华公司 2006 年 7 月 1 日"原材料"与"应付账款"总分类账户及所属明细分类账户的期初余额如下所示:

账 户	材料名称	数 量	单 价	金 额	账户名称	供应单位	金 额
原材料	甲	6 000 千克	10	60 000	应付账款	东方公司	40 000
	乙	4 000 吨	50	20 000		中兴公司	20 000
合 计				80 000	合 计		60 000

2.本月发生如下经济业务:

(1)2 日,向东方工厂购入甲材料 4 000 千克,每千克 10 元;乙材料 500 吨,每吨 50 元,材料均已验收入库,货款尚未支付。

(2)8 日,生产车间领用甲材料 7 000 千克,每千克 10 元,用于产品生产。

(3)13 日,用银行存款偿还上月购材料欠东方工厂货款 30 000 元。

(4)16 日,向中兴公司购入乙材料 400 吨,每吨 50 元,材料已验收入库,货款未付。

(5)22 日,生产车间领用乙材料 900 吨,每吨 50 元,用于产品生产。

(6)28 日,用银行存款偿还上月购材料及本月购材料所欠中兴公司货款 40 000元。

(三)要求:

(1)根据资料1,开设"原材料"和"应付账款"总分类账户及有关的明细分类账户,登记期初余额。

(2)根据资料2,编制会计分录;登记"原材料"和"应付账款"总分类账户及有关的明细分类账户。

(3)结出各账户的本期发生额和期末余额。

(4)编制"原材料"和"应付账款"明细分类账户的本期发生额及余额表,并与总分类账户的本期发生额及期末余额进行核对。

第五章 工业企业经营过程的会计核算

内容提要:

本章主要介绍了运用借贷记账法对工业企业的资金筹集、生产准备、产品生产、产品销售、利润形成、利润分配,以及资金退出的有关经济业务的会计核算;还着重阐述了工业企业材料采购成本、产品生产成本和产品销售成本的计算。本章是本教材的重点,主要通过实例及训练熟练掌握。

第一节 工业企业的经营过程

在第三章中我们介绍了账户的设置和借贷记账法的一些基本原理。由于各单位经济业务的内容有所不同,账户的设置也不尽一致。比较而言,在所有的单位中,工业企业的经营活动最为复杂,也最具代表性。因此,在本章中我们就以工业企业为例,借助于工业企业主要经济业务的会计核算,来说明借贷记账法的具体运用。

工业企业是指从事产品生产、销售的企业,主要经济活动是根据国家和市场需求,生产适销对路的产品,取得经济效益,积累资金。为了实现上述任务,企业会计部门必须正确组织生产经营过程的会计核算工作,及时准确地提供反映生产经营过程和结果的各种数量和质量指标,为有关各方提供所需的会计信息,同时也便于企业管理者及时总结经验,发现问题,纠正偏差,防范风险,提高企业的市场竞争能力。

工业企业的经营活动过程实际上是以生产过程为中心,实现供应过程、生产过程及销售过程三者的统一。资金进入企业后,在供应阶段,企业以货币资金建造厂房并购买材料物资等劳动对象,为生产做好准备。这时,货币资金转化为固定资金和储备资金。在生产阶段,劳动者运用劳动工具生产出社会需要的产品,发生固定资产、材料物质等物化劳动和活劳动的耗费。这时,部分储备资金、固定资金和货币资金转化为生产资金。产品生产完工后,生产资金又转化为成品资金。在销售阶段,企业将产品售出收取货款,这时,资金又从成品资金转化为货币资金。到此时,企业实现了产品价值,资金实现了一次循环。之后,企业还要计算财务成果。对于形成的财务成果,一部分留存企业,用于扩大再生产;另一部分,以税金、偿还债务以及向投资者分配利润的形式退出企业。我们看到进入企业的资金,随着企业生产经营活动的进行,以货币资金——储备资金——生产资金——商品资金——结算资金的形态不断地变化。因此，工业企业供应、生产、销售三个阶段的经营业务，以及资金进入企业和退出企业等的经营业务，构成了工业企业经营过程的主要经营活动，也是会计核算和监督的主要内容。

在工业企业供应、生产、销售三个阶段的经营活动过程中，还必然会发生各种人力、物力和财力的费用支出，要明确这些费用的归属对象，就必须采用一定的成本计算方法来归集和分配，也就是要进行成本计算。成本计算是会计核算的专门方法之一，是按照一定的成本对象，采用一定的标准分配、归集经营活动过程中发生的各种费用，从而确定各个成本对象的总成本和单位成本。工业企业的成本计算包括：供应阶段的材料采购成本计算、生产阶段的产品生产成本计算和销售阶段的产品销售成本计算三种。

对工业企业经营活动的过程和结果进行全面、连续、系统地反映和监督，必须根据其经营活动的内容和特点，遵循有关法律、法规，按照企业会计制度和会计准则，合理地设置会计账户，正确运用借贷记账法，对发生的经济业务及时进行账务处理，以提供有关各方所需的会计信息。

第二节 资金筹集经济业务的核算

工业企业的资金来源主要有两个方面：一是投资者投入的资金，构成所有者权益，即自有资金；二是向债权人借入的资金，构成债权人权益，即借入资金。

一、自有资金的核算

企业自有资金是指企业投资人投入的资本金，即企业在工商行政管理部门登记的注册资金，它是所有者权益的主要组成部分。投资者可以是国家、企业或个人，也可以是外商。投资形式可以是银行存款等货币资产形式，原材料、商品和房屋、机器设备等实物形式，还可以是专利权、土地使用权、商标权等无形资产形式。企业收到的所有者投资按实际成本入账，具体来说，收到的货币资产投资，按实际收到的货币资金数额入账；收到的实物资产投资，按评估确认的资产价值入账；收到的无形资产投资，按双方认可的合同、协议或公司章程规定价值入账。一般情况下，投资者投入企业的资本金，所有权虽属于投资者所有，但在企业存续期间，投资者除可以依法转让外，不得任意变动，随意抽回资金。因此我们将投资人投入资本视为企业的自有资金。

（一）自有资金核算设置的主要账户

1.“实收资本”账户（股份有限公司设置“股本”账户）。“实收资本”账户属于所有者权益类账户，是用来核算和监督企业投资人投入资本的增减变动及其结存情况。账户贷方登记收到资本的增加额，即按合同或协议规定实际取得的资本金以及用公积金转增的资本金等;借方登记实收资本的减少额;期末贷方余额,表示期末企业实收资本的结存数额。该账户应按投资者设置明细分类账户,进行明细分类核算。

2.“固定资产”账户。“固定资产”账户属于资产类账户,是用来核算和监督企业固定资产的增减变动及结存情况。账户借方登记增加固定资产的原始价值;贷方登记减少固定资产的原始价值;期末借方余额,表示企业现有固定资产的原始价值。该账户应按固定资产的种类和用途设置明细分类账户,进行明细分类核算。

3.“无形资产”账户。“无形资产”账户属于资产类账户,是用来核算和监督企业无形资产的增减变动及结存情况。账户借方登记无形资产的增加额;贷方登记无形资产的摊销额以及因出售无形资产而减少的摊余价值;期末借方余额,表示期末无形资产的摊余价值。

4.“银行存款”账户。“银行存款”账户属于资产类账户,是用来核算和监督企业银行存款的增减变动及结存情况。账户借方登记银行存款的增加额;贷方登记银行存款的减少额;余额在借方,表示期末银行存款的结存数额。

(二)自有资金的主要核算内容

例 1　飞宇公司收到国家投入货币资金 150 000 元,存入企业银行存款账户。

这项经济业务的发生,使得企业的“银行存款”增加,记入账户借方;同时使得企业的“实收资本”增加,记入账户贷方。编制会计分录如下:

```
借:银行存款                                    150 000
  贷:实收资本                                      150 000
```

例 2　飞宇公司收到某企业作为资本投入的车间用房一栋,价值 1 850 000 元。

这项经济业务的发生,使得企业的“固定资产”增加,记入账户借方;同时使得企业的“实收资本”增加,记入账户贷方。编制会计分录如下:

```
借:固定资产                                  1 850 000
  贷:实收资本                                    1 850 000
```

例 3　飞宇公司收到某企业作为投资的一项专利技术,双方认可的评估价值为 36 000元。

这项经济业务的发生,使得企业的“无形资产”增加,记入账户借方;同时使得企业的“实收资本”增加,记入账户贷方。编制会计分录如下:

```
借:无形资产                                     36 000
  贷:实收资本                                       36 000
```

例 4　飞宇公司为扩大企业规模,经批准,将盈余公积金 300 000 元转增资本金。

这项经济业务的发生,使得企业的“盈余公积”减少,记入账户借方;同时使得企业的“实收资本”增加,记入账户贷方。编制会计分录如下:

```
借:盈余公积                                    300 000
  贷:实收资本                                      300 000
```

二、借入资金的核算

企业在生产经营过程中,会发生周转资金的不足,这时就需要向银行或其他非银行金融机构借款,对周转资金予以弥补。企业从银行等金融机构取得的各种款项,必须按照规定的用途进行使用,而且要按期归还本金并支付利息。按照企业借款期限的长短,可分为短期借款和长期借款。短期借款是指借款期限在一年(包括一年)以内的各种借款,它通常是为了维持正常生产经营所需资金而借入的,或者是为了抵偿某项短期债务而借入的,属于流动负债;长期借款是指企业借款期限在一年以上的各种借款,它通常是为了购建固定资产等长期需要而借入的,属于长期负债。

(一)借入资金核算设置的主要账户

1.“短期借款”账户。“短期借款”账户属于负债类账户,是用来核算和监督企业借入期限在一年(包括一年)以内的各种借款。账户贷方登记企业借入的短期借款数额;借方登记归还的短期借款数额;期末余额在贷方,表示企业尚未归还的短期借款数额。账户按借款单位设置明细分类账户,进行明细分类核算。

2.“长期借款”账户。“长期借款”账户属于负债类账户,是用来核算和监督企业借入期限在一年以上的各种借款。账户贷方登记企业借入的各种长期借款及应付而未付的利息;借方登记归还的各种长期借款本金及利息;期末余额在贷方,表示企业尚未归还的长期借款数额。账户按债权人和借款的用途设置明细分类账户,进行明细分类核算。

3.“财务费用”账户。“财务费用”账户属于损益费用类账户,是用来核算和监督企业为筹集生产经营所需资金而发生的费用,包括利息净支出(利息收入减利息支出)、汇兑净损失(汇兑损失减汇兑收益)、金融机构的手续费,以及筹集生产经营所需资金而发生的其他费用等。账户借方登记发生的各项财务费用;贷方登记期末将财务费用全部转入本年利润的数额;期末结转后本账户无余额。

4.“应付利息”账户。“应付利息”账户属于负债类账户,本科目核算企业按照合同约定应支付的利息,包括吸收存款、分期付息到期还本的长期借款、企业债券等应支付的利息。借方登记实际支付利息,贷方登记按合同利率计算确定的应付未付利息。账户按存款人或债权人进行明细分类核算。

(二)借入资金的主要核算内容

例5　飞宇公司从银行借入期限为3个月,年利率为6%的借款200 000元,存入银行。

这项经济业务的发生,使得企业的“银行存款”增加,记入账户借方;同时使得企业的“短期借款”增加,记入账户贷方。编制会计分录如下:

借:银行存款   200 000
 贷:短期借款   200 000

例 6　计提应由本月负担的短期借款利息 1 000 元。

这项经济业务的发生,使得企业的"财务费用"增加,记入账户借方;同时由于借款利息尚未支付,使得企业的负债增加,记入"应付利息"账户贷方。编制会计分录如下:

借:财务费用   1 000
 贷:应付利息   1 000

例 7　飞宇公司从银行借入期限为三年的借款 300 000 元,存入银行。

这项经济业务的发生,使得企业的"银行存款"增加,记入账户借方;同时使得企业的"长期借款"增加,记入账户贷方。编制会计分录如下:

借:银行存款   300 000
 贷:长期借款   300 000

第三节　供应过程的核算

供应过程是企业资金运动的第一阶段,也是工业企业生产经营过程的准备阶段。在这一阶段,企业需要按购销合同和结算制度的规定,与材料供货单位进行价款的结算,还要核算因为购买原材料、辅助材料等而发生的运输费、装卸费、材料入库前的挑选整理费等各种采购费用,并在此基础上确定材料的采购成本。因此,材料的采购业务、结算业务以及采购成本的计算,就构成了工业企业供应过程核算的主要内容。除此以外,供应过程核算还要检查、考核材料采购计划执行和采购资金使用情况,保证再生产的持续进行,不断降低采购成本,提高采购资金的使用效果。

一、供应过程核算设置的主要账户

为了加强对采购业务的管理,组织好供应过程的核算,确定材料的实际采购成本,会计核算中需要设置以下主要账户:

(一)"在途物资"账户

"在途物资"账户属于资产类账户,本账户核算企业采用实际成本(或进价)进行材料、商品等物资的日常核算、货款已付尚未验收入库的在途物资的采购成本。账户借方登记购入材料物资的买价和采购费用;贷方登记已经验收入库按实际成本转入"原材料"账户借方的数额;期末一般没有余额。如果有余额则在借方,表示期末尚未到达的或尚未验收入库的在途材料实际成本。该账户应按购入材料的类别、品种、规格分别设置明细分类账户,进行明细分类核算。

（二）"原材料"账户

"原材料"账户属于资产类账户,是用来核算和监督企业库存材料的收入、发出和结存情况。企业的库存材料包括原料及主要材料、辅助材料、外购半成品、包装材料、燃料等。在按实际成本计价的前提下,该账户借方登记已验收入库各种材料的实际成本;贷方登记发出、减少各种材料的实际成本;期末余额在借方,表示期末结存材料的实际成本。该账户按材料类别、品种、规格分别设置明细分类账户,进行明细分类核算。

（三）"应付账款"账户

"应付账款"账户属于负债类账户,是用来核算和监督企业因购买材料物资和接受劳务供应而应付给供货方的款项。账户贷方登记应付而未付款项的数额;借方登记实际偿还款项的数额;期末余额在贷方,表示尚未偿还的应付账款。该账户按供应单位名称设置明细分类账户,进行明细分类核算。

（四）"应交税费"账户

"应交税费"账户属于负债类账户,是用来核算和监督企业应缴纳的各种税金,包括增值税、消费税、营业税、所得税、资源税、土地增值税、城市维护建设税、房产税、土地使用税、车船使用税、教育费附加、矿产资源补偿费等。账户贷方登记应交纳的各种税金;借方登记实际上交的各种税金;期末贷方余额表示企业未交的税金,借方余额表示多交的税金。该账户按税种设置明细分类账户,进行明细分类核算。其中,"应交税费——应交增值税"账户是用来核算和监督企业应交和实交增值税结算情况的账户,借方登记企业因购进货物或接受劳务支付的进项税额和实际缴纳的增值税;贷方登记企业因销售货物或提供劳务时收取的销项税额和转出应分担的增值税;期末借方余额表示企业多上缴或尚未抵扣的增值税额,贷方余额表示企业应交而未交的增值税额。纳税人以销项税额抵扣进项税额后向税务部门缴纳增值税。

为了具体反映增值税的增减变动情况,一般纳税人在"应交税费——应交增值税"明细分类账户下还开设"进项税额"、"已交税金"、"销项税额"、"进项税额转出"、"出口退税"等专栏,进行详细核算。

（五）"预付账款"账户

"预付账款"账户属于资产类账户,是用来核算和监督企业按照购货合同预付给供应单位的货款及其结存情况。账户借方登记预付和补付货款的金额;贷方登记收到所购货物金额及退回多付货款金额;期末余额在借方,表示已预付给供应单位的货款但尚未收到货物的金额。该账户按供应单位名称设置明细分类账户,进行明细分类核算。

二、供应过程主要经济业务核算

供应过程的主要经济业务就是采购材料。一般有:材料已经入库,货款尚未支付;材料验收入库的同时支付货款;支付在途物资费用;结转在途物资成本等经济业务。因此,在途物资的核算主要分为两个环节:一是对供应单位的货款结算;二是仓库验收材料。前者主要根据供应单位的结算凭证办理,后者根据仓库转来的收料凭证进行账务处理。如果付款和收料手续都办妥,则表明在途物资过程结束。

下面举例说明供应过程核算中账户和借贷记账法的应用。

例8 向外地某工厂购入甲材料200千克,每千克400元,计80 000元;乙材料400千克,每千克600元,共计240 000元;应交增值税税率为17%,共计税款54 400元。货款以银行存款支付,材料已验收入库。

这项经济业务的发生,使得"在途物资"、"应交税费——应交增值税"进项税额增加,记入账户借方;同时,"银行存款"减少,记入账户贷方。编制会计分录如下:

借:在途物资——甲材料　　　　　　　　　　　　　　　　80 000
　　　　　　　——乙材料　　　　　　　　　　　　　　　240 000
　　应交税费——应交增值税(进项税额)　　　　　　　　　54 400
　贷:银行存款　　　　　　　　　　　　　　　　　　　　　　374 400

例9 以银行存款支付以上两种材料的运费7 020元,包括增值税进项税额1 020元。

其中,甲材料应分配的运费为2 000元,乙材料应分配的运费为4 000元。

这项经济业务的发生,使得"在途物资"增加,其中甲材料增加了2 000元,乙材料增加了4 000元,记入账户借方;还使得"应交税费——应交增值税"进项税额增加,记入账户借方;同时,"银行存款"减少,记入账户贷方。编制会计分录如下:

借:在途物资——甲材料　　　　　　　　　　　　　　　　 2 000
　　　　　　　——乙材料　　　　　　　　　　　　　　　　 4 000
　　应交税费——应交增值税(进项税额)　　　　　　　　　 1 020
　贷:银行存款　　　　　　　　　　　　　　　　　　　　　　 7 020

例10 向本地某工厂购入甲材料200千克,每千克400元,计80 000元,按17%交增值税,计13 600元,材料已验收入库,货款尚未支付。

这项经济业务的发生,使得"在途物资"、"应交税费——应交增值税"进项税额增加,记入账户借方;同时,由于货款尚未支付,使得"应付账款"增加,记入账户贷方。编制会计分录如下:

借:在途物资——甲材料　　　　　　　　　　　　　　　　80 000
　　应交税费——应交增值税(进项税额)　　　　　　　　　13 600
　贷:应付账款　　　　　　　　　　　　　　　　　　　　　　93 600

例11　以银行存款支付上述甲材料的运杂费 3 510 元,包括增值税进项税额 510 元。

这项经济业务的发生,使得"在途物资"、"应交税费——应交增值税"进项税额增加,记入账户借方;使得"银行存款"减少,记入账户贷方。编制会计分录如下:

借:在途物资——甲材料　　　　　　　　　　　　　　　　3 000
　应交税费——应交增值税(进项税额)　　　　　　　　　 510
　贷:银行存款　　　　　　　　　　　　　　　　　　　　3 510

例12　以银行存款预付某公司购料款 30 000 元。

这项经济业务的发生,使得"预付账款"增加,记入账户借方;同时,使得"银行存款"减少,记入账户贷方。编制会计分录如下:

借:预付账款　　　　　　　　　　　　　　　　　　　　30 000
　贷:银行存款　　　　　　　　　　　　　　　　　　　30 000

例13　以银行存款偿还前欠本地某工厂购料款 93 600 元。

这项经济业务的发生,使得"银行存款"减少,记入账户贷方;同时,使得"应付账款"也减少,记入账户借方。编制会计分录如下:

借:应付账款　　　　　　　　　　　　　　　　　　　　93 600
　贷:银行存款　　　　　　　　　　　　　　　　　　　93 600

例14　上述某公司按合同发来已预付货款 30 000 元的丙材料 300 千克,每千克 100 元,计 30 000 元,应交增值税 5 100 元。以银行存款补付货款,材料已验收入库。

这项经济业务的发生,使得"在途物资"、"应交税费——应交增值税"增加,记入账户借方;同时,使得"预付账款"、"银行存款"减少,记入账户贷方。编制会计分录如下:

借:在途物资——丙材料　　　　　　　　　　　　　　　30 000
　应交税费——应交增值税(进项税额)　　　　　　　　5 100
　贷:预付账款　　　　　　　　　　　　　　　　　　　30 000
　　银行存款　　　　　　　　　　　　　　　　　　　　5 100

例15　月末结转已验收入库三种材料的实际采购成本。

这项经济业务表明,甲、乙、丙三种在途物资过程已经完成,各种材料的实际采购成本已经计算确定,应从"在途物资"账户转入"原材料"账户。编制会计分录如下:

借:原材料——甲材料　　　　　　　　　　　　　　　165 000
　　　　　——乙材料　　　　　　　　　　　　　　　244 000
　　　　　——丙材料　　　　　　　　　　　　　　　30 000
　贷:在途物资——甲材料　　　　　　　　　　　　　165 000
　　　　　　　——乙材料　　　　　　　　　　　　　244 000
　　　　　　　——丙材料　　　　　　　　　　　　　30 000

三、材料采购成本的计算

材料采购成本的计算就是采用一定的方法确定各种材料的实际成本（总成本和单位成本）。材料采购的实际成本由买价和采购费用组成。材料的买价是指供货单位的发票价格。采购费用包括以下内容：

（1）运杂费（包括运输费、装卸费、包装费、仓储费等）。

（2）运输途中的合理损耗。

（3）入库前的挑选整理费用（包括挑选整理过程中的工时费支出和必要损耗，并扣除回收的废料价值）。

（4）应由购入材料物资负担的税金、外汇差价和其他费用。

在材料采购过程中，材料的买价应直接记入材料的采购成本。对所发生的采购费用，凡是能分清采购对象的，应直接记入该对象的采购成本；如为采购几种材料发生的共同采购费用，不能分清具体的计入对象，应按一定的分配标准（如材料的重量、体积、买价等比例）进行分配，合理确定各种材料的采购成本。

为采购几种材料发生的共同采购费用，先计算采购费用的分配率，再计算每种材料应分配的采购费用。计算公式如下：

采购费用分配率＝应分配的采购费用总额／材料的分配标准（重量、体积、买价等）总量

某种材料应分配的采购费用＝该种材料的分配标准数量×该项采购费用分配率

现以本节所列举的某企业采购甲、乙、丙三种材料为例，具体介绍材料采购成本的计算方法。甲、乙、丙三种材料的买价应直接记入三种材料的采购成本，对甲、乙、丙三种材料所发生的采购费用，凡是能分清采购对象的，应直接记入该对象的采购成本，不能分清具体计入对象的，应按一定的分配标准分配记入三种材料的采购成本。而企业采购甲、乙、丙三种材料除了在［例9］中为采购甲、乙两种材料发生的共同采购费用6 000元，需要在甲、乙两种材料之间进行分配外，没有其他需要分配的采购费用。假定按重量标准将运输费6 000元在甲、乙两种材料之间进行分配。甲材料200千克、乙材料400千克，分配如下：

运输费分配率＝运输费总额/甲、乙两种材料总重量

＝6 000（元）/600（千克）＝10元/千克

甲材料应分配的运输费＝甲材料的分配标准数量×运输费分配率

＝200×10＝2 000（元）

乙材料应分配的运输费＝乙材料的分配标准数量×运输费分配率

＝400×10＝4 000（元）

甲材料的采购成本＝买价＋采购费用＝80 000＋2 000＝82 000（元）

乙材料的采购成本＝买价＋采购费用＝240 000＋4 000＝244 000（元）

本月甲、乙、丙三种材料采购成本计算情况见图表5－1。

图表 5 - 1

采购成本计算表

材料品名	单位	数量	买价	采购费用	总成本(元)	单位成本(元)
甲材料	千克	400	160 000	5 000	165 000	412.50
乙材料	千克	400	240 000	4 000	244 000	610
丙材料	千克	300	30 000	0	30 000	100
合计			430 000	9 000	439 000	

根据甲、乙、丙三种材料采购成本计算表,应结转材料的采购成本,编制会计分录(见[例15]),并据以入账。

第四节　生产过程经济业务的核算

生产过程是工业企业资金运营过程的第二个阶段,在这一阶段企业的基本活动是生产产品,是从投入材料到完工并验收入库的全过程。在生产过程中,工人借助于劳动资料对劳动对象进行加工,制成劳动产品。因此,生产过程既是产品的制造过程,又是物化劳动(劳动资料和劳动对象)和活劳动的消耗过程。

企业在生产过程中所发生的各种耗费,称为生产费用,主要包括为生产产品所发生的原材料、辅助材料、燃料和动力等劳动对象的消耗;支付生产工人工资及福利费等活劳动的消耗;发生厂房和机器设备等固定资产的折旧费等;以及支付为组织生产和生产服务而发生的各项其他消耗。这些生产费用,按其与一定产品生产的关系和计入产品成本的方法不同,分为直接费用和间接费用两类,直接费用是指直接用于产品生产的原材料(构成直接材料成本项目)、直接从事产品生产的工人工资及福利费(构成直接人工成本项目)和其他直接费用;间接费用是指间接用于产品生产的费用,如生产车间管理人员工资及福利费、生产车间办公费、水电费等(主要构成制造费用成本项目)。这些直接、间接的生产费用,都需要按照一定的产品种类进行归集和分配,计算出各产品的生产成本。因此,生产过程核算的主要任务是:核算和监督生产费用的发生和分配,计算确定产品的生产成本,考核生产资金定额和成本计划的执行情况,使企业不断降低生产成本,提高经济效益。

一、生产过程核算设置的主要账户

为了核算和监督生产过程发生的经济业务,归集和分配生产费用,计算各种产品的生产成本,应主要设置以下账户:

（一）"生产成本"账户

"生产成本"账户是成本类账户，是用来核算和监督企业在产品（包括库存商品、自制半成品、提供劳务等）生产过程中发生的各种生产费用，并据以确定各种产品的实际生产成本。账户借方登记本期发生的全部生产费用，包括直接材料、直接工资等直接费用，以及由"制造费用"账户归集分配转入的间接费用；贷方登记应转入"库存商品"账户借方的完工产品的实际生产成本；期末借方余额，表示生产过程中尚未完工在产品的实际生产成本。该账户下设置"基本生产成本"和"辅助生产成本"两个明细分类账户。

（二）"制造费用"账户

"制造费用"账户属于成本类账户，是用以归集和分配企业为生产产品和提供劳务而发生的各种间接费用，包括工资及福利费、折旧费、修理费、办公费、水电费、劳动保护费、季节性修理期间的停工损失费等。账户借方登记本期发生的各种间接生产费用；贷方登记转入"生产成本"账户的间接生产费用，一般没有余额。该账户按不同车间、不同费用项目设置明细分类账户，进行明细分类核算。

（三）"库存商品"账户

"库存商品"账户属于资产类账户，是用来核算和监督企业库存的各种产品的实际成本。库存商品是指企业已完成全部的生产过程并已验收入库的可供销售的产品。账户借方登记已经完工验收入库的各种产品的实际成本；贷方登记因销售等从仓库发出的各种产品的实际成本；期末余额在借方，表示库存商品的实际成本。该账户按产品的品种、规格或种类设置明细分类账户，进行明细分类核算。

（四）"累计折旧"账户

"累计折旧"账户属于资产类账户，它是"固定资产"账户的抵减账户，是用来核算和监督企业固定资产因磨损而减少的价值。账户贷方登记企业按月计提的固定资产折旧（即固定资产因磨损而减少的价值）；借方登记企业因固定资产出售、报废等原因冲销、结转已经提取的折旧数；期末余额在贷方表示现有固定资产已提折旧的累计数。用"累计折旧"账户的贷方余额抵减"固定资产"账户的借方余额，即为现有固定资产折余价值，即固定资产净值。

（五）"应付职工薪酬"账户

"应付职工薪酬"账户属于负债类账户，本账户核算企业根据有关规定应付给职工的各种薪酬。企业（外商）按规定从净利润中提取的职工奖励及福利基金，也在本科目核算。账户贷方登记应付给职工的各种薪酬；借方登记实际支付职工的各种薪酬;期末贷方余额,反映企业应付未付的职工薪酬。本账户可按"工资"、"职工福利"、"社会保险费"、"住房公积金"、"工会经费"、"职工教育经费"、"非货币性福利"、"辞退福利"、"股份支付"等进行明细核算。

二、生产过程主要经济业务核算

生产过程主要经济业务有:车间领用制造产品的原材料;计算和分配职工工资并从银行提取现金发放工资;计提职工福利费和计提固定资产折旧;预付待摊的费用和待摊费用的摊销;预提应付的费用及预提费用的支付;分配制造费用,计算产品成本;产品完工,结转完工产品实际生产成本等。

下面举例说明生产过程核算中账户和借贷记账法的应用。

例16 仓库发出乙、丙材料各一批,价值533 000 元,用于 A、B 两种产品生产和车间一般耗用及管理部门耗用,发料凭证汇总表见图表5－2。

图表5－2

发料凭证汇总表 单位:公斤

项 目	乙材料		丙材料		合 计
	数量	金额	数量	金额	
产品耗用——A 产品	300	193 000	200	20 000	213 000
——B 产品	400	244 000	100	10 000	254 000
车间耗用	100	61 000			61 000
管理部门耗用			50	5 000	5 000
合 计		498 000		35 000	533 000

这项经济业务的发生,使得"原材料"减少,记入账户贷方;同时,使得"生产成本"、"制造费用"、"管理费用"增加,记入账户借方。编制会计分录如下:

借:生产成本——A 产品 213 000
　　　　　——B 产品 254 000
　　制造费用 61 000
　　管理费用 5 000
　贷:原材料 533 000

例17 结算本月应付职工工资66 000 元,其中:生产 A 产品的工人工资30 000元;生产 B 产品的工人工资20 000 元;车间管理人员工资10 000 元;行政管理部门人员工资6 000 元。

该项经济业务的发生,使得企业"应付工资"增加,记入账户贷方;同时使得"生产成本"、"制造费用"、"管理费用"增加,记入账户借方。编制会计分录如下:

借:生产成本——A 产品	30 000
———B 产品	20 000
制造费用	10 000
管理费用	6 000
贷:应付职工薪酬	66 000

例18 从银行提取现金66 000元,准备发放工资。

这项经济业务的发生,使得"现金"增加,记入账户借方;同时使得"银行存款"减少,记入账户贷方。编制会计分录如下:

| 借:现金 | 66 000 |
| 贷:银行存款 | 66 000 |

例19 以现金66 000元,发放职工工资。

这项经济业务的发生,使得"现金"减少,记入账户贷方;同时使得"应付工资"也减少,记入账户借方。编制会计分录如下:

| 借:应付职工薪酬 | 66 000 |
| 贷:现金 | 66 000 |

例20 按工资总额的14%比例提取职工福利费。

本月应计提的职工福利费计算如下:

按 A 产品生产工人工资计提的福利费:30 000×14% = 4 200(元)

按 B 产品生产工人工资计提的福利费:20 000×14% = 2 800(元)

按车间管理人员工资计提的福利费:10 000×14% = 1 400(元)

按厂部管理人员工资计提的福利费:6 000×14% =840(元)

职工福利费作为一项费用,一方面要根据工资费用的归属,分别记入"生产成本"、"制造费用"和"管理费用"等账户借方;同时作为一项应付款项的负债应记入"应付职工薪酬"账户贷方。编制会计分录如下:

借:生产成本——A 产品	4 200
———B 产品	2 800
制造费用	1 400
管理费用	840
贷:应付职工薪酬	9 240

例21 以银行存款支付车间办公费和水电费2 100元,支付行政管理部门办公费和水电费500元。

这项经济业务的发生,使得"银行存款"减少,记入账户贷方;同时使得"制造费用"、"管理费用"增加,记入账户借方。编制会计分录如下:

借:制造费用	2 100
管理费用	500
贷:银行存款	2 600

例22 以银行存款预付下半年的报刊杂志费 1 200 元。

报刊杂志费属于办公费用。这项经济业务的发生,使得"管理费用"增加,记入账户借方;同时使得"银行存款"减少,记入账户贷方。编制会计分录如下:

借:管理费用　　　　　　　　　　　　　　　　　　　　　1 200

　贷:银行存款　　　　　　　　　　　　　　　　　　　　　1 200

例23 预提应由本月负担的短期借款利息 500 元。

因为短期借款利息按季结算,根据权责发生制要求,需要按月提存,而短期借款利息支出属于财务费用。因此,这项经济业务的发生,使得"财务费用"增加,记入账户借方;同时使得"应付利息"增加,记入账户贷方。编制会计分录如下:

借:财务费用　　　　　　　　　　　　　　　　　　　　　　500

　贷:应付利息　　　　　　　　　　　　　　　　　　　　　　500

例24 按照规定,计提本月固定资产折旧 15 000 元,其中:车间固定资产折旧 10 000元,行政管理部门固定资产折旧 5 000 元。

固定资产在使用过程中,因磨损而逐渐损耗的部分价值称为固定资产折旧。这部分价值应按固定资产原始价值和核定的折旧率计算折旧费,计入产品的生产成本和有关期间费用。

这项经济业务的发生,一方面使"制造费用"、"管理费用"增加,记入账户借方;同时也使"累计折旧"增加,记入账户贷方。编制会计分录如下:

借:制造费用　　　　　　　　　　　　　　　　　　　　　10 000

　管理费用　　　　　　　　　　　　　　　　　　　　　 5 000

　贷:累计折旧　　　　　　　　　　　　　　　　　　　　15 000

例25 将本月发生的制造费用 80 500 元,通过分配转入生产成本。其中分配记入 A 产品生产成本的制造费用为 48 300 元;分配记入 B 产品生产成本的制造费用为 32 200 元。

制造费用是产品生产成本的组成部分,月末应将本月内归集在"制造费用"账户的各种间接生产费用转入"生产成本"账户,以准确计算产品生产成本。

这项经济业务的发生,使得"生产成本"增加,记入账户借方;同时"制造费用"减少,记入账户贷方。编制会计分录如下:

借:生产成本——A 产品　　　　　　　　　　　　　　　　48 300

　　　　　——B 产品　　　　　　　　　　　　　　　　32 200

　贷:制造费用　　　　　　　　　　　　　　　　　　　　80 500

例26 A 产品完工入库 1 000 件,结转其实际生产成本 295 500 元。

这项经济业务的发生,使得"库存商品"增加,记入账户借方;同时使得"生产成本"减少,记入账户贷方。编制会计分录如下:

借:库存商品——A 产品　　　　　　　　　　　　　　　 295 500

　贷:生产成本——A 产品　　　　　　　　　　　　　　　295 500

三、产品生产成本计算

产品生产成本计算,就是将生产过程中发生的各种生产费用,按照产品的类别、品种、规格进行归集和分配,并开设相应的成本项目,计算出各种产品的总成本和单位成本。

在计算产品成本时,要在各种产品的生产成本明细账下设置成本项目,一般开设直接材料、直接人工和制造费用三个成本项目。直接材料成本是指直接用于产品生产的原材料;直接人工成本是指直接从事产品生产的工人工资及福利费;制造费用成本是指车间或分厂为组织和管理产品的生产而发生的各项间接生产费用,如车间或分厂管理人员的工资及福利费、办公费、水电费、固定资产折旧费、修理费、保险费等。直接材料和直接人工成本属于直接生产费用,在费用发生时按成本计算对象记入相关的成本对象;制造费用成本属于间接生产费用,在费用发生时先记入"制造费用"账户进行归集,月末,再按照一定的分配标准(如生产工人工时、生产工人工资等)进行分配,记入有关产品的生产成本。这里涉及"制造费用"的分配计算,计算公式如下:

制造费用分配率 = 应分配的制造费用总额／分配标准(生产工人工时、生产工人工资等)总量

某种产品应分配的制造费用 = 该产品的分配标准数量 × 制造费用分配率

现以本章所列举的某企业本月有关资料为例,说明产品生产成本计算的基本过程和方法。该企业本月生产 A、B 产品发生的制造费用为 80 500 元;生产 A 产品的直接材料费用为 213 000 元,生产工人工资 30 000 元,福利费 4 200 元;生产 B 产品的直接材料费用为 254 000 元,生产工人工资 20 000 元,福利费 2 800 元。假设该企业的制造费用按生产工人工资标准进行分配,本月生产的 A 产品 1 000 件完工入库,B 产品尚未完工。

根据有关账户记录,分配制造费用,计算完工产品的总成本和单位成本:

制造费用分配率 = 应分配的制造费用总额／分配标准总量

= 80 500／(30 000 + 20 000) = 1.61

A 产品应分配的制造费用 = A 产品的分配标准数量 × 制造费用分配率

= 30 000 × 1.61 = 48 300(元)

B 产品应分配的制造费用 = B 产品的分配标准数量 × 制造费用分配率

= 20 000 × 1.61 = 32 200(元)

编制制造费用分配表,见图表 5 – 3。

图表5-3

制造费用分配表

编制单位：　　　　　　　　　　　　　　　　____年____月　　　　　　　　　　　　　单位:元

产品品名	分配标准（生产工人工资）	制 造 费 用	
		分配率	分配金额
A 产品	30 000	1.61	48 300
B 产品	20 000	1.61	32 200
合 计	50 000		80 500

根据制造费用分配表,编制有关会计分录,并登记有关生产成本明细账。编制会计分录如下:

借:生产成本——A 产品　　　　　　　　　　　　　　　　48 300

　　　　　——B 产品　　　　　　　　　　　　　　　　32 200

　贷:制造费用　　　　　　　　　　　　　　　　　　　　80 500

计算完工产品的总成本和单位成本,编制完工产品成本计算单,见图表5-4。

图表5-4

完工产品成本计算单

编制单位：　　　　　　　　　　　　　　　　____年____月　　　　　　　　　　　　　单位:元

成本项目	A 产 品	
	总成本(1000件)	单位成本
直接材料	213 000	213
直接人工	34 200	34.2
制造费用	48 300	48.3
合 计	295 500	295.5

根据完工产品成本计算单,编制有关会计分录,并登记有关生产成本明细账。编制会计分录如下:

借:库存商品——A 产品　　　　　　　　　　　　　　　　295 500

　贷:生产成本——A 产品　　　　　　　　　　　　　　　295 500

根据本月产品生产的经济业务,登记生产成本明细账(生产成本明细账按产品的品名、规格设置,采用多栏式账页)。见图表5-5、5-6。

图表 5-5

生产成本明细账

产品品名:A产品
单位:件

| 年 | | 凭证号数 | 摘要 | 借方 | | | | 贷方 | 余额 |
月	日			直接材料	直接人工	制造费用	合计		
略	略	略	领用材料 分配工人工资 计算工人福利费 分配制造费用 结转完工产品成本	213 000	30 000 4 200	48 300	213 000 30 000 4 200 48 300	295 500	213 000 243 000 247 200 295 500
			本期发生额及期末余额	213 000	34 200	48 300	295 500	295 500	0

图表 5-6

生产成本明细账

产品品名:B产品
单位:件

| 年 | | 凭证号数 | 摘要 | 借方 | | | | 贷方 | 余额 |
月	日			直接材料	直接人工	制造费用	合计		
略	略	略	领用材料 分配工人工资 计算工人福利费 分配制造费用	254 000	20 000 2 800	32 200	254 000 20 000 2 800 32 200		254 000 274 000 276 800 309 000
			本期发生额及期末余额	254 000	22 800	32 200	309 000		309 000

第五节 销售阶段的核算

产品销售阶段是工业企业将制造完工的产品销售给购货单位,收回货款,使企业的资金形态从成品资金形态转化为货币资金形态的阶段,也是企业生产耗费取得补偿并实现积累的过程。在企业销售过程中,还会发生与产品销售有关的费用,如包装费、运输费、装卸费、保险费、广告费、展览费及专设销售机构的人员工资等经费开支;企业还要按照税法规定,计算缴纳销售税金及附加。企业通过产品销售取得的收入抵减销售产品的成本和销售税金及附加之后,就形成了企业的主营业务利润,如果不足以抵补,则形成亏损。

一、产品销售阶段设置的主要账户

(一)"主营业务收入"账户

该账户属于损益类账户,是专门用来核算和监督企业销售库存商品(含外购商品)、自制半成品以及提供工业性劳务取得的收入。贷方登记企业实现的销售收入;借方登记企业发生销售退回而减少的销售收入,以及期末对账户贷方发生额进行结转的数额;期末结转后没有余额。该账户按产品类别或劳务种类设置明细分类账户,进行明细分类核算。

(二)"主营业务成本"账户

该账户属于损益类账户,是专门用来核算和监督企业销售库存商品(含外购商品)、自制半成品以及提供工业性劳务发生的实际成本。借方登记已实现销售产品或劳务的实际成本;贷方登记企业发生销售退回而冲销的实际成本,以及期末对账户借方发生额进行结转的数额;期末结转后没有余额。该账户按产品类别或劳务种类设置明细分类账户,进行明细分类核算。

(三)"营业税金及附加"账户

该账户属于损益类账户,是专门用来核算和监督企业销售库存商品(含外购商品)、自制半成品以及提供工业性劳务等应负担的税金及附加费。包括消费税、营业税、资源税、土地增值税、城市维护建设税和教育费附加等,但不包括增值税。借方登记按税法规定计算出应由企业负担的销售税金及附加;贷方登记期末对账户借方发生额进行结转的数额;期末结转后没有余额。

(四)"销售费用"账户

该账户属于损益类账户,是专门用来核算和监督企业销售库存商品(含外购商品)、自制半成品以及提供工业性劳务过程中发生的各项费用。包括包装费、运输费、装卸费、保险费、广告费、展览费及为销售本企业产品而专设销售机构费用(如人员工资、福利费、办公费、折旧费、修理费和其他经费)。借方登记企业发生的各项销售费用;贷方登记期末对账户借方发生额进行结转的数额;期末结转后没有余额。

(五)"应收账款"账户

该账户属于资产类账户,是专门用来核算和监督企业销售库存商品以及提供劳务,应向购货单位或接受劳务单位收取款项的增减变动及结存情况。借方登记企业在销售库存商品以及提供劳务过程中发生的应收款项;贷方登记已收回的应收账款和已确认为坏账并经批准转销的应收账款;期末余额在借方,表示企业尚未收回的应收账款。该账户按购货单位或接受劳务单位设置明细分类账户,进行明细分类核算。

(六)"预收账款"账户

该账户属于负债类账户,是专门用来核算和监督企业按规定向购货单位预收款项的增减变动及结存情况。贷方登记向购货单位预收的货款;借方登记实现销售收入冲销预收账款的数额;期末余额在贷方,表示已预收但尚未发出商品的数额。该账户按购货单位设置明细分类账户,进行明细分类核算。

(七)"应收票据"账户

该账户属于资产类账户,是专门用来核算和监督企业销售产品以及提供劳务而收到的商业汇票的增减变动及结存情况。借方登记收到的商业汇票面值;贷方登记到期收回或未到期向银行办理了贴现的商业汇票面值;期末余额在借方,表示企业尚未收回的应收票据面值。该账户按不同的票据种类设置明细分类账户,进行明细分类核算。

二、产品销售阶段主要经济业务核算

产品销售阶段主要经济业务包括:发出产品,代税务机关向购货单位收取税金,与购货单位进行货款结算;发生各种销售费用;计算销售税金及附加;结转已售产品的销售成本等。

下面举例说明销售过程核算中账户和借贷记账法的应用。

例27 销售 B 产品 500 件,每件售价 600 元,计 300 000 元,增值税销项税额 51 000元,产品已发出,款项已收到并存入银行。

这项经济业务的发生,使得"银行存款"增加,记入账户借方;同时,使得"主营业务收入"增加,记入账户贷方;在实现产品销售收入时,应向购货单位代收增值税销项税额,记入"应交税费——应交增值税(销项税额)"账户贷方。编制会计分录如下:

借:银行存款	351 000
贷:主营业务收入	300 000
应交税费——应交增值税(销项税额)	51 000

例28 销售 C 产品 600 件,每件售价 400 元,计 240 000 元,增值税销项税额 40 800元,产品已发出,款项尚未收到。

这项经济业务的发生,使得"应收账款"增加,记入账户借方;使得"主营业务收入"实现,记入账户贷方;发生增值税销项税额,记入"应交税费——应交增值税(销项

税额)"账户贷方。编制会计分录如下:

借:应收账款　　　　　　　　　　　　　　　　280 800

　　贷:主营业务收入　　　　　　　　　　　　　240 000

　　　　应交税费——应交增值税(销项税额)　　40 800

例29　收到新兴公司预付的购买 C 产品的货款 40 000 元存入银行。

这项经济业务的发生,使得"银行存款"增加,记入账户借方;同时使得"预收账款"增加,记入账户贷方。编制会计分录如下:

借:银行存款　　　　　　　　　　　　　　　　40 000

　　贷:预收账款　　　　　　　　　　　　　　　40 000

例30　以银行存款支付本月产品广告费 5 000 元。

这项经济业务的发生,使得"销售费用"增加,记入账户借方;同时使得"银行存款"减少,记入账户贷方。编制会计分录如下:

借:销售费用　　　　　　　　　　　　　　　　5 000

　　贷:银行存款　　　　　　　　　　　　　　　5 000

例31　发出给新兴公司已预付款项的购买 C 产品 100 件,每件售价 400 元,计 40 000 元,增值税销项税额 6 800 元。

这项经济业务的发生,使得"预收账款"减少,记入账户借方;得"主营业务收入"实现,记入账户贷方;发生增值税销项税额,记入"应交税费——应交增值税(销项税额)"账户贷方。编制会计分录如下:

借:预收账款　　　　　　　　　　　　　　　　46 800

　　贷:主营业务收入　　　　　　　　　　　　　40 000

　　　　应交税费——应交增值税(销项税额)　　6 800

例32　收到新兴公司补付预付账款 6 800 元,存入银行。

这项经济业务的发生,使得"银行存款"增加,记入账户借方;同时使得"预收账款"增加,记入账户贷方。编制会计分录如下:

借:银行存款　　　　　　　　　　　　　　　　6 800

　　贷:预收账款　　　　　　　　　　　　　　　6 800

例33　销售 B 产品 300 件,每件售价 600 元,计 180 000 元,增值税销项税额 30 600 元。产品已发出,收到购货单位开出面值为 210 600 元,期限 3 个月的商业汇票。

这项经济业务的发生,使得"应收票据"增加,记入账户借方;使得"主营业务收入"实现,记入账户贷方;发生增值税销项税额,记入"应交税费——应交增值税(销项税额)"账户贷方。编制会计分录如下:

借:应收票据　　　　　　　　　　　　　　　　210 600

　　贷:主营业务收入　　　　　　　　　　　　　180 000

　　　　应交税费——应交增值税(销项税额)　　30 600

例34 计算销售 B 产品应缴纳的消费税,按销售收入的 5% 计算,应交纳的消费税为 24 000 元。

这项经济业务的发生,使得"营业税金及附加"增加,记入账户借方;同时,形成了企业未交税金的负债,记入"应交税费——应交消费税"账户贷方。编制会计分录如下:

借:营业税金及附加   24 000
  贷:应交税费——应交消费税   24 000

例35 期末计算结转本月已销产品的实际成本,其中,B 产品 800 件,单位成本 520 元,共计 416 000 元;C 产品 700 件,单位成本 350 元,共计 245 000 元。

这项经济业务的发生,使得"主营业务成本"增加,记入账户借方;同时,使企业库存的库存商品减少,记入"库存商品"账户贷方。编制会计分录如下:

借:主营业务成本   661 000
  贷:库存商品——B 产品   416 000
          ——C 产品   245 000

三、已销产品成本的计算

已销产品成本是指企业已销售的库存商品、自制半成品的生产成本。已销产品成本是根据该产品的销售数量乘以该产品的单位成本计算取得。由于产品生产是分期、分批进行的,而不是一次就结束的,因此,同一种产品每批次的单位生产成本不会完全相同,那么,已销产品成本的单位生产成本就要采用一定的方法进行计算才能确定。计算的方法有多种,如"加权平均法"、"先进先出法"、"后进先出法"、"个别计价法"等,这里仅以加权平均法来说明已销产品成本的计算过程。

在前例中,B 产品销售了 800 件,下面我们根据有关库存商品的明细账资料,采用加权平均法计算已销 B 产品的销售成本。

$$单位产品销售成本 = \frac{期初结存产品总成本 + 本期完工入库产品总成本}{期初结存产品数量 + 本期完工入库产品数量}$$

本期已销产品成本 = 本期已销产品数量 × 单位产品销售成本

B 产品销售成本计算如下:

$$B\ 产品单位产品销售成本 = \frac{371\ 000 + 357\ 000}{700 + 700} = 520(元/件)$$

$$B\ 产品本期销售成本 = 800 × 520 = 416\ 000(元)$$

根据计算出的已销 B 产品成本,编制有关会计分录(见[例36]),并登记有关账户。B 产品的库存商品明细账见图表 5 - 7。

图表5-7

库存商品明细账

B产品　　　　　　　　　　　　　　　　　　　　　　　　　　　　　　　单位:元

| 年 | | 摘要 | 收　入 | | | 发　出 | | | 结　存 | | |
月	日		数量	单价	金额	数量	单价	金额	数量	单价	金额
略	略	期初余额							700	530	371 000
		本月完工入库	700	510	357 000				1400	520	728 000
		本月销售发出产品				800	520	416 000	600	520	312 000
		本月合计及期末余额	600	510	357 000	800	520	416 000	600	520	312 000

第六节　利润形成及分配的核算

一、利润形成的核算

利润或亏损是企业在一定时期内全部经营活动的最终财务成果,是企业生产经营活动的经济效益和资金利用效果的综合反映。

根据《企业会计准则》的规定,有关净利润的计算公式如下:

营业利润 = 营业收入 - 营业成本 - 营业税金及附加 - 销售费用 - 管理费用 - 财务费用 - 资产减值损失 + 公允价值变动收益(- 公允价值变动损失) + 投资收益(- 投资损失)

利润总额 = 营业利润 + 营业外收入 - 营业外支出 + 补贴收入

净利润 = 利润总额 - 所得税费用

(一)利润形成核算设置的主要账户

1."本年利润"账户。"本年利润"账户是用来核算和监督企业本年度实现的净利润或亏损情况的账户。1~12月份各月末,贷方登记从"主营业务收入"、"其他业务收入"、"营业外收入"账户转入的数额,及从"投资收益"账户转入的投资净收益;借方登记从"主营业务成本"、"销售费用"、"管理费用"、"财务费用"、"其他业务成本"、"营业外支出"账户转入的数额,及从"投资收益"账户转入的投资净损失。年度内,各月末本账户如有贷方余额,表示从年初累计至当月末企业实现的利润总额;各月末本账户如有借方余额,表示从年初累计至当月末企业发生的亏损总额。年末,贷方登记从"补贴收入"账户转入的数额,借方登记从"所得税"账户转入的数额。将本年度实现的净利润(利润总额加补贴收入减所得税)从本账户的借方转出,转到"利润分配"账户的贷方;本年度如发生了亏损,则要将所发生的亏损从本账户的贷方转出,转到"利润分配"账户借方。"本年利润"账户年末结转之后无余额。因此,"本年利润"账户在1~12月份属于所有者权益类账户,而在年末则属于损益类账户。

2."管理费用"账户。"管理费用"账户属于损益类账户,是用来核算和监督企业行政管理部门发生的为组织和管理经营活动而发生的各项费用。主要包括企业行政管理部门的人员工资和福利费、业务招待费、办公费、工会经费、修理费、差旅费、董事会经费、职工教育费、劳动保险费、咨询费、审计费、诉讼费、土地使用费、技术开发费、固定资产折旧费、开办费摊销、无形资产摊销、坏账损失以及其他的管理费用。账户借方登记企业发生的各项管理费用;贷方登记期末结转的管理费用,转入"本年利润"账户借方;期末结转之后无余额。该账户按费用项目设置明细分类账户,进行明细分类核算。

3."其他业务收入"账户。"其他业务收入"账户属于损益类账户,是用来核算和监督企业除主营业务以外的其他业务取得的收入,如材料的销售、技术的转让、固定资产出租、包装物出租、提供运输等非工业性劳务取得的收入。账户贷方登记取得的各项其他业务收入;借方登记期末结转的数额,转入"本年利润"账户借方;期末结转之后无余额。该账户按其他业务的种类设置明细分类账户,进行明细分类核算。

4."其他业务成本"账户。"其他业务成本"账户属于损益类账户,是用来核算和监督企业除主营业务以外的其他业务所发生的成本与费用支出。包括其他销售成本,提供劳务的相关成本费用以及税金及附加等。账户借方登记企业发生的各项其他业务成本;贷方登记期末结转的数额,转入"本年利润"账户借方;期末结转之后无余额。该账户按其业务的种类设置明细分类账户,进行明细分类核算。

5."营业外收入"账户。"营业外收入"账户属于损益类账户,是用来核算和监督企业发生的与企业生产经营活动没有直接关系的各项收入。包括固定资产盘盈、确属无法支付的应付款项、教育费附加返还款项等。账户贷方登记发生的各项营业外收入;借方登记期末结转的数额,转入"本年利润"账户借方;期末结转之后无余额。该账户按营业外收入的具体项目设置明细分类账户,进行明细分类核算。

6."营业外支出"账户。"营业外支出"账户属于损益类账户,是用来核算和监督企业发生的与企业生产经营活动没有直接关系的各项支出。主要包括固定资产盘亏损失、非常损失、罚款支出、捐赠支出等。账户借方登记企业发生的各项营业外支出;

贷方登记期末结转的数额,转入"本年利润"账户借方;期末结转之后无余额。该账户按营业外支出的具体项目设置明细分类账户,进行明细分类核算。

7. "投资收益"账户。"投资收益"账户属于损益类账户,是用来核算和监督企业对外投资取得的收益和发生的损失。账户贷方登记对外投资取得的收入;借方登记对外投资发生的损失;期末将本账户数额转入"本年利润"账户(如为投资净收益从本账户借方转出,如为投资净损失从本账户贷方转出),期末结转之后无余额。

8. "补贴收入"账户。"补贴收入"账户属于损益类账户,是用来核算和监督企业应取得的政策性亏损补贴收入和其他补贴收入。账户贷方登记取得各项补贴收入;借方登记期末结转的数额,转入"本年利润"账户借方;期末结转之后无余额。

9. "所得税费用"账户。"所得税费用"账户属于损益类账户,是用来核算和监督企业按规定计算的应负担的所得税费用。账户借方登记企业按规定计算的应负担的所得税费用;贷方登记期末结转所得税费用,转入"本年利润"账户借方;期末结转之后无余额。

(二)利润形成核算内容

在利润形成的核算过程中,主要是将期末损益类账户借方或贷方发生额合计数转入"本年利润"账户,通过"本年利润"账户借贷方的对比,反映出本期的利润形成(或亏损的发生)情况。因此,对企业利润形成进行核算,是建立在损益类账户核算的基础上,并且在期末先对有关损益类账户借方和贷方发生额进行汇总,计算出这些账户借方或贷方的余额,然后再结转核算。

下面举例说明利润形成过程核算中账户和借贷记账法的应用。

例36 出售材料一批,增值税专用发票上注明,材料的销售货款为 8 000 元,增值税额为 1 360 元,款项全部收存银行。

这项经济业务的发生,使得"银行存款"增加,记入账户借方;同时,使得"其他业务收入"实现,记入账户贷方;在实现其他业务收入时,向购货单位代收增值税销项税额,记入"应交税费——应交增值税(销项税额)"账户贷方。编制会计分录如下:

```
借:银行存款                                    9 360
  贷:其他业务收入                              8 000
     应交税费——应交增值税(销项税额)          1 360
```

例37 结转前例中已销售材料的实际成本 6 200 元。

这项经济业务的发生,使得"其他业务成本"增加,记入账户借方;同时使得"原材料"减少,记入账户贷方。编制会计分录如下:

```
借:其他业务成本                                6 200
  贷:原材料                                    6 200
```

例38 企业按有关规定转销确已无法支付的应付账款 2 000 元。

这项经济业务的发生,使得"应付账款"减少,记入账户借方;同时使得"营业外收入"增加,记入账户贷方。编制会计分录如下:

借:应付账款	2 000
贷:营业外收入	2 000

例39 企业支付税款滞纳金3 000元。

这项经济业务的发生,使得"营业外支出"增加,记入账户借方;同时使得"银行存款"减少,记入账户贷方。编制会计分录如下:

借:营业外支出	3 000
贷:银行存款	3 000

例40 企业收到现金股利5 000元,存入银行。

这项经济业务的发生,使得"银行存款"增加,记入账户借方;同时取得"投资收益",记入账户贷方。编制会计分录如下:

借:银行存款	5 000
贷:投资收益	5 000

例41 企业收到经营政策性产品补贴10 000元,存入银行。

这项经济业务的发生,使得"银行存款"增加,记入账户借方;同时取得"补贴收入",记入账户贷方。编制会计分录如下:

借:银行存款	10 000
贷:补贴收入	10 000

例42 期末将损益收入类账户贷方余额转入"本年利润"账户贷方。

有关损益收入类账户贷方余额如下:

主营业务收入:760 000元

其他业务收入: 8 000元

营业外收入: 2 000元

投资收益: 5 000元

补贴收入: 10 000元

这项经济业务的发生,使"主营业务收入"、"其他业务收入"、"营业外收入"、"投资收益"和"补贴收入"减少,分别记入账户借方;同时使得"本年利润"增加,记入账户贷方。编制会计分录如下:

借:主营业务收入	760 000
其他业务收入	8 000
营业外收入	2 000
投资收益	5 000
补贴收入	10 000
贷:本年利润	785 000

例43 期末将损益支出类账户借方余额转入"本年利润"账户借方。

有关损益支出类账户借方余额如下：

主营业务成本：　　661 000元

营业税金及附加：　24 000元

其他业务成本：　　6 200元

营业外支出：　　　3 000元

这项经济业务的发生，使得"主营业务成本"、"其他业务成本"、"营业外支出"和"营业税金及附加"减少，应分别记入账户贷方；同时使得"本年利润"减少，记入账户借方。编制会计分录如下：

借：本年利润 694 200

　　贷：主营业务成本 661 000

　　　　营业税金及附加 24 000

　　　　其他业务成本 6 200

　　　　营业外支出 3 000

例44　按利润总额33%税率计算应交所得税费用。利润总额根据"本年利润"账户有关数据计算。

$$利润总额 = 785000 - 694200 = 90800(元)$$

$$应交所得税费用 = 利润总额 \times 33\% = 29964(元)$$

这项经济业务的发生，使得"所得税费用"增加，记入账户借方；同时使得"应交税费——应交所得税费用"这项负债也增加，记入账户贷方。编制会计分录如下：

借：所得税费用 29 964

　　贷：应交税费——应交所得税费用 29 964

例45　期末结转"所得税费用"账户余额。

这项经济业务的发生，使得"所得税费用"减少，记入账户贷方；同时使得"本年利润"也减少，记入账户借方。编制会计分录如下：

借：本年利润 29 964

　　贷：所得税费用 29 964

二、利润分配的核算

利润分配是指企业根据国家有关的法律法规及公司企业决议，对企业净利润进行的分配。利润分配，除国家另有规定之外，应按下列步骤进行：

第一步，弥补以前年度亏损（五年内亏损可用税前利润予以弥补，超过五年亏损则以税后利润弥补）。

第二步，提取法定盈余公积金。法定盈余公积金可用于弥补亏损和转增资本。其按税后利润10%提取，已达到注册资本金50%的可以不再提取。

第三步，提取法定公益金。法定公益金主要用于职工集体福利设施开支，如兴建职工宿舍、娱乐健身设施等。其按税后利润5%～10%提取。

第四步,向投资者分配利润。企业以前年度未分配利润可以并入本年度向投资者分配。

如企业本年度发生亏损,按规定可用以后年度形成的利润予以弥补。

企业在利润分配核算过程中应该做到:严格遵守有关利润分配规定;正确反映企业有关盈余公积的提取、补亏以及向投资者分配利润。

(一)利润分配核算设置的主要账户

为了反映利润分配的过程和结果,应设置"利润分配"、"盈余公积"和"应付利润"等账户。

1. "盈余公积"账户。"盈余公积"账户,属于所有者权益类账户,是用来核算和监督企业从净利润中提取的各种积累资金。账户贷方登记提取的盈余公积金及公益金;借方登记用盈余公积弥补的亏损和转增的资本金;期末余额在贷方,表示盈余公积的结存数。

2. "应付利润"账户。"应付利润"账户(股份制企业为"应付股利"账户),属于负债类账户,是用来核算和监督企业根据有关决议应当分配给投资者的利润数。账户贷方登记企业计算出应支付给投资者的利润;借方登记实际支付给投资者的利润;期末余额在贷方表示尚未支付给投资者的利润数。

3. "利润分配"账户。"利润分配"账户,属于所有者权益类账户,是用来核算和监督企业利润分配过程(或亏损弥补情况)以及利润(或亏损)的结余数。账户贷方登记由"本年利润"账户转入的本年累计净利润以及盈余公积补亏数;借方登记由"本年利润"账户转入的本年累计亏损以及本年度提取的盈余公积、应付利润;期末余额在借方表示年末尚未弥补的亏损,期末余额在贷方表示年末尚未分配的利润。

(二)利润分配核算内容

在利润分配过程中,主要是以利润分配的几个步骤作为核算内容。下面举例说明利润分配过程核算中账户和借贷记账法的应用。

例46 结转本年度实现的净利润60 836元。

这项经济业务的发生,是对"本年利润"账户净利润的结转,应记入"本年利润"账户借方;同时使得"利润分配"账户净利润增加,应记入"利润分配"账户贷方。编制会计分录如下:

借:本年利润   60 836

   贷:利润分配   60 836

例47 按税后利润10%提取法定的盈余公积金。

应提取的法定盈余公积金 = 净利润 × 10% = 60 836 × 10% = 6 083.60(元)

这项经济业务的发生,使得"利润分配"减少,记入账户借方;同时使得"盈余公

积"增加,记入账户贷方。编制会计分录如下:

借:利润分配　　　　　　　　　　　　　　　　　　　　　6 083.60
　贷:盈余公积　　　　　　　　　　　　　　　　　　　　　6 083.60

例48　根据企业有关决议,按税后利润5%提取法定公益金。

提取的法定公益金 = 净利润 ×5% = 3 041.80(元)

这项经济业务的发生,使得"利润分配"减少,记入账户借方;同时使得"盈余公积"增加,记入账户贷方。编制会计分录如下:

借:利润分配　　　　　　　　　　　　　　　　　　　　　3 041.80
　贷:盈余公积　　　　　　　　　　　　　　　　　　　　　3 041.80

例49　根据企业有关决议,向投资者分配利润30 000元。

这项经济业务的发生,使得"利润分配"减少,记入账户借方;同时使得"应付利润"这项负债增加,记入账户贷方。编制会计分录如下:

借:利润分配　　　　　　　　　　　　　　　　　　　　　30 000
　贷:应付利润　　　　　　　　　　　　　　　　　　　　　30 000

第七节　资金退出企业的核算

企业除主要经济业务核算外,在资金使用过程中,还有一些资金调整和退出的核算,它包括支付应付利润、资金转换、资金投资、归还借款,以及其他各项支出。现就前面未述及的内容作以补充。

一、支付投资者利润

例50　用银行存款支付投资者利润80 000元。

这项经济业务的发生,使得"应付利润"减少,记入账户借方;同时使得"银行存款"减少,记入账户贷方。编制会计分录如下:

借:应付利润　　　　　　　　　　　　　　　　　　　　　80 000
　贷:银行存款　　　　　　　　　　　　　　　　　　　　　80 000

二、归还借款

例51　用银行存款归还银行临时借款本金5 000元,利息600元,其中已预提利息400元。

在取得借款时,短期借款增加,银行存款增加;在预提短期借款利息时,应付利息增加,财务费用增加。这笔经济业务发生后,使得短期借款减少5 000元,应付利息减少400元,还使得财务费用增加200元,均应记入"短期借款"、"应付利息"及"财务费用"账户借方;同时使得银行存款减少5 600元,记入账户贷方。编制会计分录如下:

借:短期借款 5 000

  应付利息 400

  财务费用 200

  贷:银行存款 5 600

三、固定资产出售

例 52　经上级批准,出售机器设备一台,售价 30 000 元,原值 40 000 元,已提折旧 10 000 元,价款已收到存入银行。

在这笔经济业务中应设置"固定资产清理"账户。该账户是用来核算企业因出售、报废和毁损等原因清理的固定资产价值及其在清理过程中所发生的清理费用和清理收入等。账户借方登记固定资产净值、清理费用及结转到"营业外收入"账户的清理净收益;贷方登记收回出售固定资产的价款、残料价值和变价收入以及结转到"营业外支出"账户的清理净损失;结转之后无余额。该账户按固定资产设置明细分类账户。

这项经济业务的发生,应编制两笔分录。第一笔,反映清理固定资产净值增加,累计折旧减少,记入"固定资产清理"、"累计折旧"账户借方;固定资产减少,记入"固定资产"账户贷方。第二笔,反映银行存款增加,记入账户借方;取得固定资产清理价款收入,记入"固定资产清理"账户贷方。编制会计分录如下:

(1)借:固定资产清理 30 000

   累计折旧 10 000

   贷:固定资产 40 000

(2)借:银行存款 30 000

   贷:固定资产清理 30 000

四、对外投资的核算

企业除生产经营外,还可通过对外投资方式获取经济效益。

例 53　企业购入面值 1 000 元的一年期债券 10 张,年利率为 5%,以银行存款支付 10 000 元。

在这笔经济业务中应设置"短期投资"账户。该账户是用来核算企业购入能随时变现,并且持有时间不准备超过一年(含一年)的投资。包括各种股票、债券、基金等。账户借方登记各种短期投资的实际支出数;贷方登记收回投资的实际数;余额在借方,表示期末企业对外投资数额。

这项经济业务的发生,使得企业短期投资增加,记入"短期投资"账户借方;同时使得银行存款减少,记入"银行存款"账户贷方。编制会计分录如下:

借:短期投资 10 000

  贷:银行存款 10 000

例 54　以固定资产,向其他单位进行长期股权投资。原值 60 000 元,已提折旧

20 000元。

在这笔经济业务中应设置"长期股权投资"账户。该账户是资产类账户,是用来核算企业投出的期限在一年以上(不含一年)各种股权性质的投资。包括购入的股票和其他股权投资等。账户借方登记各种短期投资的实际支出数;贷方登记收回投资的实际数;余额在借方,表示期末企业对外投资数额。

这项经济业务的发生,应编制两笔会计分录。第一笔,反映清理固定资产净值增加,累计折旧减少,记入"固定资产清理"、"累计折旧"账户借方;固定资产减少,记入"固定资产"账户贷方。第二笔,反映长期股权投资增加,记入"长期股权投资"账户借方;将固定资产清理净值转为长期股权投资,记入"固定资产清理"账户贷方。编制会计分录如下:

(1)借:固定资产清理　　　　　　　　　　　　　　40 000
　　　累计折旧　　　　　　　　　　　　　　　　20 000
　　贷:固定资产　　　　　　　　　　　　　　　　　60 000
(2)借:长期股权投资　　　　　　　　　　　　　　40 000
　　贷:固定资产清理　　　　　　　　　　　　　　　40 000

例55　企业购入面值5 000元的三年期债券10张,年利率为8%,以银行存款支付。

在这笔经济业务中应设置"长期债权投资"账户。该账户属于资产类账户,是用来核算企业购入的期限在一年以上(不含一年)不能变现或不准备随时变现的债券和其他债权的投资。账户借方登记各种长期投资的实际支出数;贷方登记收回投资的实际数;余额在借方,表示期末企业对外投资数额。

这项经济业务的发生,使企业长期债权投资增加,记入"长期债权投资"账户借方;同时使得银行存款减少,记入"银行存款"账户贷方。编制会计分录如下:

借:长期债权投资　　　　　　　　　　　　　　　50 000
　贷:银行存款　　　　　　　　　　　　　　　　　50 000

五、福利费支出

例56　以现金购入医药用品600元,支付职工困难补助费400元。

这项经济业务的发生,使得"现金"减少,记入账户贷方;同时使得"应付职工薪酬"减少,记入账户借方。编制会计分录如下:

借:应付职工薪酬　　　　　　　　　　　　　　　1 000
　贷:现金　　　　　　　　　　　　　　　　　　　1 000

六、上交税金

例57　应交税费账户应交消费税24 000元,以银行存款付讫。

这项经济业务的发生,使得"银行存款"减少,记入账户贷方;同时使得"应交税

费——应交消费税"减少,记入账户借方。编制会计分录如下:

借:应交税费——应交消费税　　　　　　　　　　　24 000

　　贷:银行存款　　　　　　　　　　　　　　　　　24 000

思考与练习

一、名词解释

产品成本　累计折旧　财务费用　主营业务收入　本年利润　盈余公积　资本公积　营业利润　净利润　固定资产清理

二、判断题

1.流动负债是指企业将在长于一年的一个营业周期以上偿还的债务。( )

2.计提固定资产折旧意味着固定资产价值的减少,累计折旧的增加。( )

3.企业应收未收的各种应收款项,均应通过"应收账款"账户核算。( )

4.根据现行制度规定,企业职工和离退休人员的医药费,均应从应付职工薪酬中开支。( )

5.某企业年初有未弥补亏损25万元,当年实现净利润20万元。按国家有关规定,该企业当年不得提取法定盈余公积和法定公益金。( )

三、单项选择题

1.企业收到的投资者投入的资本,应按照( )入账。

A.实际收到的投资原值　　　　B.实际收到的投资净值

C.资产的市场价值　　　　　　D.资产的账面原值

2."制造费用"账户是成本类账户,月末一般( )。

A.有借方余额　　B.有贷方余额

C.没有余额　　　D.可以在借方,也可以在贷方

3.生产过程中发生的各种耗费称为( )。

A.生产费用　　B.直接费用　　C.制造费用　　D.间接费用

4."在途物资"账户是用来核算企业购入材料、商品等的采购成本账户。下列表述正确的是( )。

A.该账户期末没有余额　　　　B.该账户期末余额表示在途物资的采购成本

C.该账户余额可能出现在贷方　　D.该账户可以进行数量、金额双重登记

5.企业收到的投资者投入的资本,应按照( )入账。

A.实际收到的投资原值   B.实际收到的投资净值

C.资产的市场价值   D.资产的账面原值

6.以银行存款支付下一年度的仓库租金,应借记( )账户。

A.制造费用   B.管理费用

C.待摊费用   D.预提费用

7."制造费用"账户是成本类账户,月末一般( )。

A.有借方余额   B.有贷方余额

C.没有余额   D.可以在借方,也可以在贷方

8.制造产品直接耗用材料会增加企业的( )。

A.生产成本   B.制造费用

C.管理费用   D.库存商品

9.生产过程中发生的各种耗费称为( )。

A.生产费用   B.直接费用

C.制造费用   D.间接费用

10.某企业购进一批原材料,以银行存款支付买价10 000元,增值税进项税额1 700元,运杂费500元,采购员差旅费600元。该批原材料的实际采购成本为( )。

A.12 800元   B.10 500元

C.12 300元   D.11 100元

11.产品生产成本的计算工作在( )账户中进行。

A."生产成本"总分类账户   B."库存商品"总分类账户

C."生产成本"明细分类账户   D."库存商品"明细分类账户

12."在途物资"账户是用来核算企业购入材料、商品等的采购成本账户。下列表述正确的是( )。

A.该账户期末没有余额   B.该账户期末余额表示在途物资的采购成本

C.该账户余额可能出现在贷方   D.该账户可以进行数量、金额双重登记

13.下列会计事项,会引起企业所有者权益总额发生变化的是( )。

A.从净利润中提取盈余公积   B.用盈余公积弥补亏损

C.用盈余公积转借资本   D.向投资者分配利润

14.某企业年初未分配利润为10 000元,当年净利润为40 000元,按15%的比例提取盈余公积。该企业可供投资者分配的利润为( )元。

A.50 000   B.44 000   C.42 500   D.34 000

15."库存商品"账户的期初余额为1 000元,本期借方发生额为7 000元,本期贷方发生额为6 500元。该账户的期末余额为( )元。

A.1 500   B.500   C.8 000   D.7 500

四、多项选择题

1. 下列应在"销售费用"账户中核算的内容有( )。

A. 广告宣传费　　B. 产品包装费　　　C. 运出商品由供货商支付的运输费

D. 专门销售门市部经费　　　E. 采购员差旅费

2. 期末应将其余额结转至"本年利润"的账户有( )。

A. 主营业务收入　　B. 制造费用　　　C. 主营业务成本

D. 销售费用　　　　E. 管理费用

3. 下列属于资金退出企业的经济业务是( )。

A. 企业利润分配　　B. 企业偿还债务　　　C. 上交国家税金

D. 偿还银行借款　　E. 固定资产出售

4. "固定资产清理"账户核算固定资产出售或报废时所发生的( )。

A. 原始价值　　B. 累计折旧　　C. 清理收入

D. 清理费用　　E. 被清理的固定资产净值

5. 下列企业应交纳的税金中,应记入"营业税金及附加"账户的有( )。

A. 增值税　　B. 消费税　　C. 城市维护建设税　　　D. 教育费附加

E. 营业税

6. 下列( )业务发生时,可借记"营业外支出"账户。

A. 非常损失　　B. 支付违约金　　C. 销售材料

D. 固定资产盘亏损失　　　E. 出售固定资产净损失

7. 投资者可采用( )等资产对企业进行投资。

A. 货币资金　　B. 固定资产

C. 有价证券　　D. 无形资产

8. 运杂费得分摊标准有( )。

A. 材料的重量　　　　　　B. 材料的数量

C. 材料的体积或容积　　　D. 材料的采购成本

9. 工业企业供应过程涉及的账户有( )。

A. 应付账款　　B. 在途物资

C. 材料　　　　D. 应交税金——应交增值税

10. 下列应记入"制造费用"账户的费用有( )。

A. 生产车间领用辅助材料　　　　B. 为车间机器正常运转领用润滑油

C. 车间技术员小李的工资　　　　D. 行政管理费用

11. 下列应记入产品生产成本的是( )。

A. 直接材料　　　　　　　　B. 直接人工

C. 制造费用　　　　　　　　D. 营业费用

12. 与"应付工资"账户相对应的借方账户有( )。

A. 生产成本　　　　　　　　B. 制造费用

C. 财务费用　　　　　　　　D. 管理费用

13. "制造费用"的分配标准有( )。

A. 产品耗用工时　　　　　　B. 生产工人工资

C. 产品质量　　　　　　　　D. 产品机器工时

14. 与"银行存款"账户贷方相对应的借方账户有( )。

A. 固定资产　　　　　　　　B. 库存商品

C. 应付账款　　　　　　　　D. 物资采购

15. 下列不记入材料采购成本的是( )。

A. 装卸搬运费　　　　　　　B. 采购人员工资

C. 采购运输费用　　　　　　D. 车间设备折旧

16. 下列属于企业资金进入企业的会计分录有( )。

A. 借:银行存款 贷:实收资本　　B. 借:固定资产 贷:银行存款

C. 借:短期借款 贷:银行存款　　D. 借:银行存款 贷:短期借款

五、实务练习

习题一

(一)目的:熟悉和掌握企业资金筹集的核算

(二)中原机械厂 2007 年 9 月发生下列经济业务:

(1)9 月 1 日,收到财政拨款 400 000 元,款项已存入开户银行,作为国家向中原机械厂的投资。

(2)9 月 10 日,向银行申请三个月期限的短期借款 500 000 元,已获批准,款项已划入银行存款账户。

(3)9 月 15 日,国家以新建厂房建筑向企业投资,评估作价为 300 000 元。

(4)9 月 20 日,企业将盈余公积 100 000 元转增资本。

(5)9 月 22 日,企业收到投资者专利权投资,价值 200 000 元。

(三)要求:根据上述经济业务编制会计分录。

习题二

(一)目的:熟悉和掌握企业材料采购的核算。

(二)资料:大华工厂 2007 年 9 月发生下列材料采购业务:

1. 9 月 9 日,向光明工厂购入甲材料 200 千克,每千克 16 元;乙材料 500 千克,每千克 4 元。货款及应交增值税暂欠,甲、乙材料已验收入库。

2. 9 月 13 日,以现金 350 元支付购入上述甲乙材料的运杂费(运杂费按材料质量比例分摊)。

3.9 月 18 日,向志强工厂购入甲材料 400 千克,每千克 15 元;乙材料 500 千克,每千克 4.4 元。货款及应交增值税 1 394 元用银行存款支付。材料尚在运输途中。

4.9 月 21 日,用银行存款支付上述甲、乙材料的运杂费 315 元,运杂费按材料质量比例分摊。甲、乙材料已验收入库。

5.9 月 24 日,用银行存款支付光明工厂的材料款 6 084 元。

6.9 月 29 日,向振兴工厂购入甲材料 1 000 千克,每千克 16 元,货款及应交增值税 2 720 元用银行存款支付,材料尚在运输途中。

7.9 月 30 日,结转验收入库材料的实际采购成本。

(三)要求:

1. 根据 9 月发生的经济业务编制会计分录。

2. 计算甲、乙材料实际采购总成本和单位成本,并完成下表的编制工作。

材料采购成本计算表

编制单位: 　　　　　　　　　　年　月　　　　　　　　　单位:元

项　目	甲 材 料		乙 材 料	
	总成本	单位成本	总成本	单位成本
买价				
运杂费				
合计				

习题三

(一)目的:熟悉和掌握企业产品生产的会计核算。

(二)资料:中原机械厂 2007 年 9 月发生下列经济业务。

1.9 月 8 日,用银行存款支付电力公司电费 10 000 元,其中生产 A 产品负担 4 000 元,生产 B 产品负担 3 000 元;车间照明用电 1 000 元;行政管理部门用电 2 000 元。

2.9 月 9 日,用银行存款支付自来水公司水费 1 000 元。其中生产车间应负担 700 元,行政管理部门应负担 300 元。

3.9 月 9 日,用银行存款支付电话费 500 元。其中生产车间应负担 100 元,行政管理部门应负担 400 元。

4.9 月 13 日,开出现金支票,从银行提取现金 32 000 元,准备发放工资。

5.9 月 14 日,以现金支付本月职工工资 32 000 元。

6.9 月 30 日,根据下表分配本月材料费用。

7.9 月 30 日,分配本月职工工资,其中 A 产品生产工人工资 15 000 元,B 产品生产工人工资 12 000 元,车间管理人员工资 2 000 元,厂部管理人员工资 3 000 元。

8.9 月 30 日,按上述工资总额的 14% 提取职工福利费。

9.9 月 30 日,将本月发生的制造费用按生产工时比例分别记入 A、B 产品的生产成本(A 产品生产 1 300 工时,B 产品生产 1 200 工时)。

10.9 月 30 日,本月投产 A 产品 100 千克,B 产品 100 千克全部完工入库,结转完工产品实际生产成本。

原材料耗用汇总表

编制单位: 年 月 单位:元

部门及用途	原材料名称				合 计
	甲材料	乙材料	丙材料	丁材料	
A 产品耗用	100 000		15 000		115 000
B 产品耗用		50 000		4 000	54 000
车间一般耗用	400				400
管理部门耗用	600				600
合 计	101 000	50 000	15 000	4 000	170 000

(三)要求:

1. 根据 9 月发生的经济业务编制会计分录。

2. 编制制造费用分配表(格式如下)。

3. 开设并登记"生产成本"明细账,计算完工 A、B 产品实际生产成本。

制造费用分配表

编制单位: 年 月 单位:元

产品名称	分配标准 产品生产工时	制造费用	
		分配率	分配额(元)
A 产品			
B 产品			
合 计			

习题四

(一)目的:熟悉和掌握企业销售过程的会计核算。

(二)资料:宝山机械厂 2007 年 9 月"库存商品"账户月初余额 252 000 元,其明细账户资料如下:

A 产品:数量 40 吨,单位成本 4 800 元,金额 192 000 元。

B 产品:数量 50 吨,单位成本 1 200 元,金额 60 000 元。

9 月发生了下列有关经济业务:

1.9 月 10 日,生产完工 A 产品 110 吨,验收入库,单位成本 4 500 元。

2.9 月 12 日,销售给恒山工厂 A 产品 100 吨,每吨售价 5 500 元,销项税款 93 500 元,收到该厂开出的 2 个月期商业承兑汇票一张。

3.9 月 14 日,销售给恒山工厂 B 产品 40 吨,每吨售价 1 800 元,销项税款 12 240

元,款项尚未收到。

4.9月20日,收到客户所欠销售款1298 870元,其中香山钢厂84 240元,武钢钢厂上月购买B产品45 630元,上述款项均已存入银行。

5.9月22日,以银行存款支付广告费5 000元。

6.9月30日,计算并结转本月销售A、B产品的生产成本。将本月各项收入及费用由各损益类账户结转至"本年利润"账户。

7.9月30日,经计算本月应交城市维护建设税及附加3 660元。

8.9月30日,将本月各项收入及费用由各损益类账户结转至"本年利润"账户。

(三)要求:

1.根据上述经济业务编制会计分录。

2.列式计算A、B产品的销售成本。

习题五

(一)目的:熟悉和掌握利润形成、分配和资金退出的会计处理。

(二)资料:大庆工厂9月30日有关总分类账户和明细分类账户的金额如下:

账户	金额	账户	金额
主营业务收入(贷)	330 000	本年利润(贷)	838 000
投资收益(贷)	74 000	所得税费用(借)	276 540
销售费用(借)	2 000	利润分配——未分配利润(贷)	19 800
管理费用(借)	67 200		
财务费用(借)	2 000		

该厂9月31日发生下列业务:

(1)结转已销售商品的生产成本211 260元。

(2)计算本月应负担的营业税金及附加4 790元。

(3)企业批准将一笔无法支付的应付账款1 530元转入"营业外收入"账户。

(4)没收逾期未退包装物押金1 000元。

(5)结转固定资产清理损失2 460元。

(6)将本月"主营业务收入"、"投资收益"、"营业外收入"、账户余额转入"本年利润"账户。

(7)将本月"主营业务成本"、"销售费用"、"营业税金及附加"、"管理费用"、"财务费用"、"营业外支出"等账户余额转入"本年利润"账户。

(8)按本月利润总额33%的比例计提本月应交的所得税费用。

(9)将所得税费用账户余额转入"本年利润"账户。

(10)将全年净利润结转"利润分配未分配利润"账户。

(11)按本年净利润的20%提取盈余公积。

（12）本年应付利润 400 000 元。

（三）要求：根据上述经济业务编制会计分录。

习题六

（一）目的：练习工业企业经营过程的会计核算

（二）资料：振飞公司 2007 年 9 月发生如下经济业务：

1. 向鑫鑫厂购入甲材料 20 千克，每千克 1 000 元；购入乙材料 20 千克，每千克 500 元，货款未付。

2. 以银行存款支付甲乙材料共同运杂费 500 元（运杂费按材料重量比例分配），甲乙材料均已运到，验收入库，结转其实际采购成本。

3. 仓库发出甲材料 16 千克，每千克 1 000 元，用于 A 产品生产；发出乙材料 8 千克，每千克 500 元，其中 6 千克用于 B 产品生产，2 千克用于车间一般性耗用。

4. 售给利民公司 A 产品 3 000 件，每件售价 100 元；B 产品 4 000 件，每件售价 50 元，货款收到，存入银行。

5. 向银行提现 55 000 元，以备发放工资。

6. 以现金 55 000 元发放工资。

7. 结算本月职工工资，其中 A 产品生产工人工资 36 000 元，B 产品生产工人工资 9 000 元，车间管理人员工资 5 000 元，行政管理人员工资 5 000 元。

8. 以银行存款支付本月产品广告费 10 000 元，预付下年度报刊订阅费 1 200 元。

9. 预提应由本月份负担的银行借款利息 500 元。

10. 计提本月固定资产折旧 6 000 元，其中车间固定资产应提折旧 4 000 元，行政管理部门应提折旧 2 000 元。

11. 以银行存款 600 元支付车间仪表修理费。

12. 将本月发生的制造费用按 A、B 产品生产工人工资比例分配计入生产成本。

13. 本月生产的 A 产品全部完工验收入库，结转其实际生产成本；B 产品尚未完工。

14. 结转本月已销产品成本 298 700 元，其中 A 产品销售成本为 179 220 元，B 产品销售成本 119 480 元。

15. 将本月收入转入"本年利润"账户。

16. 将本月费用支出转入"本年利润"账户。

17. 年终结算后，按税法规定，全年应交所得税费用为 752 400 元，予以结转。

18. 将本年所得税费用转入"本年利润"账户。

19. 按规定从净利润中提取法定盈余公积金 150 000 元；经研究决定给投资者分红 100 000 元，予以结转。

（三）要求：根据上述经济业务编制会计分录。

第六章 账户的分类

内容提要:

本章主要介绍了账户按照会计要素和用途结构分类的内容。说明在会计核算中,每个账户都不是孤立存在的,而是相互联系共同组成的一个完整的账户体系。

设置账户是会计核算方法体系中必要的前提条件。企业、行政事业等单位为了取得生产经营管理所必要的各项资料、数据和指标,就要设置和运用一系列账户来进行会计核算,使之成为一个有机联系的体系。通过账户记录,可以核算与监督会计对象的具体内容,取得企业经营管理所需的各种核算资料。为了更好的掌握账户的设置和运用,有必要对各种账户进行适当分类,这有助于建立账户体系,掌握各类账户提供核算指标的规律性。

账户的分类,按照不同的分类标准,可以有不同的分类。如根据提供指标的详细程度,可以分为总分类账户和明细分类账户;根据列入会计报表的不同,可以分为资产负债表账户和利润表账户;根据期末余额方向的不同,可以分为借方余额账户、贷方余额账户和无余额账户等,但通常按照会计要素和用途结构两类标准进行分类。

第一节 账户按会计要素分类

账户按照会计要素分类,也就是按照账户的经济内容分类,是指账户所反映和监督的会计对象的具体内容。账户按照会计要素的分类,是账户分类的基础,也是编制会计报表的依据。通过对按会计要素分类的研究,可以准确地了解各个账户所反映和监督的内容,全部账户的设置和运用能否满足单位经营管理的实际需要,能否适应单位经济业务活动的特点等内容。

账户按会计要素分类,可以分为六大类:资产类账户、负债类账户、所有者权益类账户、成本类账户、损益类账户和共同类账户。各大类又分为若干小类。这样分类便于从账户中取得需要的核算指标,明确每个账户的核算内容。对于准确区分每个账户的经济性质,正确使用账户十分必要。

账户按经济内容分类见图表6-1。

图表6-1

账户按经济内容的分类

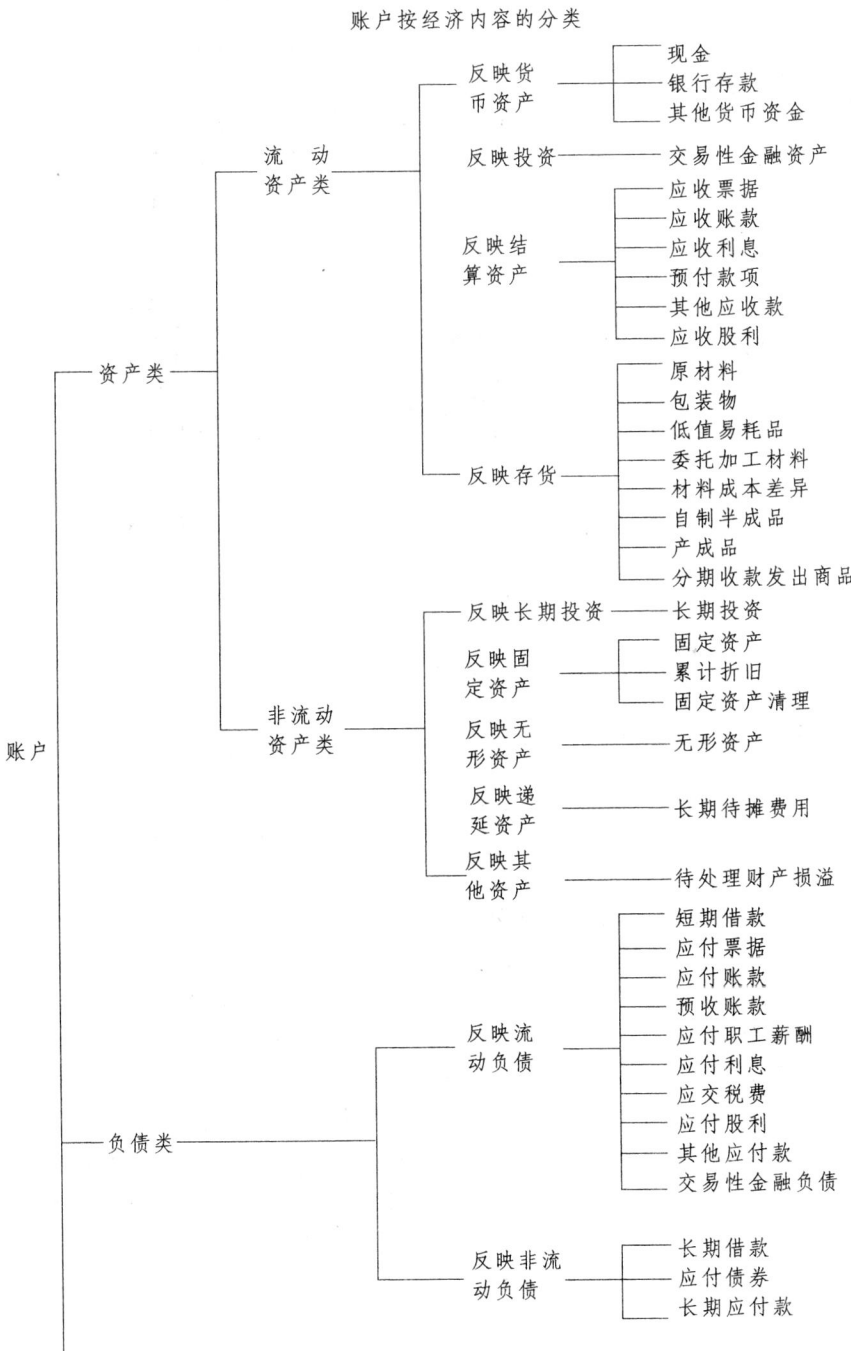

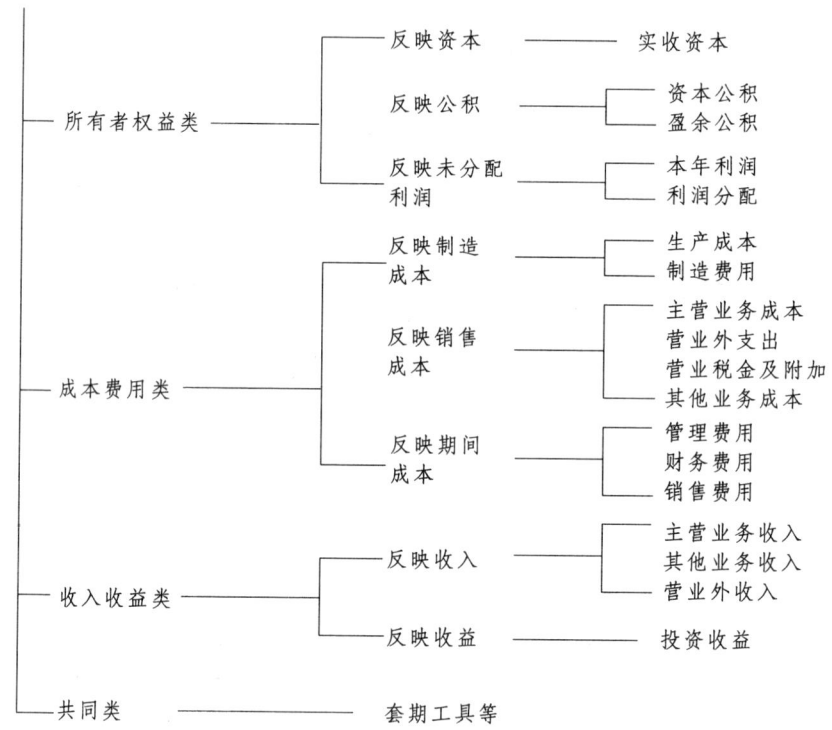

第二节　账户按用途结构分类

账户除了可以按会计要素进行分类外,还可以按照用途和结构来分类,这种分类,是在账户按会计要素分类的基础上,对用途和结构基本相同的账户进行适当的归类。

账户的用途,是指设置各个账户的目的,也就是通过账户的记录能够提供什么核算资料;账户的结构是指在账户中如何提供核算资料,借方登记什么,贷方登记什么,怎样进行登记,其余额反映什么内容。账户按用途和结构分类,是在账户按照会计要素分类的基础上,对于用途和结构基本相同的账户进行的归类。通过对账户按用途和结构分类的研究,可以使我们明确各个账户不同的使用方法和各个账户的具体作用。

账户按用途和结构分为九大类:盘存账户、结算账户、跨期摊配账户、资本账户、调整账户、集合分配账户、成本计算账户、暂记账户和损益计算账户。

现将各类账户的特点简要说明如下:

一、盘存账户

盘存账户是用来核算和监督各项可以实地盘点其数量的财产物资和货币资金的增减变化情况及其结存数额的账户。它是任何企业单位都必须设置的账户。在盘存账户中,借方登记各项财产物资和货币资金的增加数、收入数;贷方登记其减少数、支出数;余额在借方表示期末各项财产物资和货币资金的实有数。这类账户可以通过实物盘点方式进行财产清查,核对账实是否相符。

盘存账户的基本结构如图表6－2所示。

图表6－2

借方	盘存账户	贷方
期初余额:财产物资或货币资金 　　　　期初实有数		
本期发生额:财产物资或货币资金 　　　　本期增加数、收入数	本期发生额:财产物资或货币资金 　　　　本期减少数、支出数	
期末余额:财产物资或货币资金 　　　　期末实有数		

属于这一类的账户有"原材料"、"库存商品"、"现金"、"银行存款"、"固定资产"等。

二、结算账户

结算账户是用来核算和监督本企业与其他单位或个人以及企业内部各部门之间应收、应付、往来账款结算业务的账户。根据其所反映的结算业务性质不同,结算账户分为资产结算账户、负债结算账户和资产负债结算账户。

1.资产结算账户是用来核算应收款项的账户,即反映和监督本企业债权的增减变动和实有数额的账户。在这类账户中,借方登记应收款项(债权)的增加数;贷方登记应收款项(债权)的减少数;余额在借方,表示尚未收回应收款项的数额(债权的实有数)。

资产结算账户的基本结构如图表6－3所示。

图表6-3

借方	资产结算账户	贷方
期初余额:应收款项(债权)的 　　　　　期初实有数		
本期发生额:应收款项(债权) 　　　　　本期增加数	本期发生额:应收款项(债权) 　　　　　本期减少数	
期末余额:应收款项(债权)的 　　　　　期末实有数		

属于资产结算账户的有"应收账款"、"应收票据"、"其他应收款"等账户。

2.负债结算账户是用来核算应付款项的账户,即反映和监督本企业债务的增减变动和实有数额的账户。在这类账户中,贷方登记应付款项(债务)的增加数;借方登记应付款项(债务)的减少数;余额在贷方,表示尚未偿付的应付款项数额(债务的实有数)。

负债结算账户的基本结构如图表6-4所示。

图表6-4

借方	负债结算账户	贷方
	期初余额:应付款项(债务) 　　　　　期初实有数	
本期发生额:应付款项(债务) 　　　　　本期减少数	本期发生额:应付款项(债务) 　　　　　本期增加数	
	期末余额:应付款项(债务) 　　　　　期末实有数	

属于负债结算账户的有"应付账款"、"应付票据"、"其他应付款"、"应付职工薪酬"和"应付股利"等账户。

3.资产负债结算账户,又称混合结算账户,是既反映债权增减变动情况,又反映债务增减变动情况的双重性质账户。它在单位结算业务不多的情况下开设,根据余额判断其性质。借方余额表示应收款项(债权)的实有数;贷方余额表示应付款项(债务)的实有数。

资产负债结算账户的基本结构如图表6-5所示。

图表 6－5

借方	资产负债结算账户	贷方
期初余额:应收款项(债权)大于应付款项(债务)的期初差额	或:期初余额:应付款项(债务)大于应收款项(债权)的期初差额	
本期发生额:应收款项(债权)的本期增加数或应付款项(债务)的本期减少数	本期发生额:应付款项(债务)的本期增加数或应收款项(债权)的本期减少数	
期末余额:应收款项(债权)大于应付款项(债务)的期末差额	期末余额:应付款项(债务)大于应收款项(债权)的期末差额	

属于资产负债账户的有"内部往来"、"其他往来"等账户。

三、跨期摊配账户

跨期摊配账户是在费用的发生期与支付期不相一致的情况下,用来反映费用的支付、发生和摊配情况的账户,主要包括"长期待摊费用"账户。"长期待摊费用"账户是用来反映已经支付应由本期和以后各期产品负担的各种费用的账户,其基本结构如图表 6－6 所示。

图表 6－6

借方	长期待摊费用	贷方
期初余额:已经支付尚未摊配的费用数		
本期发生额:本期发生的待摊费用	本期发生额:摊配应由本期负担的费用	
期末余额:已经支付应由以后各期负担的费用		

四、资本账户

资本账户是用来核算和监督企业资本金的所有者权益账户。它是任何企业都必须设置的账户。企业资产总额减去负债总额后的资产净值,为所有者权益。这类账户中,贷方登记各项资本金的增加额;借方登记各项资本金的减少额;余额在贷方,表示各项资本金的实有数。

资本账户的基本结构如图表 6－7 所示。

图表 6 - 7

借方	资本账户	贷方
本期发生额:资本金的减少数	期初余额:各项资本金的期初实有数 本期发生额:资本金的增加数	
	期末余额:各项资本金的期末实有数	

属于这一类的账户有"实收资本"、"资本公积"、"盈余公积"、"本年利润"、"利润分配"等。

五、调整账户

调整账户是用来调整有关账户的账户余额而设置的账户。在会计核算中,由于管理上的需要或其他原因,对于某些资产或负债,有的需要用两种不同的数字,开设两个账户来进行登记反映。其中一个账户用来记录反映资产、负债的原始数字,另一个账户用来记录反映对原始数字的调整数字。记录反映原始数字的账户称为被调整账户;记录反映调整数字的账户称为调整账户。将原始数字同调整数字相加或相减,就可以求得某项指标的现有实存数字。

调整账户按其调整方式的不同,可以分为"备抵调整账户"、"附加调整账户"和"备抵附加调整账户"三种。

1. 备抵调整账户。备抵调整账户是用来抵减被调整账户的余额以求得被调整账户实际余额的账户。调整方式是将被调整账户的余额减去备抵调整账户的余额,求得被调整账户的现有实际数额。备抵调整账户的特点是调整账户与被调整账户的性质相反,两个账户余额方向也相反。"累计折旧"账户就是典型的备抵调整账户,它是为了调整固定资产的实有数额而设置的账户。"固定资产"账户的期末借方余额,表示固定资产的原始价值,"累计折旧"账户的期末贷方余额,表示固定资产的累计折旧额,两者相抵,即可求得固定资产的现有净值。两者的关系如图表 6 - 8 所示。

图表 6 - 8

被调整账户

借方	固定资产	贷方
期末余额	500 000	

调整账户

借方	累计折旧	贷方
	期末余额	12 500

上例中:固定资产原始价值   500 000 元

   减:固定资产累计折旧额   12 500 元

  固定资产净值   487 500 元

2. 附加调整账户。附加调整账户是用来增加被调整账户的余额,以求得被调整账户实际余额的账户。调整方式是将被调整账户的期末余额与调整账户的期末余额相加,得出被调整账户的实有数额。附加调整账户的特点是:被调整账户的性质和期末余额方向与调整账户一致。例如:企业溢价发行债券,发行时按债券的票面金额贷记"应付债券——债券面值"账户,溢价金额贷记"应付债券——债券溢价"账户。"债券溢价"二级账户是"债券面值"二级账户的附加账户,两者期末贷方余额之和表示该项债券的实际余额。两者的关系如图表 6-9 所示。

图表 6-9

被调整账户

借方	应付债券——债券面值	贷方
	期末余额	100 000

调整账户

借方	应付债券——债券溢价	贷方
	期末余额	10 000

上例中:债券发行总额   100 000 元

   加:债券溢价总额   10 000 元

  债券实际发行金额   110 000 元

3. 备抵附加调整账户。备抵附加调整账户是同时具备备抵和附加两种调整职能的账户。当其余额方向与被调整账户余额方向一致时,是附加调整账户;当其余额方向与被调整账户余额方向相反时,是备抵调整账户。工业企业里的"材料成本差异"账户就是"原材料"账户的备抵附加调整账户。当"材料成本差异"账户为借方余额时,表示材料实际成本大于计划成本的超支数,"原材料"账户的借方余额加上"材料成本差异"账户的借方余额就是材料的实际成本;当"材料成本差异"账户为贷方余额时,表示材料实际成本小于计划成本的节约数,"原材料"账户的借方余额减去"材料成本差异"账户的贷方余额,其差额就是材料的实际成本。

六、集合分配账户

集合分配账户是用来汇集和分配经营过程中某一阶段所发生的有关生产费用,然后按一定标准在一定的对象间加以分配的账户。该账户借方登记费用的发生;贷方登记费用的分配;期末一般无余额。

集合分配账户的基本结构如图表6-10所示。

图表6-10

借方	集合分配账户	贷方
本期发生额:归集经营过程中某一方面费用的本期发生数	本期发生额:本期中按一定标准在一定对象间分配的费用数	

属于这一类的账户有"制造费用"等账户。

七、成本计算账户

成本计算账户是用来归集经营过程中某一阶段所发生的全部费用,并据以计算、确定各个成本计算对象的实际成本的账户。该账户借方登记应计入成本的全部费用;贷方反映转出的实际成本;期末如有借方余额,表示尚未完成经营过程的各个成本计算对象的已发生费用。

现以"生产成本"账户为例,列示成本计算账户的基本结构如图表6-11所示。

图表6-11

成本计算账户

借方	生产成本	贷方
期初余额:期初在产品和半成品的成本		
本期发生额:本期发生的生产费用	本期发生额:转出本期已完工产品的实际成本	

属于这一类的账户有"材料采购"、"生产成本"、"在建工程"等账户。

八、暂记账户

暂记账户是用来反映和监督企业尚未确定处理意见的经济业务的账户。它是一种过渡性账户。例如,企业发生财产物资的溢余和盘亏,在尚未查明其原因或未经有关部门批准之前,不能确定其应借或应贷账户,这时就需要设置一些暂记账户予以记录、反映和监督。待查明原因,经有关部门批准之后,再作相应转账。

常见的暂记账户有"待处理财产损溢账户"。其结构见图表6-12所示。

图表 6 – 12

借方	待处理财产损溢	贷方
期初余额:期初尚未批准转账的财产物资盘亏、毁损数减去盘盈数的净损失		或期初余额:期初尚未批准转账的财产物资盘盈数减盘亏、毁损数的净溢余
本期发生额:本期发生财产物资的盘亏、毁损数;报经批准转账的财产物资盘盈数		本期发生额:本期发生财产物资的盘盈数;报经批准转账的财产物资盘亏、毁损数
期末余额:期末尚未批准转账的财产物资盘亏、毁损数减去盘盈数的净损失		或期末余额:期末尚未批准转账的财产物资盘盈数减去盘亏毁损数的净溢余

九、损益计算账户

损益计算账户是用来计算确定企业的最终财务成果,即利润或亏损的账户。企业利润或亏损的确定,主要取决于收入和成本、费用、税金等因素,所以损益计算账户可分为反映收入收益和反映成本费用两大类账户。反映收入收益的账户,其贷方登记已实现的产品销售收入、其他业务收入、营业外收入;借方登记期末转入"本年利润"账户的金额;所以该类账户期末一般没有余额。反映成本费用的账户,其借方反映登记销售成本、产品销售费用、产品销售税金及附加、管理费用、财务费用、其他业务支出、营业外支出;贷方登记期末转入"本年利润"账户的金额;所以该类账户期末一般也没有余额。损益计算账户的基本结构如图表 6 – 13、6 – 14 所示。

图表 6 – 13

借方	损益计算账户——收入(收益)类	贷方
本期发生额:期末转入"本年利润"账户的数额		本期发生额:本期实现的收入

图表 6 – 14

借方	损益计算账户——费用(成本)类	贷方
本期发生额:本期为实现收入而发生的成本费用		本期发生额:期末转入"本年利润"账户的数额

属于这一类账户的有"主营业务收入"、"其他业务收入"、"营业外收入"、"投资收益"、"主营业务成本"、"产品销售费用"、"营业税金及附加"、"管理费用"、"财务费用"、"其他业务成本"、"营业外支出"等账户。

思考与练习

一、名词解释

调整账户　　资本账户　　集合分配账户　　盘存账户　　暂记账户　　跨期摊配账户

二、简答题

1. 账户按照会计要素可以分为哪几大类？

2. 账户按照用途结构可以分为哪几大类？

3. 试述调整账户、结算账户和跨期摊配账户的内容。

第七章　会计凭证

内容提要：

　　本章阐述了会计凭证的概念、种类，填制、审核会计凭证的意义；重点介绍了会计凭证中原始凭证与记账凭证的种类、基本内容、填制要求与方法和审核等内容。

第一节　会计凭证概述

一、会计凭证的概念和意义

　　会计凭证，简称凭证，它是记录经济业务、明确经济责任、作为记账依据的书面证明。为了保证会计记录能如实反映企业的经济活动情况，保证账户记录的真实性、准确性，我们在处理任何经济业务时，都必须填制和审核会计凭证，这是会计核算工作的起点。任何单位每发生一笔经济业务，都必须由执行、完成该项经济业务的有关人员按照规定的程序和要求，认真填制会计凭证，记录经济业务发生的日期、内容、数量、金额，并在会计凭证上签名或盖章，以对该项会计凭证的真实性、正确性负责。所有会计凭证都必须经过有关人员的严格审核，只有经过审核无误的会计凭证，才能作为记账的依据。

　　因此，准确填制和严格审核会计凭证是及时反映和监督经济业务发生和完成情况，保证会计记录合理、合法、真实、可靠所采用的一种专门方法，它对完成会计工作任务，实现会计职能，充分发挥会计的作用，具有十分重大的意义。具体表现为：

　　（一）如实反映经济业务的实际完成情况，保证会计核算的准确性

　　认真填制和严格审核会计凭证，可以为记账、算账提供真实、可靠的数据资料，从而保证会计核算的准确性。

　　在会计工作中，会计核算应当以实际发生的经济业务为依据，而这些实际发生的经济业务是由会计凭证提供的。只有经过签名、盖章审核无误的凭证，才是合法的凭证，才能成为登记账簿的依据，保证会计核算资料的真实与准确，防止主观臆断和弄虚作假。

(二)通过对会计凭证的审核,充分发挥会计的监督作用

认真填制和严格审核会计凭证,可以检查和监督经济业务活动的合法性、合理性,充分发挥会计的监督作用。

经济业务是否真实、准确、合理、合法,在记账前都要根据会计凭证进行逐笔审核。通过对会计凭证的严格审核,可以检查每笔经济业务是否正常,是否符合有关政策、法令、制度等的规定;还可以查明每笔经济业务是否执行了计划、预算,有无违法乱纪和铺张浪费的行为,从而严肃财经纪律,起到会计监督和保护财产安全的作用。

(三)明确经济责任,加强经济责任制

认真填制和审核凭证,可以明确有关部门、有关人员在办理经济业务中的责任,从而加强经济责任制。

在会计凭证中,由于记录了经济业务发生的时间、单位、名称、金额、数量等具体内容,以及有关部门和有关人员的签名、盖章等,就要求有关部门和人员对经济活动的合法性、准确性和真实性负责,由此促使有关部门和人员严格按章办事。一旦发生违法乱纪行为,可借助会计凭证分清经济责任,进行正确的裁决和处理。

二、会计凭证的种类

由于会计主体经济业务的多样性,会计凭证也是多种多样的。

会计凭证按其用途和填制程序的不同,分为原始凭证和记账凭证两大类。对发生的每项经济业务,必须先填制或取得原始凭证,经审核无误后,才能填制记账凭证,再根据记账凭证登记账簿,这是正确组织会计核算工作应遵循的重要程序。

第二节　原始凭证

一、原始凭证的概念和种类

(一)原始凭证的概念

原始凭证俗称单据,它是在经济业务发生时取得或填制的,用以记录和证明经济业务的具体内容和实际完成情况,明确经济责任,具有法律效力的书面证明,是组织会计核算的原始资料和重要依据。

会计制度要求一切经济业务发生时,都必须填制原始凭证,如发票、收据、发货单、收货单、领料单、银行结算凭证、各种报销单据等都属于原始凭证;而凡是不能证明经

济业务已经执行或已经完成的凭证,如材料订购单、派工单、合同等,都不能算作原始凭证,也不能作为会计核算的依据。

(二)原始凭证的分类

1.原始凭证按其来源不同,分为外来原始凭证和自制原始凭证。

(1)外来原始凭证,是在经济业务发生或完成时,从其他单位或个人那里直接取得的,证明该项经济业务已经发生或完成的书面证明。如购货时供应单位开出的"发票"(图表7-1、7-2、7-3),付款时,由收款单位或个人开出的"收据"(图表7-3),铁路航空等运输部门的火车票、机票等都是外来原始凭证。

图表7-1

(企业名称)

发　票

购货单位:　　　　　　　　年　月　日　　　　　　　　　NO.

货号及品名	规　格	数　量	单　位	单　价	金　额
合计金额(大写)					

单位盖章　　　　　　主管　　　　复核　　　　制单　　　　　结算方式
　　　　　　　　　　　　　　　　　　　　　　　　　　　　　　　账号

第一联

图表7-2

增值税专用发票

开票日期　　　　　　　年　月　日　　　　　　　　NO.

购货单位	名　称			纳税人登记号			
	地址电话			开户银行及账号			
货物或应税劳务名　称		计量单位	数量	单价	金额	税率(%)	税额
合　计							
价税合计(大写)		拾　万　仟　佰　拾　元　角　分　¥:					
销货单位	名称			纳税人登记号			
	地址电话			开户银行及账号			
备注							

收款人　　　　　　　　　　　　　　开票单位(未盖章无效)

第二联:发票联购货

注:这是增值税的专用发票,只限于增值税的一般纳税人领购使用,增值税的小规模纳税人和非增值税纳税人不得领购使用。专用发票规定为四联,分别为存根联、发票联、税款抵扣联和记账联。

图表7-3

收　据

年　月　日　　　　　　　　　　　NO.

第

| 付款单位_____ | 收款方式_____ |
| 人民币(大写)_____¥_____ |
| 收款事由_____ |

联

收款单位(盖章)　　　审核　　　经办　　　出纳

外来原始凭证具有一次完成的特点,它只能是一次性凭证。

(2)自制原始凭证,是在经济业务发生或完成后,由本单位内部经办业务的部门或有关人员根据经济业务内容自行填制的凭证。如验收材料时填制的"收料单"(图表7-4),领用或发出材料时填制的"领料单"(图表7-5),产品入库时填制的"产品入库单"(图表7-6),出差人员填制的"差旅费报销单"(图表7-7)等。

图表7-4

收　料　单

年　月　日

供货单位　　　　　　　　　　　　　　凭证编号
发票号码　　　　　　　　　　　　　　收料仓库

| 材料编号 | 材料规格及名称 | 计量单位 | 数　量 | | 价　格 | | |
			应　收	实　收	单　价	金　额	
							第
备　注					合　计		联

仓库负责人　　　记账　　　仓库保管　　　收料

图表7-5

领 料 单

年 月 日

领用车间或部门：				编号：			
用　　　　途：				仓库			
材料类别	材料编号	材料名称及规格	计量单位	数量		单价	金额
				请领	实领		
备注						合计	

记账　　　　发料　　　　领料部门负责人　　　　领料

第 联

图表7-6

产 品 入 库 单

编号

交货单位　　　　　　　　年 月 日　　　　　　产品仓库

产品编号	产品名称	规格	单位	交付数量	检验结果		实收数量	单价	金额
					合格	不合格			
备注									

记账　　　　检验　　　　仓库　　　　经手

第 联

图表7-7

差 旅 费 报 销 单

日期	说明	费　　　　用						备注
		住宿费	餐费	交通费	补贴	其他	合计	
合计								

部门　　　　日期　　　　填表人　　　部门主管　　　　财务主管

自制原始凭证按其反映业务的方法不同,又分为一次凭证和累计凭证。

一次凭证,填制手续是一次完成的,只反映一项经济业务或同时反映若干项同类性质经济业务的原始凭证。外来原始凭证都是一次凭证,如"现金收据","发票"等,自制原始凭证中也有一次凭证,如"收料单","领料单","差旅费报销单"等。

累计凭证是指在一定时期内,连续地在同一张凭证上登记若干项不断发生的同类经济业务,并把期末累计数作为记账依据的一种原始凭证。它主要适用于某些经常重复发生的经济业务,其填制手续是随着经济业务的发生而分次进行的。如"限额领料单"。

2.原始凭证按其用途不同,分为通知凭证、执行凭证和计算凭证。

通知凭证是指要求、指示或命令企业进行某项经济业务的原始凭证。如"付款通知单"、"罚款通知单"等。

执行凭证是证明某项经济业务已经完成的原始凭证。如"销货发票"、"产品入库单"、"领料单"等,也叫证明凭证。

计算凭证是对已进行或完成的经济业务进行计算而编制的原始凭证。如"产品成本计算单"、"制造费用分配表"、"工资计算表"等。

3.原始凭证按其格式不同,分为通用原始凭证和专用原始凭证。

通用原始凭证是指在一定范围内具有统一格式和适用方法的凭证。这里的一定范围,可以是全国范围,也可以是某省,某市,某地区或某系统。如全国统一使用的"银行承兑汇票"、某一地区统一印制的"收款收据"等。

专用凭证是指一些单位具有特定内容和专门用途的原始凭证。如"增值税专用发票"、"差旅费报销单"等。

4.原始凭证按其填制经济业务的数量多少,分为单项原始凭证和汇总原始凭证。

单项原始凭证是只记录一项经济业务的凭证。

汇总原始凭证是根据若干个同类经济业务的原始凭证汇总编制而成的一种凭证,如"发料凭证汇总表"(图表7-8)等。

图表7-8

发 出 材 料 汇 总 表

年　月　日

会计科目	领料部门	原材料	燃料	合计
基本生产成本	一车间			
	二车间			
	小计			

辅助生产成本	供电车间			
	锅炉车间			
	小计			
制造费用	一车间			
	二车间			
	小计			
合计				

会计负责人　　　　　　　　　　　　　　　　　复核　　　　制表

以上是按不同标志对原始凭证进行的分类,它们之间既相互联系又相互依存。如"现金收据"对出具收据单位讲是自制原始凭证,而对接受收据的单位讲则是外来原始凭证。同时,它也是一次凭证,又是证明凭证和专用凭证。

二、原始凭证的基本内容

经济业务的内容多种多样,必然使记录经济业务的原始凭证所包含的经济内容也不尽相同。为了客观真实地记录和反映经济业务的执行、完成情况,明确有关单位、部门及人员的经济责任,使原始凭证在法律上具有证明效力,要求各种原始凭证必须具备一些共同的基本内容,又称为凭证要素。原始凭证的基本内容主要包括:

(一)原始凭证的名称

(二)填制凭证的日期和编号

(三)填制凭证单位和接受凭证单位的名称

(四)经济业务的基本内容,包括数量、单价、金额等

(五)经办人员的签名或盖章

缺少上述凭证要素中的任何一个,都会失去作为原始凭证的效力。

熟悉并掌握原始凭证的基本内容,对于填制和审核原始凭证十分必要。填制凭证必须把这些基本内容填写齐全,审核凭证要检查这些基本内容是否填写齐全。

三、原始凭证的填制要求

原始凭证是根据经济活动的执行和完成情况填制的,并具有法律效力的书面证明。为了正确、完整、及时、清晰地记录经济活动,提高会计信息质量,对如何正确填制原始凭证提出如下要求:

(一)真实可靠

有关部门和人员在填制原始凭证时,应当如实记录各项经济业务的实际发生或完成情况。凭证上的日期、经济业务内容必须真实可靠;数字计算要准确无误,不能估算或匡算。不允许有任何与事实不符的情况。

(二)填制及时

当经济业务发生或完成时,有关部门和人员必须及时填制原始凭证,不得拖延、积压,并按规定程序及时将原始凭证送交有关会计部门,以便审核后及时记账。

(三)内容完整

要求严格按照凭证规定的格式和内容逐项填写经济业务的完成情况,所有项目必须填写齐全,不能省略或漏填。如果项目填写不全,则不能作为经济业务的合法证明,也不能作为有效的会计凭证。

(四)手续完备

原始凭证的填制手续必须符合内部牵制原则的要求。凡是填有大写,小写金额的原始凭证,大写小写金额必须保持一致。购买实物的原始凭证,必须有实物的验收证明。支付款项的原始凭证,必须有受款单位和收款人的收款证明。一式几联的原始凭证,应证明各联的用途,只能以一联作为报销凭证。一式几联的发票和收据,必须用双面复写纸套写。单页凭证必须用钢笔填写。各种借出款项的收据,必须附在记账凭证上,收回借款时,应当另开收据后退还借款副本,不得退还原借款收据。经上级有关部门批准的经济业务,应当将批准文件作为原始凭证附件,如果批准文件需要单独归档的,应当在凭证上注明批准机关名称、日期和文件字号。

(五)书写清楚

原始凭证上的文字或数字,要按规定书写,字迹清楚、工整,易于辨认。不得使用未经国务院颁布的简化字。阿拉伯数字要逐个填写,不得连写。金额前要冠以人民币符号(用外币计价、结算的凭证,金额前应标明外币符号),中间不留空位,元以后写到角、分,无角、分的要以"0"补位,大写金额最后为"元"的应加写"整"字断尾。各种原始凭证不得随意涂改、刮擦、挖补,若填写错误,应按规定的方法予以更正。对于重要的原始凭证,如支票以及各种结算凭证填写错误,不能在原始凭证上更正,应按规定的手续办理注销留存,另行重新填写。

（六）连续编号以便查证

各种原始凭证都必须连续编号，以备查考。编号可以事先印好，也可以临时编排。一些事先印好编号的重要凭证作废时，在作废的凭证上加盖"作废"戳记，连同存根一起保存，不得随意撕毁。

四、原始凭证的审核

为了保证原始凭证内容的真实和合法，提高会计信息质量，各单位会计部门必须对各种原始凭证进行严格审核。这是进行会计监督把守的第一道关口。

《会计法》第14条规定："会计机构、会计人员必须按国家统一的会计制度的规定对原始凭证进行审核，对不真实不合法的原始凭证有权不予接受，并向单位负责人报告；对记载不准确、不完整的原始凭证予以退回，并要求按照国家统一的会计制度的规定更正、补充。"

只有经过严格审核的会计凭证，才能作为记账的依据，这是保证会计记录真实、正确、合法的重要环节。会计主管人员或经其指定的审核人员必须认真、严格审核原始凭证。

（一）合法性、合理性审核

审核原始凭证所记录的经济活动是否符合国家有关方针、政策、法规、纪律的规定；是否违反有关财务、会计制度，有无弄虚作假，违法乱纪，贪污舞弊的行为；审核经济活动内容是否符合有关规定和审批手续，是否符合勤俭节约的原则，是否符合提高经济效益的要求。

（二）完整性、合规性、技术性的审核

审核原始凭证的填制是否符合规定的要求，原始凭证记录的内容是否完整，数字计算是否准确，大小写金额是否相符，有无涂改痕迹，有关单位和经办人员是否都已签字盖章等。

原始凭证的审核是一项细致而政策性很强的工作。作为会计人员必须坚持原则，坚持制度，严格履行职责，发挥会计的监督作用。对于审核过程中出现的内容不完整，手续不齐全，书写不清楚，数字计算有差错以及不符合实际情况的原始凭证，应当退回有关部门和人员，及时补办手续或进行更正；对于不真实，不合法的原始凭证，会计人员有权拒绝受理，并及时向单位负责人或上级部门报告，以便进行严肃处理。

第三节 记账凭证

一、记账凭证的概念和种类

(一)记账凭证的概念

记账凭证是根据记账要求,由会计人员根据审核无误的原始凭证或汇总原始凭证,确定经济业务的会计分录并据以登记账簿的凭证。

记账凭证同原始凭证相比,具有以下两个不同点:

1. 原始凭证能证明经济业务已经发生或完成,而记账凭证不能证明;

2. 原始凭证一般不要求具备登记账簿的要素,即不必运用规定的会计科目按复式记账确定经济业务的会计分录,而记账凭证则必须具备这个内容。

所以,记账凭证的填制主要是为了适应登记账簿的需要。

(二)记账凭证的分类

1. 记账凭证按其反映的经济内容不同,分为收款凭证、付款凭证和转账凭证。

(1)收款凭证,是用来记录现金及银行存款等货币资金收入业务的记账凭证。根据现金及银行存款收款业务的原始凭证填制(图表7-9),既是登记现金日记账、银行存款日记账和总账的依据,又是出纳人员据以收款的依据。

图表7-9

收 款 凭 证

借方科目:　　　　　　　　　　年　月　日　　　　　　　总第　号
收字第　号

摘　要	贷方科目		账页	金　额
	总账科目	明细科目		
合　　　计				

附件　张

会计主管　　　记账　　　审核　　　出纳　　　制单

(2)付款凭证,是用来记录现金及银行存款等货币资金付款业务的记账凭证。根据现金及银行存款付款业务的原始凭证填制(图表 7-10),既是登记现金日记账、银行存款日记账和总账的依据,又是出纳人员据以付款的依据。

图表 7-10

付 款 凭 证

总 第 号
付字第 号

贷方科目: 年 月 日

摘 要	借方科目		账页	金 额
	总账科目	明细科目		
合 计				

附件 张

会计主管 记账 审核 出纳 制单

(3)转账凭证,是用来记录与现金、银行存款等货币资金收、付款业务无关的经济业务的记账凭证。根据有关转账业务的原始凭证填制(图表 7-11),是登记总账和明细账的依据。

图表 7-11

转 账 凭 证

总 第 号
转字第 号

年 月 日

摘 要	总账科目	明细科目	账页	借方金额	贷方金额
合 计					

附件 张

会计主管 记账 审核 出纳 制单

2.记账凭证按其填制方法的不同,分为单式记账凭证和复式记账凭证。

(1)单式记账凭证,是指在一张凭证上只登记一个会计科目的凭证,其对应科目不据以记账,仅做参考。一项经济业务涉及几个会计科目,就要填写几张记账凭证,并采用一定的编号方法将它们联系起来。其优点是内容单一,便于按科目汇总,便于记账工作的分工,减少差错,并加速凭证的传递;缺点是工作量大,凭证张数多,内容分散,在一张凭证上不能完整反映经济业务的全貌,不利于分析、考核经济业务。

(2)复式记账凭证,是指在一张凭证上登记每笔会计分录所包含的全部会计科目。其优点是能够集中反映账户之间的对应关系,便于了解经济业务的全貌,还可减少凭证的数量,减少工作量,便于凭证的分析和审核;缺点是不便于分工记账和汇总计算每一会计科目的发生额。我们前面提到的收款凭证、付款凭证和转账凭证均为复式记账凭证。

3.记账凭证按其用途不同,分为分录凭证、汇总凭证和联合凭证。

(1)分录凭证是直接根据原始凭证编制,载明会计科目、记账方向和金额的凭证。一般记账凭证皆为分录凭证。

(2)汇总凭证是指把反映同类经济业务或多类经济业务的记账凭证汇总在一起编制而成的记账凭证。按汇总方法不同,分为分类汇总和全部汇总两种。分类汇总是指根据一定时期内反映同类经济业务的记账凭证定期加以汇总而重新编制的记账凭证,包括汇总收款凭证(图表7-12)、汇总付款凭证(图表7-13)、汇总转账凭证(图表7-14)。全部汇总是指将一定时期内所有的记账凭证定期加以汇总而重新编制的记账凭证,这种记账凭证又称作“科目汇总表”(图表7-15)。汇总凭证格式如下列图表所示。

图表7-12

汇总收款凭证

借方科目: 　　　　　　　　　　年　　月份 　　　　　　　汇收字第　号

贷方科目	金　　额				总账页数	
	(1)	(2)	(3)	合计	借　方	贷　方

附注:(1)自___日到___日___凭证共___张　　　会计　　记账　　审核
　　　(2)自___日到___日___凭证共___张　　　主管　　出纳　　制单
　　　(3)自___日到___日___凭证共___张

图表 7 – 13

汇总付款凭证

贷方科目：　　　　　　　　　年　　月份　　　　　　　汇付字第　　号

借方科目	金　额				总账页数	
	（1）	（2）	（3）	合计	借方	贷方

附注:(1)自___日到___日___凭证共___张　　会计　　记账　　审核
　　(2)自___日到___日___凭证共___张　　主管　　出纳　　制单
　　(3)自___日到___日___凭证共___张

图表 7 – 14

汇总转账凭证

年　　月份　　　　　　　汇转字第　　号

借方科目	贷方科目	金　额				总账页数	
		（1）	（2）	（3）	合计	借　方	贷　方

附注:(1)自___日到___日___凭证共___张　　会计　　记账　　审核
　　(2)自___日到___日___凭证共___张　　主管　　出纳　　制单
　　(3)自___日到___日___凭证共___张

图表 7 – 15

科目汇总表

年　　月　　日至　　日　　　　　　　汇字第　　号

会计科目	总账页数	本期发生额		记账凭证起讫号数
		借　方	贷　方	
合　计				

会计主管　　　记账　　　审核　　　出纳　　　制单

(3)联合凭证是既有原始凭证或原始凭证汇总表的内容,同时具备记账凭证内容的凭证。如在自制原始凭证或原始凭证汇总表上同时印有对应科目,用以代替记账凭证,作为记账的依据。

二、记账凭证的基本内容

记账凭证是根据原始凭证编制的,是登记账簿的依据。正确填制记账凭证,对于保证账簿记录的正确性具有重要意义。

由于记账凭证所反映的经济业务内容各不相同,因而记账凭证的格式、填制方法也各不相同,但是各种记账凭证都必须具备以下几方面的基本内容:

1. 记账凭证的名称。
2. 填制凭证日期和凭证编号。
3. 对经济业务的简要说明即经济业务内容摘要。
4. 会计分录,即应借、应贷会计科目的名称和金额。
5. 所附原始凭证和汇总原始凭证的张数。
6. 填制、审核、记账、会计主管等有关人员的签名或盖章。

三、记账凭证的填制要求

记账凭证是登记账簿的直接依据。记账凭证的填制除了做到"真实可靠,内容完整,填写及时,书写清楚"外,还必须遵守以下基本要求:

(一)摘要简明

记账凭证的摘要栏是对经济业务的简要说明,应当运用简明扼要的语言,正确表达出经济业务的主要内容。既要防止简而不明,又要防止过于繁琐。

(二)分录正确

在记账凭证中,必须按照会计制度统一规定的会计科目,结合经济业务的特点正确编制会计分录,不得任意简化或改动会计科目的名称,不得只写科目编号,不写科目名称,以保证核算口径一致,便于记账。

(三)格式稳定

各种记账凭证的使用格式应当相对稳定,特别是在同一会计年度内,不宜随意更换,以免引起编号、装订、保管方面的不便与混乱。

(四)连续编号

记账凭证的编号,在一个月以内必须连续,以便查考。可以按照收款凭证、付款凭证、转账凭证三类业务分别编号,也可以按现收、现付、银收、银付和转账五类业务进行编号。一笔复合分录需要编制两张以上的记账凭证时,可以采用分数编号法编号。例如,一项经济业务需要填制三张转账凭证,凭证顺序号为10,则三张凭证的编号分别为转字第10 1/3号,转字第10 2/3号,转字第10 3/3号。每月末最后一张记账凭证的号旁还要加注"全"字。记账凭证的编号对于凭证的完整无缺具有重要作用,不可忽视。

(五)标明附件

记账凭证应附有原始凭证,并注明张数。除期末结账和更正错误的记账凭证可以不附原始凭证外,其他的记账凭证必须附有原始凭证。如果一张原始凭证涉及几张记账凭证,可以把原始凭证附在一张主要记账凭证反面,并在其他未附有原始凭证的记账凭证上注明附有该原始凭证的记账凭证的编号或注明"原始凭证×张,附于第××号凭证之后",或者附有原始凭证复印件。

(六)有关人员的签章

记账凭证上必须有填制人员、审核人员、记账人员和会计主管的签章。对收款凭证和付款凭证必须先审核,后办理收、付款业务,出纳人员应在有关凭证上签章,以明确经济责任。对已办妥收款或付款的凭证和所附的原始凭证,出纳人员要当即加盖"收讫"或"付讫"戳记,以免重收、重付。

四、记账凭证的审核

记账凭证是根据审核无误的原始凭证填制的,并作为登记账簿的直接依据。为了保证账簿记录的准确性,提供全面的会计信息,记账凭证除严格按照要求填写外,记账前还必须对已经编制的记账凭证由专人进行严格审核,内容如下:

(一)审核记账凭证的完整性

主要审核记账凭证中的有关项目是否填列齐全,有无错误;有关人员是否都已签名盖章。

(二)审核记账凭证的合规性

主要审核记账凭证是否附有经审核无误的原始凭证,其记录的内容、金额是否与所附原始凭证的内容与金额相符。

(三)审核记账凭证的技术性

主要审核记账凭证中所确定的会计分录,包括应借、应贷账户的名称是否正确,对应关系是否清楚,金额计算是否准确,借方金额与贷方金额是否一致,核算的内容是否符合会计制度的规定等。

在审核过程中如发现记账凭证有差错时,应重新填制或按规定方法及时办理更正手续,并由更正人员在更正处签章。只有经审核无误的记账凭证才能作为登记账簿的依据。

第四节 会计凭证的传递与保管

一、会计凭证的传递

会计凭证的传递,是指从会计凭证的取得或填制时起至归档保管过程中,在单位内部有关部门和人员之间的传送程序。

由于会计凭证记载的经济业务不同,有时一笔经济业务往往要经过单位内部多个业务部门或人员才能完成,因此,与该笔经济业务相联系的原始凭证也需要在这些部门和人员手中进行传递,所以,只有设计科学合理的会计凭证传递程序,才能进一步提高工作效率,保证会计信息披露的及时性。企业生产组织特点的不同、经济业务内容的不同和管理要求的不同,决定了会计凭证传递的要求也不一样。会计凭证的传递,总体来说要能够满足内部控制制度的要求,使传递程序合理有效,同时尽量节约传递时间,减少传递的工作量。单位应根据具体情况制定每一种凭证的传递程序和方法。在实际工作中,会计凭证的传递主要包括两方面的内容:凭证传递路线和凭证在各个环节停留及传递时间。

一是凭证传递路线。应根据各单位经济业务的特点、经营管理的实际需要、企业内部机构的设置和人员分工情况,从满足单位内部控制制度的需要出发,合理规定各种会计凭证的传递流程,明确经办人员,保证传递路线的畅通无阻。

二是凭证在各个环节停留及传递时间。应根据各部门和人员办理经济业务的必要时间,合理确定凭证在各业务部门和人员手中的停留时间和传递交接时间。时间确定如果太紧,不利于保证会计核算质量;时间确定如果太松,则会影响会计核算的及时性。只有制定科学合理的凭证停留和传递时间,才能保证会计核算的质量,提高工作效率。

确定凭证在各个环节停留及传递时间时,会计部门应本着综合考虑、协商确定的原则,在调查研究、广泛听取各方意见的基础上,会同有关部门和人员共同协商确定其传递程序和时间。

二、会计凭证的保管

会计凭证的保管是指会计凭证记账后的整理、装订、归档和存查工作。

　　会计凭证作为登记会计账簿的依据,是一个单位的重要经济资料,必须对其进行妥善保管,不得散乱丢失,更不得随意销毁。会计凭证的保管,总体要求是要做到完整无缺、便于翻阅查找。具体来说,主要包括以下内容:

　　1. 会计凭证应当定期装订成册,防止散失。从外单位取得的原始凭证遗失时,应取得原签发单位盖有公章的证明,并注明原始凭证的号码、金额、内容等,由经办单位会计机构负责人、会计主管人员和单位负责人批准后,才能代作原始凭证。若确定无法取得证明的,如车票丢失,则应由当事人写明详细情况,由经办单位会计机构负责人、会计主管人员和单位负责人批准以后,代作原始凭证。

　　2. 会计凭证封面应注明单位名称、凭证种类、凭证张数、起止号数、年度、月份、会计主管人员、装订人员等有关事项,会计主管人员和保管人员应在封面上签章。

　　3. 会计凭证应加贴封条,防止抽换凭证。原始凭证不得外借,其他单位如有特殊原因确实需要使用时,经本单位会计机构负责人、会计主管人员批准,可以复制。向外单位提供的原始凭证复印件,应在专设的登记簿上登记,并由提供人员和收取人员共同签名、盖章。

　　4. 原始凭证较多时可以单独装订,但应在凭证封面上注明所属记账凭证的日期、编号和种类,同时在所属的记账凭证上应注明"附件另订"及原始凭证的名称和编号,以便查阅。

　　5. 严格遵守会计凭证的保管期限要求,期满前不得任意销毁。

思考与练习

一、名词解释

会计凭证　原始凭证　记账凭证　累计凭证　转账凭证　会计凭证的传递

二、选择题(不确定选择)

1. 下列项目中,属于自制原始凭证的有(　　)。

A. 领料单　　　　　B. 工资结算单　　C. 购料发票　　　　D. 银行对账单

2. 差旅费报销单属于(　　)。

A. 自制原始凭证　B. 外来原始凭证　C. 累计凭证　　　　D. 记账凭证

3. 记账凭证按其填制方式的不同,又分为(　　)。

A. 收款凭证　　　B. 付款凭证　　　　C. 转账凭证　　　　D. 单式记账凭证

E. 复式记账凭证

4. 从银行提取现金,或将现金存入银行,只需填制(　　)。

A.转账凭证　　　B.两张记账凭证　C.一张付款凭证　D.一张收款凭证

5.企业销售产品一批,货款尚未收到,根据有关原始凭证,应填制的记账凭证是( )。

A.付款凭证　　　B.收款凭证　　　C.累计凭证　　　D.转账凭证

6.收款凭证左上角可填制的会计科目有( )。

A.应收账款　　　B.现金　　　C.银行存款　　　D.固定资产

三、判断题

1.没有会计凭证作依据,就不能登记账簿。( )

2.会计凭证指由会计人员填制的凭证。( )

3.在原始凭证上没有记录该项业务应使用的会计科目和记账方向。( )

4.记账凭证编制的依据只能是原始凭证。( )

5.转账凭证不能反映现金、银行存款的增减变动。( )

四、简答题

1.什么是会计凭证? 填制会计凭证具有哪些重要意义?

2.原始凭证的基本内容、填写要求以及如何审核?

3.记账凭证的基本内容有哪些? 如何审核记账凭证?

五、实务与练习

(一)目的:练习记账凭证的填制

(二)资料:

东方工厂 2007 年 6 月份发生下列经济业务:

(1)6 月 2 日,采购员张立出差借支差旅费 2 000 元,以现金付讫。

(2)6 月 3 日,向红星工厂购进甲材料 1 000 千克,每千克 30 元,运杂费 1500 元,增值税率17% 。货款、运费及税款均以银行存款支付。

(3)6 月 4 日,上述材料验收入库,结转入库材料实际成本。

(4)6 月 5 日,向银行借入期限为 6 个月的短期借款 50 000 元。

(5)6 月 7 日,采购员张立报销差旅费 1 500 元,交回现金 500 元。

(6)6 月 9 日,收到外单位捐赠的设备一台,价值 60 000 元。

(7)6 月 13 日,从银行提取现金 12 000 元备发工资。

(8)6 月 14 日,用现金 12 000 元发放工资。

(9)6 月 15 日,销售 A 产品 100 件,单价 100 元,增值税 1 700 元,货款及税款当即收存银行。

(10)6 月 17 日,以银行存款支付广告费 2 000 元。

(11)6 月 19 日,以银行存款支付本月水电费 1 800 元,其中车间 1 200 元,厂部 600 元。

(12)6 月 20 日,预提银行借款利息 800 元。

(13)6 月 22 日,用银行存款支付下年度报刊杂志费 1 200 元。

(14)6 月 25 日,计提本月固定资产折旧 2 400 元,其中车间负担 1 800 元,厂部负担 600 元。

(15)6 月 30 日,本月共领用材料 5 000 元,其中生产 A 产品领用 2 000 元,B 产品领用 1 500 元,车间领用 800 元,厂部领用 700 元。

(16)6 月 30 日,分配本月职工工资 12 000 元,其中生产 A 产品工人工资 5 000 元,B 产品 3 000 元,车间管理人员工资 2 600 元,厂部管理人员工资 1 400 元。

(17)6 月 30 日,结转本月制造费用。

(18)6 月 30 日,结转本月完工入库 A 产品成本,B 产品尚未完工。

(三)要求:根据以上经济业务编制记账凭证。

第八章 会计账簿

内容提要:

本章主要介绍了会计账簿的意义、种类,日记账、总账、明细账各类账簿的格式、内容和登记方法,登记账簿的规则,以及如何对账、结账,如何正确运用错账更正方法对账簿中的记录错误进行更正等方面的知识和技能。

第一节 会计账簿概述

一、会计账簿的概念和意义

会计账簿是指由具有一定格式而又相互联结的账页所组成,以会计凭证为依据,连续、系统、全面、完整地记录经济业务的簿籍。

设置和登记会计账簿是会计工作的重要环节。如前所述,任何单位发生经济业务,首先必须取得并填制会计凭证,这是会计核算工作的起点和基础。会计凭证提供的资料,虽然比较具体,但是缺乏系统性。每张会计凭证只能反映个别经济业务的内容,不能全面、系统、连续地反映单位在一定时期的全部经济活动情况和财务收支状况,因此需要把会计凭证所记载的大量分散的资料加以分类、整理,将其登记到相应的账簿中,于是,需要设置和登记会计账簿。通过账簿记录,既能对经济活动进行序时记录,又能进行分类记录;既可提供各项总括的核算指标,又可提供更加详细的明细核算指标。

(一)设置和登记账簿,可以系统的反映经济活动情况,促使企业改善经营管理

通过设置和登记账簿,可以对经济业务进行序时或分类地记录,将大量的、分散的数据或资料加以归类或整理,全面、系统地提供有关企业成本、费用、财务状况和经营成果的总括和明细核算资料,为经营管理提供系统、完整的会计信息。

(二)设置和登记账簿,可以为定期编制会计报表提供依据

账簿记录是编制会计报表的主要依据。会计报表中提供的会计信息是否可靠,它

的编制和报送是否及时,都同账簿的设置和登记有着密切的关系。账簿通过对会计凭证所反映的大量经济业务进行序时、分类地记录和加工后,在一定时期终了,就积累了编制会计报表的资料,再将这些资料进行加工整理后,就可以作为编制会计报表的主要依据。

(三)设置和登记账簿,可以考核企业经营成果,进行业绩评价

根据账簿记录结果,可以计算出各种收入、成本、费用和利润指标,反映一定时期的财务成果,评价企业经营状况和财务成果的好坏,分析和评价企业的经营活动,为企业的经营决策和预策提供可靠的参考数据。

(四)设置和登记账簿,可以保证财产物资的安全完整

通过设置和登记账簿,能够在账簿中连续反映各项财产物资的增减变动及结余情况,并通过财产清查等方法,确定财产物资的实际结存情况,用账簿记录控制实存物资,以保证财产物资的安全完整。

二、会计账簿的种类

由于各单位管理要求和经济业务特点的不同,其所设置的账簿在用途、形式、内容和登记方法上也各不相同。为了更好地了解和使用各种账簿,需对账簿进行必要的分类,常见的分类方法有以下几种:

(一)按账簿的用途不同,分为序时账簿、分类账簿和备查账簿

1.序时账簿。序时账簿,又叫日记账簿,是按经济业务发生或完成时间的先后顺序逐日、逐笔按顺序登记,并逐日结出余额的一种账簿。它提供的是某类经济业务每日的动态及静态资料,如现金日记账、银行存款日记账。

2.分类账簿。分类账簿,是指对全部经济业务按照账户进行分类登记的账簿。按其反映内容详细程度的不同,分为总分类账簿和明细分类账簿。

(1)总分类账簿,又称总分类账,简称总账,是根据总分类科目(一级会计科目)开设,用以分类核算全部经济业务,提供总括核算资料的分类账簿。它对明细分类账簿具有驾驭和控制作用。

(2)明细分类账簿,又称明细分类账,简称明细账,是根据总分类账所属的二级或明细科目设置,用来详细记录某一类经济业务更加详细的情况,提供比较详细的核算资料的分类账簿。它对总分类账簿具有补充和辅助的作用。

3.备查账簿。备查账簿,又称辅助账簿,是对某些未能在序时账和分类账中登记的经济业务进行补充登记以便考查的账簿。它可以为某些经济业务的内容提供必要的参考资料,如租入固定资产登记簿、受托加工材料登记簿、应收票据备查簿。备查账

簿由各单位根据需要进行设置,只是对账簿记录的一种补充,与其他账簿之间不存在严密的依存、勾稽关系。

(二)按账簿的形式不同,分为订本式账簿、活页式账簿和卡片式账簿

1.订本式账簿。订本式账簿,又叫订本账,是指账簿未启用前,将具有账户基本结构并顺序编号的若干张账页固定装订成册的账簿,如实际工作中的总账、现金日记账、银行存款日记账。其优点是可以避免账页散失,防止随意抽换账页;其缺点是不便于记账分工,不便于按需求增减账页,容易出现账页余缺,造成浪费或影响连续记账。

2.活页式账簿。活页式账簿,又叫活页账,是把若干张具有专门格式、零散的账页放置在活页账夹内,可以随时增添或取出的账簿。在实际工作中,一般的明细账都采用活页账簿。这种账簿的优点是便于记账分工,可以根据需要随时增减或重新排列账页,有一定的灵活性;缺点是账页容易散失和被抽换。采用活页账,会计期末应装订成册,按实际账页数顺序编号,并加目录。

3.卡片式账簿。卡片式账簿,又称卡片账,是指由许多具有一定格式、分散的卡片作为账页组成,存放在卡片箱中可以随取随放的账簿。这种账簿主要适用于内容比较复杂、变化不大的财产明细账,如固定资产卡片、低值易耗品卡片。卡片账除具有一般活页账的优缺点外,它不需要每年更换,可以跨年度使用。

三、会计账簿的基本内容

各种会计账簿虽然所记录的经济业务内容不同,形式多种多样,但都应具备下列一些基本内容:

(一)封面

封面主要标明单位名称和账簿名称。

(二)扉页

扉页主要列明账簿的启用日期和截止日期、册数、账簿经管人员一览表和相关人员签章、账户目录等。

(三)账页账

账页是构成账簿内容的主要部分,根据其反映经济业务内容的不同,具有各种格式,基本内容包括:账户名称或称会计科目(一级科目、二级科目或明细科目)、日期栏、凭证种类和号数栏、摘要栏、金额栏、页次(总页次和分页次)等。

第二节　会计账簿的设置和登记

会计账簿的设置,包括确定账簿的种类、数量,设计账簿的内容、格式及登记方法。设置账簿既要有科学的严密性和完整性,又要有合理的适用性和可操作性。因此,账簿设置既要避免重复繁琐,又要防止过于简化。

一、日记账簿的设置与登记

日记账是按照经济业务发生时间的先后顺序逐项登记的账簿。日记账按照登记经济业务的内容不同,分为普通日记账和特种日记账。

(一)普通日记账的设置与登记

普通日记账是逐日序时登记全部经济业务发生情况的账簿。根据日常发生经济业务所取得的原始凭证逐日逐笔按顺序登记,并把每一笔经济业务转化为会计分录登记在账中,因而也称为分录簿,起到记账凭证的作用。其格式如图表8-1所示,一般采用两栏式,即“借方金额”和“贷方金额”两栏,登记每一分录的借方账户和贷方账户及金额,不结余额。

图表8-1

普通日记账

第　　页

年		摘　　要	账户名称	借方金额	贷方金额	过　账
月	日					

采用这种日记账,每天应按经济业务发生或完成的先后顺序逐笔进行登记。一天结束后根据日记账中应借、应贷的账户名称及金额登记总分类账,并将总分类账的页数记入“过账”栏内(或用“√”符号)。

普通日记账,可以逐日反映全部经济业务的发生和完成情况,但因为只有一本日记账,不便于分工记账,也不可能反映各类经济业务的发生和完成情况,而且记账工作量比较大。因此,企业很少采用。

(二)特种日记账的设置与登记

特种日记账是用来登记某一类经济业务的发生情况,一般有现金日记账、银行存款日记账和转账日记账。它能清晰反映各类经济业务的发生和完成情况,便于分工记账。

1.现金日记账的设置与登记。现金日记账是由出纳人员根据审核无误的现金收、付款凭证,序时逐笔登记库存现金收入、付出与结存情况的账簿。设置和登记现金日记账,可以了解和掌握单位库存现金每日收、付、余的情况,并及时核对,以保证现金的安全。一般采用订本式账簿,格式如图表8-2所示。

图表8-2

现 金 日 记 账

第 页

年		凭证号数		摘 要	对方科目	收 入	付 出	余 额
月	日	现收	现付					

它的基本结构为"收入"、"付出"、"余额"三栏,出纳人员在每日业务终了,将收、付款项逐笔登记,结出余额,并同实存现金相核对,借以检查每日现金的收、付、存情况及库存现金限额的执行情况。

2.银行存款日记账的设置与登记。银行存款日记账是由出纳人员根据审核无误的银行存款收、付款凭证,序时逐笔登记银行存款的收入、付出和结存情况的账簿。设置和登记银行存款日记账,可以加强对银行存款的日常监督和管理,便于同银行进行账项核对,以保证银行存款的安全。银行存款日记账一般采用订本式账簿,其账页格式有三栏式和多栏式两种。见图表8-3所示。

图表 8 - 3

银 行 存 款 日 记 账

第　页

年		凭证号数		摘 要	结算凭证		对方科目	收入	付出	余额
月	日	银收	银付		种类	号数				

　　银行存款日记账的登记方法与现金日记账基本相同,但现金日记账没有"结算凭证种类和号数"栏,这是因为银行存款的收付,都是根据银行规定的结算凭证办理,为了便于同银行对账,因而单独列出每笔存款的收付所依据的结算凭证种类和号数。其中"种类"栏登记结算凭证的种类,如"现金支票"、"转账支票","编号"栏登记结算凭证的号码。银行存款日记账应逐日结算出余额,并定期同银行对账单核对。

二、分类账簿的设置与登记

　　分类账簿是分类登记经济业务的账簿。根据其提供核算指标的详细程度不同,分为总分类账簿和明细分类账簿。

　　(一)总分类账簿的设置与登记

　　总分类账簿也叫总分类账,简称总账,是根据总分类账户分类登记全部经济业务的账簿。在总分类账中,一般按照一级会计科目的编码顺序分别开设账户,每个账户在分类账中都占有独立的账页。它能够全面、总括地记录和反映经济业务引起的资金运转和财务收支情况,为编制会计报表提供数据。一般采用订本式账簿,其格式有三栏式、多栏式。

　　1.三栏式总分类账。三栏式总账是目前广泛采用的账簿,它可以根据记账凭证逐笔登记,也可以根据一定的方法汇总,按日、按旬、按月进行汇总登记。其格式如图表8 - 4所示。

图表8-4

总 分 类 账

会计科目：   第　页

年		凭证		摘 要	借 方	贷 方	借或贷	余 额
月	日	种类	编号					

2. 多栏式总分类账。多栏式总账是将所有账户合设在一张表格或账页上,根据记账凭证汇总后的数字定期登记,其格式如图表8-5所示。

图表8-5

总 分 类 账
年　月

账户名称	期初余额		本 期 发 生 额						期末余额	
			借方			贷方				
	借方	贷方	银行存款业务	现金业务	转账业务	银行存款业务	现金业务	转账业务	借方	贷方
合计										

　　采用多栏式总账,可以清晰地反映企业经济业务的来龙去脉,进行全部会计科目的试算平衡。但如果一个单位使用的会计科目较多,栏目也会相应增加,这样使得账簿的篇幅较大,不便于保管。所以,多栏式总分类账多适用于经济业务较少,规模不大的单位。

　　总分类账的登记,可以根据各种记账凭证逐笔登记,也可以根据汇总记账凭证(汇总收款凭证、汇总付款凭证和汇总转账凭证)或科目汇总表汇总登记,还可以根据多栏式现金日记账、银行存款日记账逐笔或定期登记。但是无论采用什么形式,月终都要在全部经济业务登记完毕之后,结出各账户的本期发生额和期末余额。

（二）明细分类账簿的设置与登记

明细分类账簿也叫明细分类账,简称明细账,是根据明细分类科目开设,用于分类、连续记录和反映某一类经济业务,提供明细核算资料的账簿。各单位应结合自己的经济业务特点和经营管理要求,在总分类账基础上设置若干明细分类账,作为总分类账的必要补充。明细分类账一般采用活页式账簿,根据原始凭证或原始凭证汇总表登记,但如记账凭证已列有明细项目时,可以根据记账凭证登记。根据经济管理要求和各单位经济业务特点的不同,明细分类账的账页格式主要有三栏式、数量金额式和多栏式三种。

1.三栏式明细分类账。三栏式明细分类账的账页格式与总分类账的三栏式账页格式基本相同,它只设借方、贷方和余额三个金额栏,不设数量栏,一般适用于采用金额核算的债权、债务结算账户的明细分类核算,如"应收账款"、"应付账款"、"其他应收款"等业务的明细核算。其账页格式如图表8-6所示。

图表8-6

明 细 分 类 账

明细科目: 第 页

年		凭 证		摘　　要	借 方	贷 方	借或贷	余 额
月	日	种类	号数					

2.数量金额式明细账。数量金额式明细账的账页格式如图表8-7所示。它在收入、发出和结存三栏内,再分别设置"数量"、"单价"、"金额"三个栏目,用来登记既要反映金额又要反映实物数量的经济业务,如"原材料"、"库存商品"账户的明细核算。它能够提供各种财产物资的收入、发出、结存的数量和金额的详细资料,便于开展业务和加强管理。

图表 8-7

明 细 分 类 账

类别: 计量单位:

名称或规格: 存放地点:

编号: 储备定量:

年		凭证号数	摘要	收入			发出			结存		
月	日			数量	单价	金额	数量	单价	金额	数量	单价	金额

3. 多栏式明细分类账。多栏式明细分类账的账页格式视管理需要而定。它在一张账页上,按明细科目分设若干专栏,用以集中反映各有关明细项目的核算资料,如"生产成本"、"制造费用"、"管理费用"、"本年利润"成本、费用、收入、利润类账户的明细核算。具体格式见图表 8-8、8-9 所示。

图表 8-8

生 产 成 本 明 细 账

产品名称: 第 页

年		凭证号数	摘要	成 本 项 目			合计
月	日			直接材料	直接人工	制造费用	

图表 8-9

制 造 费 用 明 细 账

部门: 第 页

年		凭证号数	摘要	借方					贷方	余额
月	日			材料	工资及福利	折旧费	办公费	合计		

第三节　会计账簿启用和登记的规则

登记账簿,简称记账,是会计核算工作的一项重要内容,是为会计报表提供数据资料的重要手段。为了保证记账工作的质量,切实做到记账及时,内容完整,记录正确,证据确凿,会计人员在记账工作中应严肃认真,严格遵守有关规则。

一、会计账簿启用的规则

会计账簿是重要的会计档案,登记账簿要有专人负责。为了保证账簿记录的合法性、合理性,保证账簿资料的完整性,明确记账责任,防止舞弊行为,会计人员在启用账簿时应在账簿的封面上写明单位名称和账簿名称,并在账簿的扉页上填写"账簿启用和经管人员一览表"(见图表8－10),详细填明:企业名称、账簿名称、账簿编号、账簿起止页数、日期等,并填明会计主管人员、记账人员姓名,加盖公章,由会计主管人员和记账人员签章。

图表8－10

账簿启用和经管人员一览表

账簿名称:　　　　　　　　　　　　　　　　　　　单位名称:

账簿编号:　　　　　　　　　　　　　　　　　　　账簿册数:

账簿页数:　　　　　　　　　　　　　　　　　　　启用日期:

会计主管(签章):　　　　　　　　　　　　　　　记账人员(签章):

移交日期			移交人		接管日期			接管人		会计主管	
年	月	日	姓名	盖章	年	月	日	姓名	盖章	姓名	盖章

启用订本式账簿,应从第一页到最后一页的顺序编号,不得跳页、缺号;启用活页式账簿,应按账页顺序编号,并定期装订成册。装订后按实际使用的账页顺序编定页码,标明目录、账户名称和页次。

记账人员或会计人员调动工作时,应办理账簿交接手续,并在交接记录栏内注明交接日期、接办人员和监交人员的姓名,并由交接双方签字或盖章。

二、会计账簿登记的规则

1.登记账簿必须以审核无误的会计凭证为依据。记账时,应将会计凭证中的日期、编号、摘要、业务内容、金额等逐项登记入账,做到数字准确、摘要简明清楚、登记及时、字迹工整。账簿登记完毕,记账人员要在记账凭证上签名或盖章,并注明已登记入账的符号"√",避免重记或漏记,也便于查阅、核对。

2.登记账簿书写要求。为了使账簿记录清晰持久,以便长期查核使用,防止任意涂改,记账时必须使用蓝黑墨水、碳素墨水或规定使用的圆珠笔书写,不能使用铅笔或不合规定的圆珠笔记账。红色墨水只能在下列情况下使用:

(1)按照红字冲账的记账凭证,冲销错误记录;

(2)在不设借贷,收付等栏的多栏式账页中,登记减少数;

(3)在三栏式账户的余额栏前,如未印明余额的方向,在余额栏内登记负数余额;

(4)根据国家统一会计制度的规定可以用红字登记的其他会计记录。

3.账簿必须按事先编写的页码,逐页逐行按顺序连续登记,不得跳行、隔页、缺号。如不慎发生此种情况,应在空行、空页处用红色墨水对角划线注销,注明"此行空白"、"此页空白"或"作废"字样,并由相关记账人员盖章或签名。对各种账簿的账页不得任意抽换和撕毁,以防舞弊。

4.凡是需要结出余额的账户,结出余额后,应在"借或贷"栏内填写"借"或"贷"字样,以表示余额的方向;没有余额的账户,应在"借或贷"栏内填写"平"字样,并在余额栏内以"0"表示。现金日记账或银行存款日记账必须逐日结出余额。

5.每一账页登记完毕结转下页时,应在账页的最后一行结出本页发生额合计数和期末余额,并在摘要栏中注明"转次页"字样,同时在次页的首行记入上页加计的发生额合计数和余额,在摘要栏注明"承前页"字样。

6.账簿中文字与数字书写应字迹清楚。为了给错账更改留有余地,账簿中的文字与数字不应写满格,一般不超过格距的 1/2 或 1/3。

7.账簿记录发生错误时,不得刮擦、挖补、涂改或用化学药水更改字迹,应根据错账具体情况,按规定方法进行更正。

三、会计账簿的更换与保管

(一)会计账簿的更换

会计账簿的更换通常在新会计年度建账时进行。总账、日记账和多数明细账应每年更换一次。但有些财产物资明细账和债权、债务明细账,由于材料品种、规格和往来单位较多,更换新账,重抄一遍工作量较大,因此,这些明细账可以跨年度使用,不必每年更换一次;各种备查账簿也可以连续使用。对于更换的会计账簿,各单位要进行必要的整理并移交档案管理部门保管。

（二）会计账簿的保管

年度终了,各种账户在结转下年、建立新账后,一般都要把旧账送交总账会计集中统一管理。会计账簿暂由本单位会计机构保管一年,期满之后,由会计机构编造移交清册,移交本单位的档案机构统一保管。未设立档案机构的,应当在会计机构内部指定专人保管。出纳人员不得兼管会计档案。

第四节　对账、结账和错账更正

记账、对账和结账是登记账簿三个相互联系又不可分割的工作环节。下面我们具体阐述如何结账、对账以及更正错账。

一、对账

（一）对账的意义

对账是指会计核算中对账簿和账户所记录的有关内容进行的核对工作。

账簿记录是否准确与真实可靠,不仅取决于账簿本身,还涉及账簿与凭证的关系,账簿记录与实际情况是否相符的问题等。必须建立定期的对账制度,在结账之前和结账过程中,把账簿记录的有关数字与库存实物、货币资金、有价证券、往来单位或个人等进行相互核对,保证各种账簿记录的真实与完整,做到账证相符、账账相符、账实相符。对账工作每年至少进行一次。

（二）对账的内容

1. 账证核对。将账簿记录与会计凭证相核对,包括总分类账、明细分类账和日记账同原始凭证、记账凭证的时间、凭证号数、内容、金额、记账方向等进行核对。这是保证账账相符、账实相符的基础。账证核对工作主要是在平时编制记账凭证和记账过程中随时进行,结账时,如有疑问,应进行重点抽查与核对。

2. 账账核对。主要指各种账簿之间的核对。包括:

（1）总分类账户之间的核对。主要检查各总分类账户的本期借方发生额之和与贷方发生额之和、期末所有账户的借方余额之和与贷方余额之和是否相等。

（2）总分类账户与所属明细分类账户之间的核对。主要检查各总分类账户的期初余额、本期借贷方发生额及期末余额与其所属明细分类账的期初余额、本期借贷发生额及期末余额合计数是否相同。

（3）总分类账户与现金、银行存款日记账之间的核对。主要检查现金、银行存款日记账的本期发生额及期末余额与总分类账户是否相同。

（4）财会部门登记的各种财产物资明细分类账数额，与财产物资保管或使用部门记录的内容是否相同。

3. 账实核对。是指账簿记录的结存数与现金、银行存款、各种有价证券及其他各项财产物资的实存数之间的核对。

（1）现金日记账的账面余额与现金的实际库存数每日核对相符。

（2）银行存款日记账的账面余额与开户银行对账单核对相符，每月至少核对一次。

（3）各种财产物资明细分类账账面余额与清查盘点后的实存数核对相符。

（4）各种应收、应付款明细分类账账面余额与有关债权、债务单位或个人的账目核对相符。

在实际工作中，账实相符一般是通过财产清查进行的。财产清查将在第九章专门介绍。

二、结账

（一）结账的意义

结账就是把一定时期内发生的经济业务在全部登记入账的基础上，将各种账簿记录结算出本期发生额和期末余额，以便根据账簿记录编制会计报表的方法。另外，企业因撤销、合并而办理账务交接时，也需要办理结账。

结账是会计核算工作的又一项重要内容。如果只记账而不定期结账，记账就失去了意义。结账可以考察各期资产、负债、所有者权益和资金周转情况，便于正确计算资金的耗费与产品成本，并可为编制会计报表提供必不可少的资料。

（二）结账的内容

1. 结账前，应检查是否将本期发生的所有经济业务全部登记入账，不能提前入账，也不能将本期发生的经济业务拖延至下期入账。

2. 按照权责发生制原则调整和结转有关账项。对已经发生的债权、债务、所有者权益、费用、收入，已完工的产品成本，已查明财产物资的盘盈、盘亏等，都应在结账前全部登记入账。同时按照有关规定和要求，结转各收入、成果和费用、成本账户，正确计算本期的相关成本，确定财务成果，结转本年利润及利润分配。

3. 计算、登记各账户的本期发生额和期末余额。在本期全部经济业务登记入账的基础上，结算出现金日记账、银行存款日记账及总分类账和明细分类账的本期发生额与期末余额。不能提前或延后结账。

（三）结账的方法

结账工作的目的通常是为了总结一定时期的财务状况和经营成果,因此,其一般在会计期末进行。结账可以分为月结、季结和年结。主要采用划线法,即期末结出每个账户的本期发生额和期末余额后,加划线标记,并将期末余额结转至下期。划线的具体方法在月结、季结、年结时有所不同。

1. 月结。月底应办理月结。在各账户本月份最后一笔记录下划一通栏红线,表示本月结束,然后在红线下结算出本月借方发生额、贷方发生额和月末余额。如果没有余额,在余额栏内注明"平"字或"0"符号,同时在摘要栏内注明"本月发生额及期末余额"字样,然后再在下面划一通栏红线,表示完成月结。

2. 季结。季末应办理季结。办理季结,应在各账户本季度最后一个月的月结下面划一通栏红线,表示本季结束,然后在红线下结算出本季发生额和季末余额,并在摘要栏内注明"本季发生额及期末余额"字样,然后再在下面划一通栏红线,表示完成季结。

3. 年结。年终应办理年结。首先在 12 月份或第四季度季结下面划一通栏红线,表示年度终了。然后在红线下面结算出全年 12 个月份的月结发生额或四个季度的季结发生额,并在摘要栏内注明"年度发生额及期末余额"字样,并在数字下端划双红线,表示"封账",即完成年结。年度结账后,应根据各账户的年末余额,过入新账簿,结转下年度。

三、错账更正方法

在会计工作中,账簿记录出现错误,必须按照规定的方法进行更正。由于记账错误发生的具体情况和时间不同,更正错误的方法也不同。

（一）划线更正法

划线更正法是用红墨水划线注销原有记录,用以更正错误的一种方法。

在记账时或结账以前,发现记账凭证正确,而账簿记录中有数字或文字错误,可采用划线更正法进行更正。更正时,先在错误的数字或文字上划一红线注销,并使原有字迹仍可辨认,然后在划线上方空白处用蓝字写上正确的数字和文字,并由记账人员在更正处加盖印章,以明确责任。必须注意,对于改正错误的数字,一定要用红线全部划掉,不能只划去整个数字中的个别错误数字。对于文字错误,可只划去错误的部分。

（二）红字更正法

红字更正法又叫赤字冲账法或红笔订正法,是用红字冲销或冲减原记数,以更正或调整账簿记录的一种方法。一般适用于以下两种情况:

1.记账以后,发现记账凭证中应借或应贷科目发生错误,应用红字更正法进行更正。更正时,先用红字金额填写一张内容与原错误记账凭证完全相同的记账凭证,并在摘要栏注明"更正第×号凭证错误",并据以用红字登记入账,冲销原有的错误记录,然后再用蓝字填写一张正确的记账凭证,登记入账。

例1 收到外单位捐赠的机器设备一台,价值 20 000 元。编制记账凭证时,贷方科目误写为"实收资本"并已登记入账。其错误的会计分录如下:

借:固定资产　　　　　　　　　　　　　　　　　　　20 000
　贷:实收资本　　　　　　　　　　　　　　　　　　　　　20 000

更正方法:用红字金额填写一张内容与原错误记账凭证相同的记账凭证(本书用方框表示红字,下同):

借:固定资产　　　　　　　　　　　　　　　　　　 20 000
　贷:实收资本　　　　　　　　　　　　　　　　　　　　 20 000

然后重新用蓝字填制一张正确的记账凭证

借:固定资产　　　　　　　　　　　　　　　　　　　20 000
　贷:资本公积　　　　　　　　　　　　　　　　　　　　　20 000

将上述两张记账凭证登记入账后,账簿记录的错误得以更正。

2.记账以后,发现记账凭证和账簿记录中会计科目没有错误,只是所填金额大于应记正确金额,也可采用红字更正法进行更正。更正方法:将多记的金额用红字填制一张与错误凭证相同的记账凭证,在摘要栏内注明"冲转第×号凭证多计数"字样,并据以用红字登记入账,以冲销原账簿记录中的多记金额。

例2 承例1。在填制记账凭证时,误将金额 20 000 元填写为 200 000 元,并已登记入账。其错误会计分录如下:

借:固定资产　　　　　　　　　　　　　　　　　　　200 000
　贷:资本公积　　　　　　　　　　　　　　　　　　　　　200 000

更正时,应用红字金额编制如下会计分录,将多记的 180 000 元冲销掉,更正如下:

借:固定资产　　　　　　　　　　　　　　　　　　 180 000
　贷:资本公积　　　　　　　　　　　　　　　　　　　　 180 000

将上述更正错误的记账凭证登记入账后,原账簿中的错误记录得以更正。

(三)补充登记法

补充登记法是用补记差额以更正账簿记录错误的一种方法。记账以后,发现记账凭证和账簿记录中会计科目无错误,但所记金额小于应记金额,采用补充登记法进行更正。更正方法:将少记的金额用蓝字填写一张与错误凭证相同的记账凭证,在摘要栏内注明"补记第×号凭证少计数"字样,并据以登记入账。

例3　承例1。在填制记账凭证时,误将金额20 000元填写为2 000元,并已登记入账。其错误会计分录如下:

借:固定资产　　　　　　　　　　　　　　　　　　　　2 000

　贷:资本公积　　　　　　　　　　　　　　　　　　　　　2 000

更正时用蓝字金额填制一张记账凭证,将少记的18 000元补记入账,分录如下:

借:固定资产　　　　　　　　　　　　　　　　　　　　18 000

　贷:资本公积　　　　　　　　　　　　　　　　　　　　　18 000

将上述补充的记账凭证登记入账后,原账簿记录中的错误记录得以更正。

综上所述,记账错误应根据不同的情况,用不同的错账更正方法进行更正。

思考与练习

一、名词解释

账簿　序时账簿　分类账簿　银行存款日记账　总分类账　明细分类账　结账　对账　数量金额式账簿　三栏式账簿　多栏式账簿

二、选择题(不定选择)

1.记账以后发现记账凭证上应借、应贷会计科目并无错误但所记金额大于应记金额,对此应采用(　)更正。

A.划线更正法　　　　　　　　　　B.红字更正法

C.挖补法　　　　　　　　　　　　D.补充登记法

2.对临时租入的固定资产,应在(　)登记。

A.日记账　　　　　　　　　　　　B.总分类账

C.明细分类账　　　　　　　　　　D.备查账

3.会计账簿按其用途分类,可以分为(　)。

A.活页账　　　　　　　　　　　　B.日记账

C.分类账　　　　　　　　　　　　D.备查账

4.数量金额式明细账一般适用于(　)。

A."应付账款"账户　　　　　　　　B."管理费用"账户

C."材料"账户　　　　　　　　　　D."无形资产"账户

5.对于从银行提取现金的经济业务,登记现金日记账的依据是(　)。

A.现金收款凭证　　　　　　　　　　B.银行存款收款凭证

C.现金付款凭证   D.银行存款付款凭证

6.对账工作包括( )。

A.账簿记录与记账凭证核对   B.总账与明细账核对

C.总账与日记账核对   D.现金日记账与库存现金核对

E.财产物资保管账与实物核对

三、判断题

1.某会计人员根据记账凭证登记入账时,误将500元填写为5 000元,而记账凭证无误,应用补充登记法予以更正。( )

2.账簿按外表形式可以分为订本账、活页账和卡片账。( )

3.登记账簿的依据是会计报告。( )

4.现金日记账和银行存款日记账必须采用订本式账簿。( )

5.序时账簿可以用来登记全部经济业务,也可以用来登记某一类经济业务。( )

6.总分类账和明细分类账都是根据记账凭证逐笔登记的。( )

四、简答题

1.设置、启用和登记账簿应遵守哪些规则?

2.什么是结账?结账工作主要包括哪些内容?

3.什么是对账?对账工作主要包括哪些内容?

4.如何对错账进行更正?

五、实务与练习

习题一

(一)目的:练习三栏式总分类账的登记

(二)资料:

1.东方工厂2007年6月1日总分类账户的期初余额如下:

账户名称	借方金额	账户名称	贷方金额
现金	3 000	短期借款	40 000
银行存款	80 000	应付账款	50 300
应收账款	27 794	应交税金	35 600
待摊费用	1 040	实收资本	196 000
原材料	75 000	盈余公积	28 800

生产成本	3 466	累计折旧	18 000
固定资产	180 000	预提费用	1 600
合　计	370 300	合　计	370 300

2. 该厂 6 月份发生的经济业务见第五章的业务题。

(三)要求

1. 开设总分类账户、登记期初余额。

2. 根据第五章业务题所填制的记账凭证登记有关总分类账,并结出期末余额。

3. 编制 2007 年 6 月末试算平衡表。

习题二

(一)目的:练习错账的更正方法

(二)资料:某公司 2007 年 8 月末查账时发现以下记录错误

1. 8 月 5 日,购买 1 500 元办公用品,用现金付讫,记账凭证中记录为:

借:管理费用　　　　　　　　　　　　　　　　　　　1 500

　贷:银行存款　　　　　　　　　　　　　　　　　　　　　1 500

并登记入账。

2. 8 月 9 日,生产某产品领用原材料 6 000 元,记账凭证记录为:

借:生产成本　　　　　　　　　　　　　　　　　　　6 000

　贷:原材料　　　　　　　　　　　　　　　　　　　　　　6 000

登记账簿时,"生产成本"、"原材料"账户金额误记为 60 000 元。

3. 8 月 12 日,购买材料一批,价值 3 000 元,材料已验收入库,货款未付。填制记账凭证时,将金额误记为 300 元,记账凭证中记录为:

借:材料　　　　　　　　　　　　　　　　　　　　　300

　贷:应付账款　　　　　　　　　　　　　　　　　　　　　300

(三)要求:根据上述资料,用适当的方法进行错账更正

第九章 财产清查

内容提要：

财产清查是会计核算的基本方法之一。为了保证企业对外提供会计信息的质量，在期末编制财务会计报告之前，以及对企业财产进行清产核资、整体资产评估、企业经济体制改制、合资与合并、歇业、破产等时，都必须进行全面的或局部的、定期的或不定期的财产清查。通过本章学习，要求了解财产清查的概念、作用、种类和准备工作，重点掌握财产清查的内容、方法以及财产清查结果的处理。

第一节 财产清查概述

一、财产清查的概念

财产清查是指通过对各项财产物资盘点或核对，查明其实有数与账存数是否相符的一种会计核算的专门方法。企业财产清查的财产物资包括：货币资金、存货、固定资产、债权债务、有价证券等。

一个单位日常发生的大量经济业务，通常通过填制和审核凭证，再据以登记账簿，在账簿中反映财产物资的增减变化及结存情况，为经营管理提供会计信息。账簿记录是否正确和完整，直接决定着会计信息的质量。对会计凭证和账簿的日常审核，进行账证核对和账账核对，只能保证账簿本身记录的正确性，还不能保证账实相符。只有通过财产清查，才能查明账簿记录的结存数与各项财产物资的实存数是否真正相符，从而保证财产物资的安全。

在实际的会计核算中，由于一些主观或客观的原因，往往导致账簿记录与财产物资的实存数不相一致，即账实不符，造成这种现象的主要原因有：

1. 财产物资在运输、保管过程中，由于自然因素或其他条件的影响，而发生的数量或质量上的变化。

2. 在收发财产物资时，由于计量、计算、检验的不准确或型号、规格混淆，而发生的品种上、数量上、质量上或等级上的差错。

3. 在财产物资增减变动时，会计人员漏办或重办入账手续，或入账时在计算或登记上出现差错。

4.在结算过程中,由于未达账项或拒付等原因而引起的银行与单位双方记录不符。

5.由于管理不善或有关工作人员失职而造成财产物资的毁损、变质或短缺,以及货币资金、往来款项的差错。

6.发生自然灾害的意外损失。

7.由于不法分子贪污盗窃、营私舞弊等造成的财产物资损失。

由于以上原因,必须对各项财产物资进行全面或局部地、定期或不定期地盘点或核对,从中发现财产物资保管和记账过程中的问题和差错。当账存数与实存数不相符时,应查明原因和责任,按有关规定作出处理。

另外,企业有下列情况之一的,也需要进行财产清查:

1.企业在正常经营时,进行清产核资、年终核算、资产评估、合资合并、法人代表离任、发生经济案件等。

2.企业经济体制改革或股权进行重大变更。

3.企业章程规定营业期限届满,不再延期经营,或企业因经营不善,股东大会决议申请歇业。

4.企业因不能清偿到期债务,被依法宣告破产等。

二、财产清查的作用

(一)保证会计核算资料的真实、正确和完整,为企业内外部提供准确的会计信息

通过财产清查,可以确定企业各项财产物资的实存数,将账面数与实存数进行核对,查明各项财产物资是否账实相符,确定有关财产物资的盘盈、盘亏情况,并及时调整账面记录,使账簿记录的会计资料真实、正确和完整,为有关各方提供准确的会计信息。

(二)加强财产物资管理制度,保护财产物资的安全、完整

通过财产清查,可以查明各项财产物资的保管是否符合规定,有无因保管不善造成的毁损、变质、贪污、盗窃和非法挪用等情况;其收发是否按照制度办理了必要的手续等。针对清查中发现的问题,及时采取措施,健全各种管理制度,保护企业财产物资的安全、完整。

(三)揭示企业财产的使用情况,加速资金周转,提高企业管理水平

通过财产清查,可以查明企业各项财产物资盘盈、盘亏的原因和责任,完善企业内部控制制度,加强财务管理、物资管理,加速资金周转,提高企业资金和物资的利用效

率,提高企业管理水平。

(四)挖掘财产物资潜力,提高物资使用效率

通过财产清查,可以查明企业各项财产物资的储备和使用情况,以便采取合理措施,提高物资的使用效率。对储备不足和不配套的,应予以补充和配套,确保生产需要;对超储、积压和呆滞的,应采取措施,及时处理,防止盲目采购和积压,充分挖掘财产物资的潜力,提高财产物资的使用效率。

(五)保证财经纪律和结算纪律的执行

通过财产清查,可以检查企业各项资金的使用是否合理,是否符合党和国家的方针政策和法规;单位是否遵守国家的财经纪律和结算制度,有无错误、偏差和舞弊行为,以便及时采取措施,予以纠正,保证国家财经纪律和结算纪律的执行。

(六)维护股东的合法权益

通过财产清查,及时发现企业管理中存在的问题,采取有效措施,加强管理,减少偏差、错误的发生,杜绝贪污盗窃、铺张浪费等违纪违法行为,以维护投资者的合法权益。

三、财产清查的范围

财产清查的范围,包括企业所拥有或控制的、能够以货币计量并能为企业带来经济效益的各种财产、债权及其他权利;企业承担的、能以货币计量并需要以未来资产或劳务来偿付的债务;其他单位存放在本企业的财产物资。

四、财产清查的种类

财产清查有以下多种不同的分类方法:

(一)按财产清查对象和范围的不同,分为全面清查和局部清查

1. 全面清查。是指对企业所有的财产物资进行盘点和核对。企业一般在年终决算、合资、合并、联营、整体资产评估、推行股份制、歇业、法人代表离任、破产及发生经济犯罪案件等情况下,需要进行全面清查。涉及的范围广,参加的部门人员多,工作量大。

2. 局部清查。是指企业根据管理需要或依据有关规定,对部分财产物资进行盘点和核对。其主要对象是流动性较强的财产物资。涉及范围小,清查内容少,参加的部门人员少,专业性较强。

（二）按财产清查的时间，分为定期清查和不定期清查

1.定期清查。是指企业根据事先计划安排的时间对财产物资进行的盘点和核对。清查的对象根据实际需要确定，可以是全面清查，也可以是局部清查。清查的目的是为了保证会计资料的真实、正确、完整，通常是在年末、季末、月末结账前进行。

2.不定期清查。是指企业根据实际需要临时对财产物资进行的盘点和核对。例如对现金、银行存款、贵重物资和商品的突击性检查；更换财产物资经管人员时对其经管的财产物资进行的清查。其清查的对象也是根据实际需要确定，可以是全面清查也可以是局部清查。目的主要在于分清责任、查明情况。

（三）按财产清查的执行单位，分为内部清查和外部清查

1.内部清查。是指由企业自行组织清查工作小组进行的财产清查工作。一般多数的财产清查都属于内部清查。

2.外部清查。是指由上级主管部门、审计部门、注册会计师或司法部门，根据国家的有关规定或实际情况的需要，对企业进行的财产清查工作。例如注册会计师对企业报表进行的审计；审计、司法部门对企业进行的清查工作。

第二节　财产清查的盘存制度

各单位对于财产物资收入、发出、结存在账簿上的记录，可以采用实地盘存制和永续盘存制两种制度。单位可根据经营管理的需要和财产物资的特点，分别采用不同的盘存制度，以实现财产清查的目的，提高经营管理水平。

一、实地盘存制

实地盘存制，又称为定期盘存制，是指企业对各种财产物资的收发没有完整的明细记录，其结存数无法利用账簿记录来了解，平时只根据会计凭证在账簿中登记财产物资的增加数，不登记其减少数，期末或结账时，通过对各项财产物资的盘点，确定其实存数，再推算出本期财产物资的减少数，并据以登记入账的一种管理制度。

本期减少数＝期初结存＋本期增加数－期末实存数

采用实地盘存制进行财产清查，优点是工作方法比较简单，工作量小；缺点是各项财产物资的减少数没有严密的手续，平时会计账簿中不能反映各项财产物资的减少数和结存数，不利于对财产物资进行监督和管理。推算出的财产物资减少数中既有生产经营正常消耗的，也有其他原因减少的。因此，这种清查方法，不能正确反映企业财产物资的实际结存情况，还容易掩盖管理中存在的各种问题，不利于财产物资的管理，不

利于保护财产物资的安全与完整。所以,企业一般不采用这种盘存制度。只有那些平时确实无法记录财产物资减少数的单位才采用这种方法,如零售商店。

例1 某企业甲材料本月的期初结存数量为2 000公斤,单价为3.50元。该月份发生下列各项材料业务:

(1)3日,购进入库甲材料3 000公斤,实际成本为10 500元;

(2)5日,生产领用甲材料1 500公斤,实际成本为5 250元;

(3)10日,购进入库甲材料2 000公斤,实际成本为7 000元;

(4)16日,生产领用甲材料1 000公斤,实际成本为3 500元;

(5)20日,生产领用甲材料2 500公斤,实际成本为8 750元;

(6)25日,购进入库甲材料1 000公斤,实际成本为3 500元。

假定本企业期末实地盘点甲材料的结存数为2 000公斤,单价为3.50元,共计7 000元。根据实地盘存制,本企业本月甲材料明细账上的收入、发出和结存情况的记录,如图表9-1所示。

图表9-1

原 材 料 明 细 账

材料名称:甲材料

年		凭证		摘 要	单位	收 入		发 出		结 存	
月	日	字	号		(元)	数量	金额	数量	金额	数量	金额
×	1			期初余额	3.5					2 000	7 000
	3			购 进	3.5	3 000	10 500				
	10			购 进	3.5	2 000	7 000				
	25	略	略	购 进	3.5	1 000	3 500				
	31			生产领用				6 000	21 000		
	31			本月发生额及余额	3.5	6 000	21 000	6 000	21 000	2 000	7 000

二、永续盘存制

永续盘存制,又称为账面盘存制,是指企业各项财产物资的收发,平时都在有关的明细账中逐笔登记和汇总,反映其增加数和减少数,并随时在账簿中结算出各项财产物资的结存数的一种管理制度。

采用永续盘存制进行财产清查,优点是反映财产物资增减变动的会计核算手续严密,能够随时反映单位各项财产物资的增、减及结存情况,有利于加强会计监督,加强财产物资的管理,保护企业各项财产物资的安全与完整;缺点是账簿记录的财产物资增减变动及结存情况都是根据有关会计凭证登记的,有可能发生账实不符的情况。所以,企业采用永续盘存制时,需要对各项财产物资进行定期或不定期的清查,确保账实相符。另外,采用永续盘存制进行财产清查,日常核算的工作量比较大。但总体来说这种盘存制度优点明显,对加强管理有利。因此,一般企业均采用这种盘存制度。

例2 仍以上例资料为例,采用永续盘存制,甲材料明细账上的收入、发出和结存情况的记录,如图表9-2所示。

图表9-2

原 材 料 明 细 账

材料名称:甲材料

年		凭证		摘 要	单位	收入		发出		结存	
月	日	字	号		(元)	数量	金额	数量	金额	数量	金额
×	1			初期余额	3.5					2 000	7 000
	3			购 进	3.5	3 000	10 500			5 000	17 500
	5			生产领用	3.5			1 500	5 250	3 500	12 250
	10	略	略	购 进	3.5	2 000	7 000			5 500	19 250
	16			生产领用	3.5			1 000	3 500	4 500	15 750
	20			生产领用	3.5			2 500	8 750	2 000	7 000
	25			购 进	3.5	1 000	3 500			3 000	10 500
	31			本月发生额及金额	3.5	6 000	21 000	5 000	17 500	3 000	10 500

第三节 财产清查的准备和方法

一、财产清查的准备

财产清查工作是一项复杂、细致、专业性较强的工作,特别是全面清查涉及的部门人员多,工作量大。因此,在财产清查之前,应充分做好各项准备工作,主要有以下方面:

（一）组织准备

为了使财产清查工作有组织、有计划、顺利地进行,应根据财产清查的实际需要,在财产清查之前组建财产清查的专门机构,制定好财产清查的工作计划,做好组织上的落实,确定清查的范围和步骤,配备清查人员。这些准备工作应由主要领导负责,会同财会部门、财产管理、财产使用等有关部门共同进行。

（二）业务准备

为了使财产清查能够顺利进行,在清查之前,应清理有关账目,登记齐全,核对清楚,使之账证相符、账账相符;有关经管人员应将其所保管的各种财产物资堆放整齐,挂上标签,标明品种、规格和结存数量,以便进行实物盘点;按照国家标准计量校正各种度量衡器具,减少误差;准备好各种空白的清查盘存报告表等。

二、财产清查的方法

（一）货币资金的清查

1. 现金和有价证券的清查。现金清查是指对单位的库存现金,通过实地盘点的方法,确定其实存数,再与现金日记账的账面余额进行核对,以查明其实际余缺的清查方法;有价证券主要包括国库券、公司债券、股票和其他金融债券等,其清查方法与现金相同。

库存现金的清查,应由财产清查人员和出纳人员共同负责,采用实地盘点法进行。其清查的内容和方法如下:

（1）在清查盘点前,由出纳人员先将现金收、付凭证全部登记现金日记账,结出余额。

（2）清查盘点时,由清查人员和出纳人员对现金进行逐张清点,与现金日记账的余额相核对,使库存现金的实存数与现金日记账相一致。如果发现余缺,必须会同出纳人员当场核实金额,以保证账实相符。此外,在清查时还应注意是否有挪用现金、白条或借条抵充库存、现金库存超过银行核定的现额、坐支现金等违反财经纪律的情况,发现这些情况,应立即加以纠正,将现金追回,并严肃处理。现金要求日结月清,平时由出纳人员自行清查,必要时可以突击抽查。

（3）清查盘点结束后,根据清查结果编制"库存现金盘点报告表",由清查人员和出纳人员签名或盖章。其格式如图表9－3所示。

图表9－3

库存现金盘点报告表

单位：　　　　　　　　　　　　　　　　　　　　　　　　　　　　　　　　　年　月　日

币　别	实存金额	账存金额	对比结果		备　注
			盘　盈	盘　亏	

2.银行存款的清查。银行存款的清查,通常采用的是核对账目的方法。即将开户银行定期送来的对账单与本单位的银行存款日记账逐笔进行核对,以查明银行存款的收入、付出和结存是否正确,账实是否相符。其清查的内容和方法如下：

(1)检查、核对本单位的账簿记录。在与开户银行核对账目之前,应先详细检查、核对本单位银行存款日记账的正确性和完整性,然后再与银行送来的对账单逐笔核对,确定双方记账的正确性。开户银行存款的对账单,详细、完整地记录了单位银行存款的增加、减少和结余情况。

(2)确认未达账项。由于单位和开户银行办理结算手续和凭证传递的不一致,往往出现银行对账单存款余额与本单位银行存款账面余额不相符的情况,如果不是双方记账的错误,则主要是由"未达账项"造成的。

未达账项,是指由于单位和开户银行双方记账时间的不同,一方已经登记入账,而另一方因未接到有关凭证尚未登记入账的款项。单位与银行之间的未达账项,一般有以下四种情况：

第一,单位存入银行的款项,单位已登记入账增加了银行存款,而银行未收到通知,未登记入账以增加单位的存款。

第二,单位开出支票或其他支款凭证,单位已登记入账减少了银行存款,而银行未收到通知,未登记入账以减少单位的存款。

第三,银行代单位收进的款项,银行已登记入账,作为单位存款的增加,而单位未收到通知,因而未登记入账以增加存款。

第四,银行代单位支付的款项,银行已登记入账,作为单位存款的减少,而单位未收到通知,因而未登记入账以减少存款。

上述第一、四两种情况,单位银行存款日记账余额大于开户银行对账单余额;第二、三两种情况下,单位银行存款日记账余额小于开户银行对账单余额。任何一项未达账项的发生,都会使单位和开户银行的银行存款账面余额不一致。

在财产清查时出现未达账项,应查找出双方未达账项的金额,并据以编制"银行存款余额调节表",检查双方记账有无差错,以确定单位银行存款的实有数。"银行存款余额调节表"的编制,是以双方账面余额为基础,再分别加上对方已收款入账而自己尚未登记入账的数额,减去对方已付款入账而自己尚未登记入账的数额。双方余额相等,表明单位与开户银行的账目没有差错;双方余额仍不相等,说明账簿记录有错误,应进一步查找原因,及时更正。现举例说明银行存款余额调节表的编制方法如下:

例3 某企业2006年6月末银行存款日记账的账面余额为60 000元,银行送来的对账单上的存款余额为64 000元,经核对后,发现有以下几项"未达账项":

(1)6月28日,企业收到其他单位的转账支票一张金额3 000元,已登记入账。因尚未到银行办理进账,银行没有入账;

(2)6月29日,企业开出转账支票一张金额1 000元,企业已登记入账。因持票人尚未到银行办理转账手续,银行没有入账;

(3)6月29日,企业委托银行代收的外地销货款8 000元,银行已登记入账,但企业未接到收款通知,因而企业尚未登记入账;

(4)6月29日,银行代企业支付的购货款2 000元,银行已登记入账,但企业未接到付款通知,因而企业尚未登记入账。

根据以上资料,编制"银行存款余额调节表"(如图表9-4)如下:

图表9-4

银行存款余额调节表

2006年6月30日

项　　目	金　额	项　　目	金　额
企业银行存款日记账的账面余额	60 000	银行对账单的存款余额	64 000
加:银行已收,企业未收的款项	8 000	加:企业已收,银行未收的款项	3 000
减:银行已付,企业未付的款项	2 000	减:企业已付,银行未付的款项	1 000
调节后的存款余额	66 000	调节后的存款余额	66 000

经过调节后,单位银行存款日记账与开户银行账户双方的余额是相等的,说明双方银行存款的账簿记录一致。如果调节后重新确立的余额,既不等于本单位银行存款的账面余额,也不等于开户银行的账面余额,则它是单位银行存款的实有数额。

上述银行存款的清查方法,也适用于银行借款的清查。在进行银行借款的清查时,还应查明是否按规定用途使用,是否按期归还。

(二)实物资产的清查

实物资产包括固定资产、原材料、在产品、产成品、商品、低值易耗品、包装物等。

对实物资产应从数量和质量两方面进行清查。由于实物资产的种类繁多,形态、体积、重量、价值、存放方式等不尽相同,因此,实物资产的清查方式也不同。通常采用实物盘点法和技术推算法两种方法。

实物盘点法是指对各项财产物资通过逐一清点,或者用计量器具来确定其实存数量的一种方法。这种方法适用范围较广泛,大部分财产物资都采用这种方法。

技术推算法是指对各项财产物资按照一定的计算公式或者一定的标准,推算出其实物数量的一种方法。这种方法主要适用于大量成堆、价廉、难以逐一清点的财产物资,如对堆存的煤、沙、矿石的清查。

实物清查的内容和方法如下:

1.核对账簿,进行盘点,确定和检查财产物资的实有数量与质量情况。盘点时,清查人员与实物保管人员必须同时在场,并同时参加实地盘点工作,以便明确经济责任。

2.填制“盘存单”。对盘点的结果要如实登记在“盘存单”上,并由盘点人员和实物保管人员签章,以明确经济责任。盘存单的一般格式如图表9-5所示。它既是记录实物盘点结果的书面证明,又是反映材料物资实有数的原始证明。

图表9-5

盘 存 单

单位名称　　　　　　　　　　盘点时间
财产类别　　　　　　　　　　存放地点　　　　　　　　　　编号

编号	名称	规格或型号	计量单位	数量	单价	金额	备　　注

盘点人:(签章)　　　　　　　　　　　　　　　　实物保管人:(签章)

3.编制“账存实存对比表”。根据“盘存单”记录和相应的材料物资账簿的记录情况编制“账存实存对比表”,其一般格式如图表9-6所示。“账存实存对比表”是调整账簿记录的原始依据,是分析账存数和实存数发生差异的原因,也是确定经济责任的原始证明材料。

图表9-6

账存实存对比表

单位名称   年 月 日

编号	类别及名称	计量单位	单位	实存		账存		差异				备注
								盘盈		盘亏		
				数量	金额	数量	金额	数量	金额	数量	金额	

(三)债权债务的清查

债权债务的清查,主要包括对单位各种应收款、应付款、预收款、预付款等债权、债务的清查。其清查与银行存款清查相同,也是采用同对方核对账目的方法进行。具体内容和方法如下:

1.检查、核对账簿记录。单位应将本单位的各项往来款项全部完整地登记入账簿,并对账簿记录依据的会计凭证进行逐笔核对,以保证账簿记录的正确性。

2.编制往来款项的对账单。单位依据本单位往来款项,逐户编制一式两联的对账单,送交对方单位进行核对,如对方单位核对无误,应在对账单上加盖公章后退回本单位;如对方单位发现数字不符,应在对账单上注明不符的原因后退回发出单位,或者另抄对账单退回,作为进一步核对的依据。本单位收到对方的回单后,对错误的账目应及时查找原因,按规定的手续和方法加以更正;核对时,如发现存在未达账项,本单位和对方单位都应采用调节账面余额的办法,确认往来款项是否相符。

3.编制"往来款项清查结果报告表",其一般格式如图表9-7。

图表9-7

往来款项清查结果报告表

单位名称   年 月 日

总分类账户和 有关明细分类账户	账面 结存 余额	对方 结存 余额	清查结果		核对不符原因分析				备注
			核对 相符 金额	核对 不符 金额	未达 账项 金额	有争 议 款项	无法 收回 款项	其他	

单位主管(签章):   主管会计(签章):   清查人员(签章):

在往来款项清查后,对于该收回的款项应设法及时收回,该归还的款项及时偿还;有争议的款项,没有收回希望的款项以及无法支付的款项,应及时采取措施,避免相互间的长期拖欠或发生坏账损失。

第四节　财产清查结果的处理

一、财产清查结果处理的要求

(一)财产清查的结果

财产清查的结果一般有四种情况:第一种情况是实存数等于账存数,即账实相符;第二种情况是实存数大于账存数,即盘盈;第三种情况是实存数小于账存数,即盘亏;第四种情况是实存数虽与账存数一致,但实存的财产物资有质量问题,不能按正常的财产物资使用,即毁损。对于第一种财产物资数量和质量都账实相符的情况,会计上不进行账务处理,对于后三种情况,即财产物资的盘盈、盘亏和毁损,都是财产清查处理的内容,会计上必须进行账务处理。

(二)财产清查结果处理的要求

通过财产清查发现财产物资管理和会计核算上的问题,必须以国家有关的政策、法令和制度为依据,严肃认真地做好清查结果的处理工作。其处理的一般要求如下:

1. 认真分析财产清查中盘盈、盘亏和毁损发生的原因,明确经济责任和法律责任,提出处理意见,并按规定程序如实上报,请有关部门审批处理。上级部门审批处理后,应严格执行审批处理意见。

2. 积极处理财产清查中多余、积压的财产物资,及时清理债权、债务等各种往来款项,并发现有关会计工作、管理工作、管理制度在实际工作中存在的问题。

3. 对财产清查中发现的各种问题,应认真总结经验教训,提出改进的具体措施,建立健全财产物资的管理制度,保护财产的安全与完整,提高经营管理水平。

4. 对财产清查中账实不符的情况和处理,应及时在有关账簿上进行反映,使其账实相符。在调整账簿记录时,应分为两个步骤进行:

第一步,将已查明属实的财产物资盘盈、盘亏或毁损的数字,根据有关原始凭证编制记账凭证,再据以登记有关账簿,调整账簿记录,使各项财产物资的实存数与账存数一致;

第二步,根据审批后的处理结果和决定,对账实不符的原因明确责任后,编制记账凭证,登记有关账簿,保证账簿记录的完整性和准确性。

二、财产清查结果的账务处理

财产清查中账实不符情况的处理,应通过设置"待处理财产损溢"账户进行。该账户为资产类账户,主要用以核算单位已经发生而尚待处理的各种财产物资的盘盈、盘亏和毁损情况。其借方记入各种财产物资的盘亏和毁损情况,以及转销的盘盈数额;贷方登记各种财产物资的盘盈情况,以及转销的盘亏和毁损数额。如果余额在借方,表示尚待处理的各种财产物资的净损失;如果余额在贷方,则表示尚待处理的各种财产物资的净收益。该账户下设置"待处理流动资产损溢"和"待处理固定资产损溢"两个明细分类账户,分别核算和监督财产清查中查明的流动资产和固定资产的盘盈、盘亏和毁损及其处理情况。

现举例说明财产清查结果的账务处理:

(一)库存现金清查结果的处理

例1 某企业在库存现金清查时,发现库存现金长款 200 元。

在核查、审批前,先根据"库存现金盘点报告表"编制会计分录如下:

借:库存现金   200

  贷:待处理财产损溢——待处理流动资产损溢   200

经核查,上述库存现金长款无法查明原因,报作营业外收入处理,编制如下会计分录:

借:待处理财产损溢——待处理流动资产损溢   200

  贷:营业外收入   200

例2 某企业在库存现金清查时,发现库存现金短款 100 元。

在核查、审批前,先根据"库存现金盘点报告表"编制会计分录如下:

借:待处理财产损溢——待处理流动资产损溢   100

  贷:库存现金   100

经核查,上述库存现金短款属于出纳员的责任,经批准应由其赔偿,编制如下会计分录:

借:其他应收款——××出纳   100

  贷:待处理财产损溢——待处理流动资产损溢   100

(二)存货清查结果的处理

例3 某企业在财产清查中,盘盈甲种材料一批,价值 1 200。

在核查、审批前,先根据"账存实存对比表"编制会计分录如下:

借:原材料——甲   1 200

  贷:待处理财产损溢——待处理流动资产损溢   1 200

经核查该批盘盈材料属于计量不准所致,经批准作为冲减管理费用处理。应作如下会计分录:

借:待处理财产损溢——待处理流动资产损溢　　　　　　　　　1 200
　贷:管理费用　　　　　　　　　　　　　　　　　　　　　　　　1 200

例4　某企业在财产清查中,盘亏乙种材料2 000元。

在核查、审批前,先根据"账存实存对比表"编制会计分录如下:

借:待处理财产损溢——待处理流动资产损溢　　　　　　　　　2 000
　贷:原材料——乙　　　　　　　　　　　　　　　　　　　　　　2 000

经核查,该批盘亏材料中的1 500元属于定额损耗,经批准列作管理费用;300元属于超定额损耗,经批准由责任人负责赔偿;200元为非常灾害造成,经批准列作营业外支出。应作如下会计分录:

借:管理费用　　　　　　　　　　　　　　　　　　　　　　　　1 500
　其他应收款——责任人　　　　　　　　　　　　　　　　　　　 300
　营业外支出　　　　　　　　　　　　　　　　　　　　　　　　 200
　贷:待处理财产损溢——待处理流动资产损溢　　　　　　　　　2 000

(三)固定资产清查结果的处理

例5　某企业在财产清查中发现有一台设备盘亏,原账面价值为3 600元,已计提折旧1 000元。

在核查、审批前,先根据"账存实存对比表"编制会计分录如下:

借:待处理财产损溢——待处理固定资产损溢　　　　　　　　　2 600
　累计折旧　　　　　　　　　　　　　　　　　　　　　　　　　1 000
　贷:固定资产　　　　　　　　　　　　　　　　　　　　　　　3 600

经批准,上述盘亏固定资产作为营业外支出处理。根据批准文件,应作如下会计分录:

借:营业外支出　　　　　　　　　　　　　　　　　　　　　　　2 600
　贷:待处理财产损溢——待处理固定资产损溢　　　　　　　　　2 600

(四)债权债务清查结果的处理

债权债务的清查,会计上不通过"待处理财产损溢"账户核算,而是根据规定,经批准直接对原账面价值进行调整。

例6　某企业查明无法收回的应收账款32 000元,向有关部门报批同意后列作坏账损失。应作如下会计分录:

借:坏账准备　　　　　　　　　　　　　　　　　　　　　　　32 000
　贷:应收账款　　　　　　　　　　　　　　　　　　　　　　　32 000

例7　某企业在财产清查中发现长期无法支付的应付账款2 800元,经查实方

单位已解散,经批准做销账处理,作如下会计分录:

借:应付账款   2 800

 贷:营业外收入   2 800

确认为坏账,应符合下列条件之一:

1.债务人破产,依据破产清偿程序进行清偿后,确实无法追回的部分。

2.债务人死亡,无财产可供清偿,并且没有义务承担人,确实无法追回的部分。

3.债务人逾期未履行偿债义务超过三年,确实不能收回的应收款。

企业发生坏账,未提坏账准备的,应采取直接转销法,即按照规定的手续审批后,列作管理费用,计入本期损益,同时应付账款减少。

思考与练习

一、重点概念

财产清查 技术推算法 实地盘存制 永续盘存制 未达账项

二、思考题

1.概述实地盘存制与永续盘存制的优缺点和适用性。

2.财产清查前有哪些准备工作?

3.如何进行实物资产的清查?

4.如何进行银行存款的清查?

三、单选题

1.对库存现金进行清查时,一般采用(　　)。

A.账面清查   B.实地盘点

C.账账核对   D.账证核对

2.技术推算盘点法通常用于(　　)的盘点。

A.固定资产   B.流动资产

C.银行存款   D.大量成堆、难以逐一清点的物资

3.企业对外埠存款的清查,应采用(　　)方法。

A.实地盘存制   B.永续盘存制

C.函证   D.均不对

4.下列情况中,宜采用局部清查的有(　　)。

A.企业更换财产经管人员 B.企业清产核资

C.年终决算前进行的清查　　　D.企业改制进行的清查

5.待处理财产损溢账户的贷方登记的是( )。

A.企业盘盈、盘亏的财产物资数额

B.企业报经批准后转销的盘盈、盘亏数额

C.企业盘盈的财产物资数额,以及报经批准后转销的盘亏数额

D.企业盘亏的财产物资数额,以及报经批准后转销的盘盈数额

四、多选题

1.企业盘点库存现金时,应注意( )。

A.有无账实不符

B.有无违反现金管理制度

C.有无白条、借条抵库

D.库存现金是否超过限额

E.有无坐支现金

2.企业与银行之间的未达账项,有以下几种情况( )。

A.银行代企业收进的款项,银行已登记入账,企业尚未入账

B.银行代企业支付的款项,银行已登记入账,企业尚未入账

C.企业支付的款项,企业已登记入账,银行尚未入账

D.外单位支付给本企业的款项,企业与银行均尚未入账

E.企业存入银行的款项,企业已登记入账,银行尚未入账

3. 以下属于财产清查范畴的是( )。

A.货币资金　　　　　　　B.应付账款

C.固定资产　　　　　　　D.存货

4.对于企业盘亏的固定资产,应按( )分别记入"固定资产"和"累计折旧"账户。

A.账面原值　　　　　　　B.账面净值

C.估计净值　　　　　　　D.重置完全价值

E.账面已提折旧

5.财产清查的作用,体现在( )。

A.保证会计资料算的真实、完整

B.保护财产物资的安全、完整

C.挖掘财产物资潜力,提高财产物资使用效率

D.维护财经纪律,遵守结算制度

E.维护股东的合法权益

五、实训题

习题一

（一）目的：练习银行存款余额调节表的编制。

（二）资料：光明公司 2006 年 10 月 31 日银行存款日记账的余额为 95 000 元，开户银行对账单的存款余额为 97 000 元。经核实，有以下几项未达账项：

（1）企业开出现金支票一张 1 500 元，已作减少银行存款入账，但持票人尚未去银行提取，银行尚未入账；

（2）企业于月末将收到的转账支票 6 500 元存入银行，已作增加银行存款入账，而银行尚未入账；

（3）企业委托开户银行代收款 7 800 元，银行已收到并入账，企业尚未接到收款通知，尚未入账；

（4）开户银行在企业的存款内扣除借款利息 800 元，并已作为减少企业存款入账，企业尚未接到转账通知，尚未入账。

（三）要求：根据上述未达账项，编制银行存款余额调节表。

习题二

（一）目的：练习财产清查的账务处理。

（二）资料：光明公司 2006 年 10 月进行财产清查时发生以下经济业务：

（1）30 日，进行现金清查时发现现金短款 120 元。

（2）经检查，上述现金短款属于出纳员的责任，应由其赔偿。

（3）30 日，盘亏机器设备一台，原值为 12 000 元，已提折旧 4 000 元。

（4）经批准，上述盘亏的机器设备作为企业的营业外支出。

（5）30 日，盘亏甲材料 100 千克，每千克 10 元；因火灾而毁损 A 商品 40 件，每件 200 元。

（6）经查明，盘亏的 100 千克甲材料中，60 千克属于定额损耗，作为管理费用；40 千克属于超定额损耗，由责任人负责赔偿。

（7）上述（5）中毁损的 A 商品，经与保险公司联系后，其同意赔偿损失金额 80%，其余 20% 经批准作为企业损失处理。

（8）30 日，盘盈乙材料 50 千克，每千克 20 元。

（9）经查明，上述盘盈的乙材料是材料收发过程中的正常盈余，冲抵管理费用。

（10）30 日，查明无法收回的应收账款 16 000 元，经上级部门批准后列作坏账损失。

（三）要求：根据上列资料编制会计分录。

习题三

（一）目的：练习实地盘存制的财产清查方法。

（二）资料：光明公司2006年10月1日库存甲种材料65 000件，价值6 500元，本月购进情况如下：

日　期	收入量
10月1日	20 000件
10月8日	16 000件
10月15日	30 000件
10月22日	25 000件
10月28日	32 000件

上述各批甲材料的单位成本均为每件0.10元。

该公司于10月31日实地盘存甲材料45 000件。

（三）要求：根据实地盘存制的财产清查方法，计算光明公司10月份甲材料的发出量（假设发出的甲材料均投入生产使用）。

第十章　　财务会计报告

内容提要：

本章阐述了财务会计报告的概念、意义、种类、基本内容、编制要求和编制前的各项准备工作；重点介绍了资产负债表、利润表和现金流量表的概念、主要内容、基本结构和编制方法。

第一节　财务会计报告概述

一、财务会计报告的概念

财务会计报告是指企事业单位以日常的核算资料为主要依据，进行分类、计算、汇总和整理而编制的，向有关部门提供或者向社会公开披露的反映该单位财务状况和经营成果的总括性书面文件。财务会计报告由会计报表、会计报表附注和财务情况说明书等构成。

会计报表是以日常核算资料为主要依据编制的，用来集中、概括地反映各单位财务状况、经营成果以及成本费用情况的书面文件。包括资产负债表、利润表、现金流量表及相关附注。

会计报表附注是对会计报表的编制基础、编制依据、编制原则和方法及主要项目等所作的解释。

财务状况说明书是对单位一定会计期间内生产经营、资金周转和利润实现及其分配等情况的综合性说明。是财务会计报告的重要组成部分。

通过前面的学习，我们知道编制会计报表是会计核算的一种专门方法，也是会计核算程序的最后环节。在日常的会计核算中，会计人员已经按照有关的规定和会计核算程序，对本单位所发生的经济业务，在有关会计凭证和账簿中进行了记录和反映，但由于会计凭证和账簿的结构特征，导致了它们反映的会计信息比较分散。为了便于会计信息使用者较全面地了解各单位的会计信息，有必要将日常分散的会计资料加以归纳、汇总和整理，这就要求会计人员在会计凭证和账簿的基础上，编制能全面、系统、综合地反映企事业单位在一定时期财务状况和经营成果的财务报告。

二、财务会计报告的意义

编制财务会计报告是为了现有和潜在的投资者、债权人、政府以及企业自身经营管理等对会计信息的需要,其意义主要有:

(一)为企业投资者进行投资决策提供必要的信息资料

企业投资者关心的是投资的风险和报酬,他们需要了解企业的经营利润、资金的利用效果以及资金的支付等情况。财务会计报告可以为投资者提供完整、系统的会计信息资料,从而满足投资者进行决策的需要。

(二)为企业债权人提供企业资金运转、短期偿债能力和支付能力的信息资料

企业债权人关注的是企业能否按时偿还债务的本金和利息情况,而财务会计报表能够反映企业的财务状况、经营成果及其变动情况,从而使企业债权人根据企业财务会计报表,对企业的经营业绩、销售收入和市场占有率等做出判断,进而做出正确的信贷和赊销决策。

(三)为企业经营管理者和职工提供必要的企业状况信息

企业经营者可以利用财务会计报告,全面了解自身的财务状况和经营成果及其结构的合理性,了解资金、成本、利润等各项指标的完成情况,认识企业财务风险和资金运用能力;通过分析本单位财务报告,还可以检查经营管理责任制的落实情况,不断改进工作、提高管理水平;并对未来的经济活动进行预测,进一步挖掘潜力,提高企业经济效益。

同时企业职工也非常关心企业的经营状况。企业经营状况好坏直接关系到职工的就业机会、劳动报酬和福利。而企业财务会计报告能为广大职工提供相关的会计信息。

(四)为有关行政管理部门提供对企业实施管理和监督的各项资料

企业行政管理部门最关注国有资产的使用、结存情况,也就是国有资金的分配和运行情况。通过财务会计报告,企业行政管理部门可以了解国有资产的使用、结存情况,掌握整个国民经济和各地区经济的发展状况,以便对国民经济的运行趋势做出准确的判断和决策,达到加强宏观经济管理,促进国民经济健康、协调、快速发展的目的。

(五)为财税部门检查监督企业的生产经营活动提供必要的信息资料

通过企业财务会计报告,国家财政部门可以检查监督企业是否合理节约使用资金、财务管理状况如何等情况;税务部门可以检查监督企业税收政策的执行情况等。

（六）为社会公众提供必要的信息资料

社会公众，其中有一部分将成为企业未来的投资者或债权人，他们也想了解企业的发展状况。财务会计报告能为社会公众提供有关的信息，以便使他们做出合理的投资决策。

三、会计报表的分类

财务会计报告由会计报表、会计报表附注和财务情况说明书等构成。其中，会计报表是财务会计报告的主要组成部分，可以按照不同的标准进行分类。

（一）按会计报表反映的经济内容划分

1.反映企业一定时期财务状况的会计报表，如资产负债表。
2.反映企业一定时期经营成果的会计报表，如损益表、利润分配表。
3.反映企业一定时期财务状况变动情况的会计报表，如现金流量表。

以上三类报表还可以划分为静态报表和动态报表。静态报表是指反映一定时点资产、负债和所有者权益的会计报表，如资产负债表；动态报表是指反映一定时期内经营成果及资金流动情况的会计报表，如损益表和现金流量表。

（二）按会计报表提供的对象划分

1.对外会计报表，是企业向投资人、债权人、政府有关部门和社会公众报送的会计报表。主要有资产负债表、损益表和现金流量表，其格式和内容由财政部统一规定。

2.对内会计报表，是不对外公开的会计报表。主要是满足企业内部管理需要而设置的会计报表，如期间费用表、商品产品成本表。其内容由企业自行规定，但必须遵守会计核算的基本原则。

（三）按会计报表编报的时期划分

1.年度会计报表，是指年度终了企业对外报送的会计报表。年报要求揭示完整、反映全面，如财务状况变动表、利润分配表。

2.半年度、季度报表，是指每半年或每季度终了企业对外报送的会计报表。这种报表在会计信息详细程度方面的要求，介于月报和年报之间，如主要产品单位成本表。

3.月报表，是指月度终了企业对外报送的会计报表。月报要求简明扼要、及时准确，如资产负债表、损益表。

（四）按会计报表编报的单位划分

1.单位会计报表，指独立核算基层单位的会计报表。

2.汇总会计报表,是指上级单位将所属单位的会计报表汇总编制的会计报表。

3.合并报表,是指企业对外投资占投资企业资本总额半数以上,或者实质上拥有被投资企业控制权所编制的合并报表。

四、编制会计报表的要求

为了充分发挥会计报表的作用,保证会计报表的质量,编制会计报表应做到数字真实、报送及时、内容完整、计算准确。

(一)数字真实

会计报表各个项目的数据必须真实可靠,如实地反映企业的财务状况。数字真实是编报会计报表的基本要求。对外提供的会计报表主要是满足不同使用者对会计信息的需要,便于他们根据所提供的会计信息做出正确的决策。因此,在编制报表前要做到:按期结账,认真对账和进行财产清查,编制试算平衡表验算账目有无遗漏。会计报表必须根据登记完整、核对无误的账簿记录和其他核算资料,按一定的指标体系加工、整理、编制而成,各项指标和数据必须计算准确、真实可靠,做到表从账出,账表相符,切忌匡算估计,弄虚作假。

(二)内容完整

会计报表应当全面反映企业的财务状况和经营成果,反映企业经营活动的全貌。会计报表只有全面反映企业的财务状况,提供完整的财务会计信息资料,才能满足各方面对财务会计信息资料的需要。为了保证会计报表的完整性,企业在编制会计报表时,必须按规定格式和内容进行填列,凡国家要求编制的会计报表,必须编制齐全,不得漏填、漏报。对应当填写的报表指标,无论表内项目还是补充资料,都必须填报齐全,如果某些项目暂无数据,则应当在金额栏划上横线。企业某些重要的会计事项,应当在报表附注中加以说明。

(三)编报及时

信息的特征是时效性。会计报表只有及时编制和报送,才能有利于会计报表使用者的使用。会计报表应在保证质量的前提下,在规定期限内编制完毕并如期报送,以满足报表使用者对会计报表资料的需要,及时了解单位报告期内财务状况和经营成果,采取措施,做出决策。否则,即使是真实可靠完整的会计报表,由于编制报送不及时,会计报表使用者也无法使用。因此,会计报表应当按规定的时间和程序及时编报。按照《企业会计制度》的有关规定,企业的月度会计报表应在月份终了后 6 日内报送,季度报表应在季度终了后 12 日内报送,年度报表应在年度终了后 35 日内报送。

（四）计算正确

会计报表上的有关数据指标,应当按照规定的统一口径计算填列,不得随意增加、减少和变更;凡需经过计算填列的数据指标,必须按照规定的统一公式计算填列。

五、会计报表编制前的准备工作

（一）清查盘点财产物资

在编制会计报表前,特别是在编制年度会计报表前,对单位的财产物资要进行盘点清查,检查账实是否相符。如发现账实不符,应查明原因,并按规定及时调整账目,做到账实相符。

（二）清理核对账目

会计报表的资料主要来源于账簿记录,有的是直接根据总账记录填列,有的是根据明细账记录分析填列。这就要求在编制会计报表前,检查总账与明细账是否相符,做到账证相符、账账相符。

（三）按期认真结账

在编制会计报表前,应检查当期的经济业务是否全部入账,有关的各种记录是否予以结转,只有在当期全部经济业务登记入账后,才能结账,据以编制会计报表。

第二节 资产负债表

一、资产负债表的概念和意义

资产负债表是反映企业在某一特定日期(月末、年末)全部资产、负债和所有者权益情况的报表。由于该表主要是揭示企业在某一特定日期的资产、负债、所有者权益情况,因而又称财务状况表,是一张反映企业静态状况的报表。企业应按月、季、半年、全年编制,对外报送。

资产负债表能够反映资产、负债和所有者权益的全貌,反映企业在某一特定日期所掌握的经济资源、债权人和投资者在企业所拥有的权益,提供企业所拥有的各种经济资源及其构成情况,提供企业所负担的债务及其偿还情况。还可以计算流动比率、速动比率,分析偿还债务的能力,说明企业投资者对本企业资产所持有的权益,并能通过不同时期资产负债表的纵向分析及同期项目横向比较分析,表述企业未来状况的发展趋势。

二、资产负债表的格式、结构和内容

(一)资产负债表的格式

在我国资产负债表一般采用"账户式"结构,分为左右两方,左方列示资产各项目,右方列示负债及所有者权益各项目,根据"资产 = 负债 + 所有者权益"的会计平衡公式,表中左右两方总额相等。格式见图表 10 – 1。

图表 10 – 1

资产负债表

会企 01 表

编制单位: 年 月 日 单位:元

资产	年初余额	期末余额	负债和所有者权益（或股东权益）	年初余额	期末余额
流动资产:			流动负债:		
货币资金			短期借款		
交易性金融资产			交易性金融负债		
应收票据			应付票据		
应收账款			应付账款		
其他应收款			预收账款		
预付账款			应付职工薪酬		
应收利息			应交税费		
应收股利			应付利息		
存货			应付股利		
一年内非到期的流动资产			其他应付款		
其他流动资产			一年内到期的非流动负债		
流动资产合计			其他流动负债		
非流动资产:			流动负债合计		
可供出售的金融资产			非流动负债:		
持有至到期投资长期应收款			长期借款		
长期股权投资			应付债券		
投资性房地产			长期应付款		
固定资产			专项应付款		
在建工程			预计负债		
工程物资			递延所得税负债		
固定资产清理			其他非流动负债		
生产性生物资产			非流动负债合计		
油气资产			负债合计		

（续表）

资产	年初余额	期末余额	负债和所有者权益（或股东权益）	年初余额	期末余额
无形资产 开发支出 商誉 长期待摊费用 递延所得税资产 其他非流动资产 非流动资产合计			所有者权益（或股东权益）： 实收资本（或股本） 资本公积 减：库存股 盈余公积 未分配利润 所有者权益（或股东权益）合计		
资产总计			负债和所有者权益（或股东权益）总计		

补充资料：1.已贴现的商业承兑汇票_____元。

2.融资租入固定资产原价_____元。

（二）资产负债表的结构

资产负债表由表首、表身和表尾三部分组成。

表首是报表的标题，包括报表名称、编制单位、编制日期、报表编号和金额单位。

表身是报表的主体，它以"资产＝负债＋所有者权益"这一会计等式为基础，把资产与负债和所有者权益分为左右两方。

表尾主要包括附注资料及有关人员的签章。

（三）资产负债表的内容

1.资产。各类资产项目按其流动性强弱顺序排列，如：①流动资产；②固定资产；③无形资产及递延资产、递延税项。其中流动资产按变现能力强弱依次排列为：货币资金、短期投资、应收票据及存货等。

2.负债。各类负债按偿还期的长短顺序排列，如：①流动负债；②长期负债；③递延税款。其中流动负债项目按债期不超过一年的项目先后排列，如：短期借款、应付票据、应付账款等。

3.所有者权益。此类项目按其永久性程度高低排列，一般按实收资本、资本公积和未分配利润等项目分列。

三、资产负债表的编制方法

首先说明，我国资产负债表中的资产各项目均按历史成本计价，而不需要在编制资产负债表时，重新确认有关资产价值。年度资产负债表内各项目设有"年初余额"和"期末余额"两栏，以便于报表使用者了解一定时期内企业的资产、负债和所有者权益的变动情况及变动趋势。

（一）资产负债表"年初余额"栏各项数字,应根据上年末资产负债表"期末余额"栏内各项数字填列

如果本年度资产负债表规定的各个项目名称和内容同上年度不相一致,应对上年年末资产负债表各项目的名称和数字按照本年度规定进行调整,填入报表中的"年初数"栏内。

（二）资产负债表"期末余额"栏各项数据的一般填列方法

1. 根据总账账户余额直接填列。一般来说,资产类账户的期末余额在借方,因此在编制资产负债表时,这些项目直接根据总账账户的期末余额填列。资产负债表中的大部分项目,都可根据总账账户的期末余额直接填列。如:应收票据、应收股利、短期借款等。但某些项目如"固定资产清理"若出现贷方余额,则在编制资产负债表时,以" – "号填列。同样负债类账户的期末余额一般在贷方,但有些项目若期末出现借方余额,如"交易性金融资产"、"应交税费"、"其他应付款",则在编制资产负债表时,以" – "号填列。

2. 根据总账账户的余额计算填列。资产负债表中的某些项目,需要根据若干个总账账户的期末余额计算填列。如:"货币资金"、"存货"这类项目需要通过几个总账账户期末余额合并计算后方能填列。"货币资金"是"库存现金"、"银行存款"、"其他货币资金"的总称,因此,此项目应根据这三个总账账户的期末余额合并计算后填列;"存货"则应根据"在途物资"、"原材料"、"低值易耗品"、"自制半成品"、"库存商品"、"包装物"、"生产成本"等账户的余额合计数,减去"存货跌价准备"等账户期末余额后的金额后填列。若材料采用计划成本核算的,则还要加或减"材料成本差异"账户的期末余额后填列。

3. 根据明细账户余额分析填列。这主要是针对"应付账款"、"预付账款"和"应收账款"、"预收账款"四个项目。因为在企业实际核算中,当预付与预收业务不多时,可以不设"预付账款"和"预收账款"账户,而将预付和预收的款项分别计入"应付账款"账户借方和"应收账款"账户贷方。这时就不能单纯地以"应付账款"和"应收账款"的期末余额直接填列,而应分各个明细账户具体分析填列。如当"应收账款"和"预付账款"所属明细账户的期末余额为贷方时,应分别调整为"预收账款"和"应付账款"的贷方余额而填入相应项目;当"应付账款"、"预收账款"所属明细账户的期末余额为借方时,则分别调整为"预付账款"、"应收账款"的借方余额而填入相应项目。

4. 根据总账账户和明细账户余额分析填列。有些项目,既不能按总账账户余额直接或计算填列,也不能按明细账户余额直接或计算填列,而需要分析总账账户和明细账户余额后再计算填列。如:"长期借款"项目,就是根据"长期借款"期末余额减去"长期借款—— 一年内到期的长期借款"明细账户余额后填列。

5. 根据账户余额减去备抵或附加账户后的净额填列。如:"无形资产"项目,就是根据"无形资产"期末余额减去"无形资产减值准备"的净额填列。这类项目有"固定资产"、"在建工程"、"无形资产"、"长期股权投资"、"长期债权投资"、"应收账款"等。

(三)资产负债表编表举例

阳光工厂 12 月 31 日有关科目余额见图表 10 - 2。

图表 10 - 2

科目余额表

2006 年 12 月 31 日   单位:元

科 目 名 称	借方余额	科 目 名 称	贷方余额
库存现金	349	累计折旧	51 100
银行存款	198 753	短期借款	80 000
应收账款		应付账款	3 000
应收票据		应付职工薪酬	1 680
应收股利		应交税费	19 754
应收利息		应付利息	880
其他应收款	560	实收资本	360 000
原材料	83 500	本年利润	67 110
生产成本	61 012	盈余公积	22 277
制造费用		利润分配	24 823
产成品	42 010		
固定资产	225 000		
所得税	19 440		
合　计	630 624	合　计	630 624

另外,该企业融资租入固定资产账面余额为 10 000 元;贴现的商业承兑汇票账面价值为 5 000 元。

根据上述所给资料,编制该企业 2006 年 12 月 31 日的资产负债表,见图表 10 - 3。

图表 10 - 3

资 产 负 债 表

会企 01 表

编制单位:阳光工厂　　　　　　　　2006 年 12 月 31 日　　　　　　　　　　单位:元

资产	期末余额	年初余额	负债和所有者权益(或股东权益)	期末余额	年初余额
流动资产:			流动负债:		
货币资金	199 102		短期借款	80 000	
交易性金融资产			交易性金融负债		
应收票据			应付票据		
应收账款			应付账款	3 000	
其他应收款	560		预收账款		
预付账款			应付职工薪酬	1 680	
应收利息			应交税费	19 754	
应收股利			应付利息	880	
存货	186 522		应付股利		
一年内非到期的流动资产			其他应付款		
其他流动资产			一年内到期的非流动负债		
流动资产合计	386 184		其他流动负债		
非流动资产:			流动负债合计	105 314	
可供出售金融资产			非流动负债:		
持有至到期投资长期应收款			长期借款		
			应付债券		
长期股权投资			长期应付款		
投资性房地产			专项应付款		
固定资产	173 900		预计负债		
在建工程			递延所得税负债		
工程物资			其他非流动负债		
固定资产清理			非流动负债合计		
生产性生物资产			负债合计	105 314	
油气资产			所有者权益(或股东权益):		
无形资产					
开发支出			实收资本(或股本)	360 000	
商誉			资本公积		
长期待摊费用			减:库存股		
递延所得税资产			盈余公积	22 277	
其他非流动资产			未分配利润	72 493	
非流动资产合计	173 900		所有者权益(或股东权益)合计	454 770	
资产总计	560 084		负债和所有者权益(或股东权益)总计	560 084	

补充资料:1. 已贴现的商业承兑汇票 <u>5 000</u> 元。

　　　　2. 融资租入固定资产原价 <u>10 000</u> 元。

第三节 利 润 表

一、利润表的概念和意义

利润表是总括反映企业一定时期(年度、季度、月份)生产经营成果的会计报表。对外报送,是企业的动态报表。该表把一定时期的全部收入(包括营业收入、投资收益和营业外收入)与全部支出(包括营业成本、销售费用、管理费用、财务费用、营业外支出)进行配比,计算出企业一定时期的利润总额,再扣除所得税费,计算出净利润。

利润表呈现的收入和费用等情况,能够反映企业一定时期的生产经营成果,考核企业利润计划完成情况,分析利润构成、利润形成过程和利润增减变动原因及发展趋势等;有助于发现经营过程中存在的问题,采取改进措施,不断提高企业盈利水平;还可以通过分析企业获利能力,预测企业未来的盈利前景。

二、利润表的格式、结构和内容

(一)利润表的格式

利润表的格式一般采用"多步式",是将当期收入和支出按一定的利润组成内容先后顺序排列,分解为多个步骤计算出利润总额和净利润。

(二)多步式利润表的结构

利润表由表首、正表两部分组成。其结构和内容见图表10-4。

表首有报表名称、编制单位、编报时期、报表编号和金额单位。

正表部分为多步式格式。

利润计算有以下三个步骤:

1.营业利润。营业利润=营业收入-营业成本-营业税金及附加-销售费用-管理费用-财务费用-资产减值损失+公允价值变动收益(-公允价值变动损失)+投资收益(-投资损失)。

2.利润总额。利润总额=营业利润+营业外收入-营业外支出+补贴收入。

3.净利润。净利润=利润总额-所得税。

其中:营业收入=主营业务收入+其他业务收入

营业成本=主营业务成本+其他业务成本

图表 10－4

利 润 表

编制单位：　　　　　　　　年　月　日　　　　　　　　　　单位:元

项　　　目	本期金额	上期金额
一、营业收入		
减:营业成本		
营业税金及附加		
销售费用		
管理费用		
财务费用		
资产减值损失		
加:公允价值变动收益(损失以"－"号填列)		
投资收益(损失以"－"号填列)		
其中:对联营企业和合营企业的投资收益		
二、营业利润(亏损以"－"号填列)		
加:营业外收入		
减:营业外支出		
其中:非流动资产处置损失		
三、利润总额(亏损总额以"－"号填列)		
减:所得税费用		
四、净利润(净亏损以"－"号填列)		
五、每股收益		
(一)基本每股收益		
(二)稀释每股收益		

三、利润表的编制方法

利润表中有两栏数据,即"本期金额"栏和"上期金额"栏。"本期金额"栏反映各项目本期实际发生数,"上期金额"栏反映各项目上年度实际发生数。在编制年度利润表时,如果上年利润表项目的名称和内容与本年度利润表不一致,应对上年度报表项目名称和数据按本年的规定进行调整,并按调整后数据填列在报表的"上期金额"栏。

利润表"本期金额"栏的各项目,根据该月某账户的发生额分析填列。利润表编制举例见图表 10－6。

图表 10－5

某企业 2006 年 9 月末有关收入、成本、费用账户的发生额如下表：

账 户 名 称	借方发生额	账 户 名 称	贷方发生额
主营业务成本	375 000	主营业务收入	6 250 000
营业税金及附加	1 000	营业外收入	25 000
销售费用	10 000	投资收益	15 750
管理费用	78 550		
财务费用	20 750		
资产减值损失	15 450		
营业外支出	9 850		
所得税	56 298		

图表 10－6

利 润 表

编制单位：某企业　　　　　　　　2006 年 9 月 30 日　　　　　　　　单位：元

项　　　目	本期金额	上期金额
一、营业收入	625 000	
减：营业成本	375 000	
营业税金及附加	1 000	
销售费用	10 000	
管理费用	78 550	
财务费用	20 750	
资产减值损失	15 450	
加：公允价值变动收益(损失以"－"号填列)	0	
投资收益(损失以"－"号填列)	15 750	
其中：对联营企业和合营企业的投资收益	0	
二、营业利润(亏损以"－"号填列)	140 000	
加：营业外收入	25 000	
减：营业外支出	9 850	
其中：非流动资产处置损失	(略)	
三、利润总额(亏损总额以"－"号填列)	155 150	
减：所得税费用	56 298	
四、净利润(净亏损以"－"号填列)	98 852	
五、每股收益		
(一)基本每股收益		
(二)稀释每股收益		

第四节 现金流量表

一、现金流量表的概念

现金流量表是反映企业一定会计期间内现金和现金等价物流入和流出情况的会计报表，以现金为基础编制。现金流量表的"现金"是指库存现金、银行存款、其他货币资金以及现金等价物。

企业在一定会计期间内的现金和现金等价物流入和流出是由多种原因形成的。如购买材料、上缴税金、支付职工工资等付出现金，这时会发生现金流出；接受货币资金投资、销售产品收取货款、取得转让无形资产收入等，这时会发生现金流入。编制现金流量表要对企业各种经济业务发生的现金和现金等价物的流入和流出量进行分类，通常按经济业务性质，将企业在一定会计期间内的现金流量分为三类：

(一)经营活动产生的现金流量

经营活动是指企业投资活动和筹资活动以外的所有交易和事项。通过经营活动中的现金流入和流出量，可以说明企业经营活动对现金流入和流出量净额的影响。

(二)投资活动产生的现金流量

投资活动是指企业长期资产(包括固定资产、无形资产和其他长期资产)的购建和处置，以及不包括在现金等价物内的投资购买和处置。通过投资活动中的现金流入和流出量，可以反映企业投资获取现金流量的能力以及投资活动对现金流入和流出量净额的影响。

(三)筹资活动产生的现金流量

筹资活动是指导致企业投资者权益、债务规模及构成发生变化的活动。通过筹资活动中的现金流入和流出量，可以反映企业筹资获取现金流量的能力以及筹资活动对现金流入和流出量净额的影响。

二、现金流量表的作用

1.现金流量表可以提供企业的现金流量信息，以便对企业的整体财务状况作出客观评价。

2.通过现金流量，不仅可以了解企业目前的财务状况，还可以预测企业未来的发展状况。

3.编制现金流量表,便于和国际惯例相协调。可以说,现金流量表是一种全面反映企业一定会计期间内经营活动、投资活动和筹资活动情况的会计报表,为会计报表使用者提供企业一定会计期间内现金和现金等价物流入和流出的动态信息,以便报表使用者了解和评价企业的偿债能力和支付股利能力,分析企业投资和理财活动对经营成果和财务状况的影响,并据以预测企业获取现金的能力。

三、现金流量表的编制

(一)现金流量表的格式

现金流量表按经济业务性质,将企业在一定会计期间内的现金流量分为经营活动、投资活动和筹资活动产生的现金流量三类,格式见图表10－7。

图表 10－7

现金流量表

编制单位：　　　　　　　　　　　年度　　　　　　　　　　　单位:元

项　目	行　次	金　　额
一、经营活动产生的现金流量		
销售产品,提供劳务收到的现金		
收到的税费返还		
收到的其他与经营活动有关的现金		
现金收入小计		
购买商品、接受劳务支付的现金		
支付给职工以及为职工支付的现金		
支付的各种税费		
支付的其他与经营活动有关的现金		
现金支出小计		
经营活动产生现金流量净额		
二、投资活动产生的现金流量		
收回投资所收到的现金		
分得股利或利润所收到的现金		
处理固定资产等长期资产而收回的现金净额		
现金收入小计		
构建固定资产等长期资产所支付的现金		
现金支出小计		
投资活动产生的现金流量净额		
三、筹资活动产生的现金流量		
吸收投资所收到的现金		
借款所收到的现金		

收到的其他与筹资活动有关的现金		
现金收入小计		
偿还债务所支付的现金		
分配股利、利润和偿付利息所支付的现金		
现金支出小计		
筹资活动产生现金流量净额		
四、汇率变动对现金的影响		
五、现金及现金等价物净增加额		
加：期初现金及现金等价物余额		
六、期末现金及现金等价物余额		

(二)现金流量表的编制基础

现金流量表是以现金为基础编制的,这里的现金是指企业的库存现金、银行存款、其他货币资金以及现金等价物。具体包括：

1.库存现金。库存现金是指企业持有可以随时用于支付的现金限额,与会计核算中"库存现金"账户包括的内容是一致的。

2.银行存款。银行存款是指企业存放在银行或其他金融机构可以随时用于支付的存款,与会计核算中"银行存款"账户包括的内容基本一致。不同之处在于,如果企业有存放在银行或其他金融机构不能随时用于支付的存款,例如不能随时支取的定期存款,不作为现金流量表中的现金,而提前通知银行或其他金融机构可以随时支取的定期存款,则作为现金流量表中的现金。

3.其他货币资金。其他货币资金是指企业存放在银行或其他金融机构具有特定用途的资金,或在途中尚未收到的资金,如外埠存款、银行汇票存款、银行本票存款、信用证存款、信用卡存款、在途货币资金。

4.现金等价物。现金等价物是指企业持有的期限短、流动性强、易于转换为已知金额的现金、价值变动风险很小的投资。现金等价物的主要特点是流动性强,通常是指在3个月或更短时间就到期或可以转换为现金的投资。

(三)现金流量表的编制方法

在编制现金流量表时,可以采用工作底稿法或T形账户法,也可以根据有关账户记录分析填列。

工作底稿法,就是设计一张工作底稿,将资产、负债以及所有者权益的期初余额过入工作底稿;根据发生的经济事项编制有关调整分录,再过入工作底稿,并结出资产、负债以及所有者权益的期末余额。根据对编制的调整分录分析,编制出现金流量表。

采用T形账户法,就是以T形账户为手段,将企业一定会计期间涉及现金流量的所有业务,按编制要求在 T 形账户中予以反映出来,并通过分析每一项业务,编制出现金流量表。

有关现金流量表的具体编制过程,请参阅《财务会计》教材,本课程不再介绍。

思考与练习

一、名词解释

财务会计报告　　资产负债表　　利润表　　现金流量表

二、判断题

1. 我国资产负债表采用账户式结构,利润表采用多步式结构。(　)

2. 我国资产负债表内有关资产的排列顺序依次是流动资产、长期投资、固定资产、无形资产和其他长期资产。(　)

3. 资产负债表左方反映资产,右方反映负债,左右两边的金额应相等。(　)

4. 在资产负债表中,“应收账款”项目应根据“应收账款”账户所属明细账户的借方余额合计填列。如果“预付账款”账户所属明细账户有借方余额的,也应包括在本账户内。(　)

三、单项选择题

1. 反映企业一定时期经营成果的报表是(　)。
A. 利润表
B. 资产负债表
C. 财务状况变动表
D. 现金流量表

2. 某企业 2006 年实现净利润 250 万元。当年提取盈余公积金 50 万元,其中,提取公益金 25 万元;应向投资者分配利润 180 万元。至上年末累计未分配利润 50 万元。问该企业 2004 年末累计未分配利润为(　)。
A. 20 万元
B. 45 万元
C. 70 万元
D. 250 万元

3. 下列选项中,属于静态报表的是(　)。
A. 资产负债表
B. 利润表
C. 制造费用表
D. 管理费用表

4. 资产负债表项目中,需根据若干个总账账户余额相减计算填列的是(　)项目。
A. 短期投资
B. 固定资产净值
C. 货币资金
D. 其他应收款

5.资产负债表中资产项目的排列顺序是(　　)。

A.相关性大小　　　　　　　　B.重要性大小

C.可比性大小　　　　　　　　D.流动性大小

四、多项选择题

1.会计报表按其反映的经济内容分为(　　)。

A.反映财务成果的报表　　　　B.反映财务状况及其变动的报表

C.反映成本、费用的报表　　　　D.动态会计报表

E.静态会计报表

2.下列会计报表中,(　　)为月度报表。

A.资产负债表　　　　　　　　B.科目汇总表

C.利润表　　　　　　　　　　D.财务状况变动表

E.利润分配表

3.利润表主要提供下列资料(　　)。

A.企业一定时期内取得的全部收入和收益

B.企业一定时期发生的全部费用和支出

C.其他业务利润

D.应交税金和已交税金

E.对外投资总额

4.资产负债表中,下列(　　)项目须根据有关总账的余额加、减计算填列。

A.货币资金　　　　　　　　　B.应交税费

C.存货　　　　　　　　　　　D.未分配利润

E.资本公积

5.利润分配表是根据(　　)填列。

A."本年利润"账户期末余额　　　B."利润分配"账户期末余额

C."利润分配"账户借方、贷方发生额　D."利润分配"账户期初余额

E."本年利润"账户及"利润分配"账户的有关记录

6.会计报表附注的主要内容有(　　)。

A.采用的主要会计处理方法　　B.会计处理方法变更的情况、原因和影响

C.非经营性项目的说明　　　　D.会计报表重要项目的明细资料

E.会计处理核算程序

五、简答题

1.简述财务会计报告的组成。

2.会计报表的编制应遵循哪些基本要求?

3.如何编制利润表?描述多步式利润表的编制方法。

六、实务练习

(一)目的:练习利润表的编制

(二)资料:飞宇公司 2006 年 9 月利润表部分数据如下:

利 润 表

项 目	行次	本月数	本年累计数
一、营业收入		80 000	
减:营业成本		(A)	
营业税金及附加		2 000	
销售费用		7 000	
管理费用		4 000	
财务费用		2 000	
二、营业利润(亏损以"-"号填列)		42 000	
加:投资收益(损失以"-"号填列)		7 000	
减:计提资产减值准备		0	
非流动资产处置损失		0	
营业外支出		12 000	
营业外收入		18 000	
三、利润总额(亏损总额以"-"号填列)		(B)	
减:所得税费用		16 170	
四、净利润(净亏损以"-"号填列)		(C)	
五、每股收益			
(一)基本每股收益			
(二)稀释每股收益			

(三)要求:

1.完成飞宇公司 2006 年 10 月利润表的编制(空缺数字计算请列出计算过程,本年累计数略)。

2.编制会计分录,将当月发生的各项收入、费用结转至"本年利润"账户。

第十一章 会计核算程序

内容提要：

目前我国企事业单位主要采用三种基本的会计核算程序,即记账凭证会计核算程序、科目汇总表会计核算程序和汇总记账凭证会计核算程序。本章主要阐述会计核算程序的概念、基本要求;重点介绍上述三种会计核算程序的特点、核算流程、适用性及具体应用;认识彼此间的主要特点和区别。

第一节 会计核算程序概述及意义

一、会计核算程序的概念及意义

(一)会计核算程序的概念

会计核算程序也称会计核算组织形式,是指会计凭证、会计账簿、记账方法和记账程序有机结合的方法和步骤。具体来说是指对会计数据的记录、归类、汇总、呈报的步骤和方法。即从原始凭证的整理、汇总,记账凭证的填制、汇总,日记账、明细分类账、总分类账的登记,到会计报表编制的步骤和方法。也就是将原始凭证提供的个别财务数据变成分类账簿的数据所需采用的方法和步骤。

(二)会计核算程序的意义

从各单位实际经营情况出发,科学、合理地组织会计核算程序,能够简化核算,节省核算费用,提高会计核算质量和工作效率,充分发挥会计参与经济管理的职能。其重要意义主要有:

1.科学、合理地组织会计核算程序,可以规范会计核算工作,从而准确、及时地填制、传递会计凭证,登记账簿,编制会计报表,向会计信息使用者提供真实、可靠的会计信息,提高会计工作效率。

2.科学、合理地组织会计核算程序,可以减少会计凭证、会计账簿使用的数量和种类,节约会计核算工作的人力和物力,简化会计核算工作。

3.科学、合理地组织会计核算程序,便于会计人员分工、协作,明确各自责任,加强经济责任制。

4.科学、合理地组织会计核算程序,能够有效地对经济活动进行反映和监督,为企业经营决策提供及时、准确的会计信息,充分发挥会计的经济管理作用。

二、会计核算程序的共同模式要求及种类

1.各单位会计核算程序各有特点,但有着共同模式。会计核算程序的共同模式如下:

图表11-1:

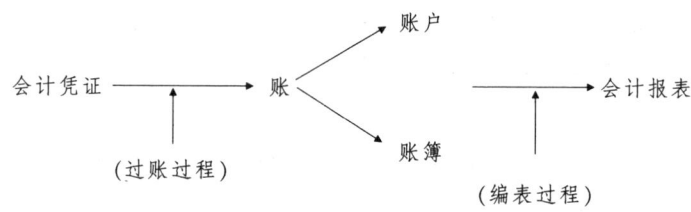

2.确定会计核算程序的要求。建立合理的会计核算程序,一般应符合以下四项基本要求:

(1)要与本单位的经济业务性质、规模大小、经济业务繁简程度和管理要求相适应,以保证会计核算工作的顺利进行。

(2)及时、准确、系统、全面地提供会计信息资料,以利于及时掌握企业的经营成果、财务状况以及现金流量,满足企业经营管理和国家宏观经济控制的需要。

(3)力求简化核算,节约会计核算工作的人力、物力,提高会计核算效率,并为逐步采用现代化核算工具提供必要条件。

(4)有利于建立会计工作岗位责任制,形成内部控制制度,有利于会计人员分工和协作。

3.依据我国会计核算工作的长期实践经验,目前采用的会计核算程序有以下几种:

(1)记账凭证会计核算程序。

(2)科目汇总表会计核算程序。

(3)汇总记账凭证会计核算程序。

(4)多栏式日记账会计核算程序。

(5)日记总账会计核算程序。

上列五种会计核算程序,都是在经济业务发生或完成后,依据原始凭证或原始凭证汇总表和记账凭证,登记日记账和明细分类账,最后依据账簿记录编制会计报表。

各种会计核算程序的根本区别,在于登记总账的依据和程序不同,记账凭证会计核算程序、科目汇总表会计核算程序和汇总记账凭证会计核算程序是三种基本的、常用的会计核算程序。

第二节　三种基本会计核算程序

一、记账凭证会计核算程序

记账凭证会计核算程序是会计中最基本的一种会计核算程序,它包括了会计核算程序的一般内容,其他各种会计核算程序基本上是在这种账务处理的基础上,随着经济管理发展的需要而形成的。

(一)记账凭证会计核算程序的特点

直接依据记账凭证逐笔登记总分类账。采用此种会计核算程序,一般设置现金日记账、银行存款日记账、总分类账和明细分类账。除明细分类账可依据需要采用三栏式、数量金额式或多栏式之外,其余日记账和总分类账一般采用三栏式。记账凭证可用通用记账凭证,也可同时用收、付、转专用记账凭证。

(二)记账凭证会计核算程序的优缺点和适用范围

1.优缺点。优点:由于直接依据记账凭证逐笔登记总分类账,不需要对总分类账进行汇总,因此,总分类账能比较具体地反映各项经济业务,便于了解经济业务动态,会计凭证和账簿格式及会计核算程序简单明了,易于理解和掌握账户的对应关系,便于查账。

缺点:由于直接依据记账凭证逐笔登记总分类账,因此,登记总分类账的工作量比较大。

2.适用范围:此种会计核算程序适宜于规模较小、经济业务量较少且记账凭证不多的单位。

此会计核算程序特别适宜于计算机处理。因为利用计算机可以弥补工作量大的缺点。同时在手工记账下,为了减少记账凭证数量和登记总账工作量,可以尽量将同类经济业务原始凭证进行汇总,编制汇总原始凭证,再依据汇总原始凭证编制记账凭证。

(三)记账凭证会计核算程序的核算步骤

1.依据原始凭证或原始凭证汇总表按不同的经济业务类型分别填制收款凭证、付款凭证和转账凭证。

2. 依据现金收、付款凭证逐笔序时登记现金日记账;依据银行存款收、付款凭证及其所附的银行结算凭证逐笔序时登记银行存款日记账。

3. 依据记账凭证及所附的原始凭证(或原始凭证汇总表)逐笔登记各有关的明细分类账。

4. 依据各种记账凭证逐笔登记总分类账。

5. 依据对账的具体要求,将现金日记账、银行存款日记账和各种明细分类账定期与总分类账相互核对。

6. 期末,依据总分类账和明细分类账的有关资料编制会计报表。

记账凭证会计核算程序的基本过程如下图表11 – 2:

图表11 – 2:

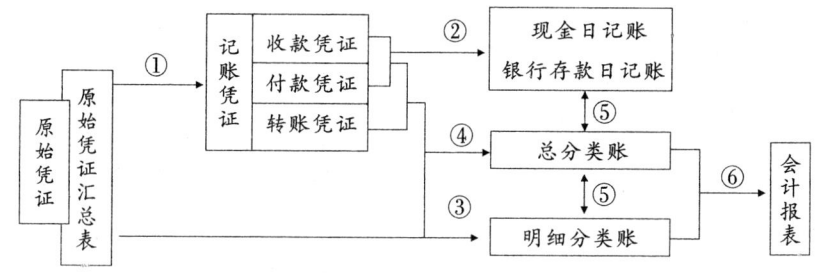

二、科目汇总表会计核算程序

科目汇总表会计核算程序,是根据原始凭证或原始凭证汇总表填制专用记账凭证,然后将专用记账凭证进行汇总,编制出科目汇总表,再根据科目汇总表登记总分类账的一种会计核算程序。它是在记账凭证会计核算程序的基础上形成的。

(一)科目汇总表会计核算程序的特点

这种会计核算程序的主要特点是先依据记账凭证定期编制科目汇总表(记账凭证汇总表),然后再依据科目汇总表登记总分类账。采用此种会计核算程序,凭证采用收、付、转三种专用记账凭证。这种会计核算程序定期将所有记账凭证汇总编制成科目汇总表,然后再依据科目汇总表登记总分类账。设置的账簿有三栏式现金和银行存款日记账以及按每一总账科目开设的三栏式总分类账,明细分类账可依据需要采用多栏式、三栏式和数量金额式。因此,采用这种会计核算程序除增加了科目汇总表之外,其他凭证、账簿及会计报表的设置,与记账凭证会计核算程序是相同的。

（二）科目汇总表会计核算程序的优缺点和适用范围

1. 优点。由于这种会计核算程序是依据科目汇总表登记总分类账,大大减少了登记总账的工作量。可以利用科目汇总表进行试算平衡,从而能及时发现记账中的错误,并及时加以纠正,确保了会计核算资料的有效性。因为科目汇总表的编制比较简单,所以这种会计核算程序便于掌握运用。

2. 缺点:由于这种会计核算程序是依据科目汇总表登记总分类账,而科目汇总表和总分类账中,不反映账户的对应关系,因而总账不能反映经济业务的来龙去脉,不便查对账目。如果发生账目的漏记、重记,则比较难以查找。

3. 适用范围。一般适用于经营规模较大,经济业务较多,凭证数量大的单位。

（三）科目汇总表的编制

将一定时期的记账凭证所包括的会计科目,按总分类账上科目排列的顺序填列在科目汇总表内;将这一时期的记账凭证的各会计科目的借、贷方发生额合计数准确地计算出来,填列在科目汇总表内;再将所有的会计科目借、贷方发生额合计数进行试算平衡,之后,根据检查无误的科目汇总表登记总分类账。科目汇总表汇总的时间不宜过长,业务量多的单位可每天汇总一次,一般间隔期为 5 至 10 天,以便对发生额进行试算平衡,及时了解资金运动情况。见图表 11 – 3。

图表 11 – 1

凭证	号至　　号	张
凭证	号至　　号	张
凭证	号至　　号	张

科 目 汇 总 表
年　月　日至　日

会 计 科 目	本 期 发 生 额			
	借方发生额	总账页数	贷方发生额	总账页数
合　　计				

会计主管　　　　记账　　　　审核　　　　制单

(四)科目汇总表会计核算程序的步骤

1.依据原始凭证或原始凭证汇总表编制收款凭证、付款凭证和转账凭证。

2.依据现金收、付款凭证逐笔登记现金日记账;依据银行存款收、付款凭证及其所附的银行结算凭证逐笔登记银行存款日记账。

3.依据收款凭证、付款凭证和转账凭证及所附的原始凭证(或原始凭证汇总表)逐笔登记各有关的明细分类账。

4.依据收款凭证、付款凭证和转账凭证编制科目汇总表。

5.依据科目汇总表登记总分类账。

6.依据对账具体要求,月末,将现金日记账、银行存款日记账和各种明细分类账与总分类账相互核对。

7.月末,依据总分类账和明细分类账的有关资料编制会计报表。

该种会计核算程序的基本流程如下图表 11 – 4:

图表 11 – 4

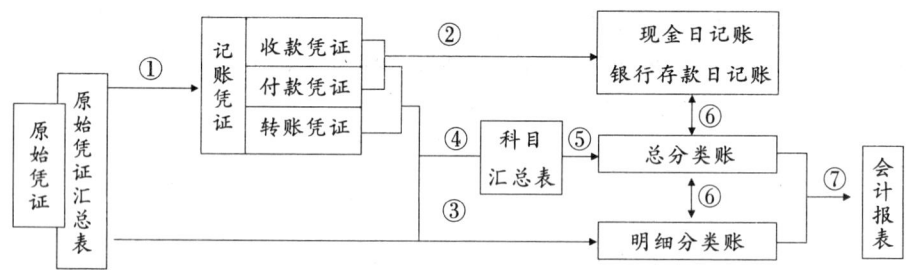

三、汇总记账凭证会计核算程序

汇总记账凭证会计核算程序,是从记账凭证会计核算程序发展演变而来的,是依据汇总记账凭证登记总分类账的一种会计核算程序。

(一)汇总记账凭证会计核算程序的主要特点

汇总记账凭证会计核算程序的特点是定期编制汇总收款、汇总付款和汇总转账凭证,依据汇总记账凭证登记总分类账。采用汇总记账凭证会计核算程序,现金日记账、银行存款日记账和总分类账采用三栏式,明细分类账依据需要可采用不同格式。汇总记账凭证的格式受记账凭证格式的影响,既可使用一种统一的汇总凭证,也可使用汇总收款凭证、汇总付款凭证和汇总转账凭证。

(二)汇总记账凭证会计核算程序的优缺点和适用范围

1.优点。采用汇总记账凭证会计核算程序,由于总分类账是依据汇总记账凭证登记的,因此简化了登记总分类账的工作,减少了登记总账的工作量。同时,收款凭证以借方科目为主,按照对应的贷方科目进行汇总,付款凭证和转账凭证以贷方科目为主,按照对应的借方科目进行汇总,使凭证的整理归类工作比较简便,并能保证数字正确无误,而且能了解经济业务的来龙去脉。

2.缺点。由于对记账凭证的汇总是按有关的借方或贷方科目进行的,而不是按经济业务的性质归类的,因此,不便于会计核算的分工。

3.适用范围。这种会计核算程序一般适用于规模较大,业务多的单位。

(三)汇总记账凭证会计核算程序的步骤

1.依据原始凭证或原始凭证汇总表编制收款凭证、付款凭证和转账凭证。

2.依据现金收、付款凭证逐笔登记现金日记账;依据银行存款收、付款凭证及其所附的银行结算凭证逐笔登记银行存款日记账。

3.依据收款凭证、付款凭证和转账凭证及所附的原始凭证(或原始凭证汇总表)逐笔登记各有关的明细分类账。

4.依据收款凭证、付款凭证和转账凭证编制汇总记账凭证。

5.依据汇总记账凭证登记总分类账。

6.依据对账的具体要求,月末,将现金日记账、银行存款日记账和各种明细分类账与总分类账相互核对。

7.月末,依据总分类账和明细分类账的有关资料编制会计报表。

该种会计核算程序的基本流程如下图表 11 – 5:

图表 11 – 5

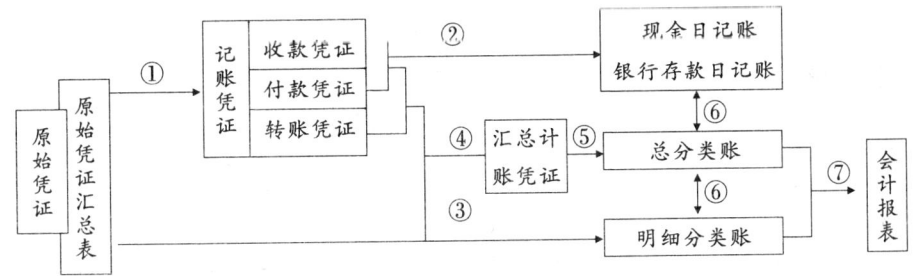

(四)汇总记账凭证编制应注意的问题

在汇总记账凭证会计核算程序下,关键是编制汇总记账凭证。为了便于编制汇总

记账凭证,必须注意以下几点:

1.汇总收款凭证,应按"现金"和"银行存款"账户的借方设置,并按相应的贷方科目归类汇总。汇总付款凭证,应按"现金"和"银行存款"账户的贷方设置,并按相应的借方科目归类汇总。

2.在编制时,应当注意对现金和银行存款之间相互划转的业务,如果同时填制收款、付款凭证的,应以付款凭证为据。例如:以现金存入银行,应依据现金付款凭证编制;从银行提取现金,应依据银行存款付款凭证编制。

3.汇总收款凭证和汇总付款凭证都要定期(一般为每隔5天或10天)填列,每月填制一张。月终,依据现金、银行存款汇总收款凭证的合计数,分别记入总分类账户现金和银行存款账户的借方,以及各个对应账户的贷方;依据现金、银行存款汇总付款凭证的合计数,分别记入总分类账户现金、银行存款账户的贷方,以及各个对应账户的借方。

4.汇总转账凭证,在习惯上一般都按每一科目的贷方分别设置,并依据转账凭证汇总其对应的借方科目。汇总转账凭证定期汇总填列一次,每月填制一张。

为了便于填制汇总转账凭证,一般平时填制转账凭证时只能一贷多借,不能一借多贷。月终,依据汇总转账凭证的合计数分别记入总分类账中各个借方账户的借方以及该汇总凭证所列贷方账户的贷方。如果在月份内某一贷方科目的转账凭证为数不多时,也可不编制汇总转账凭证,直接依据转账凭证记入总分类账。

思考与练习

一、名词解释

会计核算程序　记账凭证会计核算程序　汇总收款凭证　汇总付款凭证　汇总记账凭证　科目汇总表会计核算程序　汇总记账凭证会计核算程序

二、判断题

1.记账凭证会计核算程序是其他会计核算程序的基础。(　)

2.各种账簿都要直接根据记账凭证登记。(　)

3.记账凭证会计核算程序是适合于任何一种企业的会计核算程序。(　)

4.所有的会计核算程序,第一步都是必须将全部原始凭证汇总编制为汇总原始凭证。(　)

5.汇总记账凭证必须按月填制,每月填写一次。(　)

6.采用科目汇总表会计核算程序,总分类账和明细分类账以及日记账都应该根据

科目汇总表登记。( )

三、多项选择题

1.在汇总记账凭证会计核算程序下,总分类账根据( )登记。

A.记账凭证　　B.记账凭证汇总表　　C.汇总收款凭证　　D.汇总付款凭证

E.汇总转账凭证

2.科目汇总表应当( )。

A.按每一账户借方设置　　B.按每一账户贷方设置　　C.根据需要定期编制

D.按每一账户分别借方、贷方设置　　E.按相同账户分别借方、贷方归类汇总

3.选择哪种会计核算程序,需要考虑的因素是( )。

A.企业规模大小　　　　　　B.经济业务繁简

C.企业所有制性质　　　　　D.节约核算费用

E.在满足信息使用者需要的基础上,正确、及时、完整地提供信息

4.科目汇总表会计核算程序的优点是( )。

A.能反映账户的对应关系　　B.简化总分类账的登记工作

C.有利于会计分工　　　　　D.科目汇总表编制方便

E.可以进行试算平衡

5.汇总记账凭证会计核算程序与科目汇总表会计核算程序的主要区别是( )。

A.汇总凭证的格式不同　　　　　B.汇总凭证的编制方法不同

C.登记总分类账的依据不同　　　D.凭证汇总和记账步骤不同

E.日记账和明细账的登记依据不同

6.各种会计核算程序的相同之处是( )。

A.根据原始凭证编制原始凭证汇总表

B.根据原始凭证、原始凭证汇总表编制记账凭证

C.根据收付款凭证逐笔登记现金日记账和银行存款日记账

D.根据原始凭证、原始凭证汇总表及有关记账凭证逐笔登记各种明细分类账

E.根据核对无误的总分类账及各明细分类账的记录编制会计报表

四、简答题

1.什么是会计核算程序? 简述会计核算程序包括哪些基本内容。

2.简述记账凭证会计核算程序的特点、核算程序、优缺点和适用范围。

3.简述科目汇总表会计核算程序的特点、核算程序、优缺点和适用范围。

4.简述汇总记账凭证会计核算程序的特点、核算程序、优缺点和适用范围。

第十二章　会计档案、会计法律制度及会计职业道德

内容提要：

本章阐述了会计档案、会计法律制度及会计职业道德的概念、基本内容。重点介绍了会计档案的内容、保管，会计法律制度的构成，会计工作的管理部门，会计机构和人员的管理，会计监督的体系，以及会计职业道德的主要内容。

第一节　会　计　档　案

会计档案是国家档案的重要组成部分，也是各单位的重要档案。它是对一个单位经济业务活动的记录和反映，同时为国家的宏观经济管理提供重要的信息资料。

一、会计档案的概念和内容

（一）会计档案的概念

会计档案是指会计凭证、会计账簿和会计报表等会计核算专业材料，是记录和反映经济业务的重要史料和证据，是国家档案的重要组成部分，也是各单位的重要档案之一。各单位必须建立和健全会计档案的立卷、归档、保管、调阅和销毁等管理制度。

（二）会计档案的内容

1.会计凭证。主要有原始凭证、记账凭证、汇总凭证和其他会计凭证。
2.会计账簿。主要有总账、明细账、日记账、固定资产卡片等。
3.财务会计报告。主要有月度、季度、年度账务报告等。
4.其他会计资料。包括银行存款余额调节表、银行对账单、其他应当保存的会计核算专业资料、会计档案移交清册、会计档案保管清册、会计档案销毁清册等。

二、会计档案的归档保管

(一)各单位每年形成的会计档案,都应由会计机构按照归档的要求,负责整理立卷,装订成册,编制会计档案保管清册

当年形成的会计档案,在会计年度终了后,可暂由本单位会计机构保管1年。期满之后,应由会计机构编制移交清册,移交本单位的档案机构统一保管;未设立档案机构的,应当在会计机构内部指定专人保管。

移交本单位档案机构保管的会计档案,原则上应当保持原卷册的封装。个别需要拆封重新整理的,档案机构应当会同会计机构和经办人员共同拆封整理,以分清责任。

(二)会计档案的保管期限

会计档案的保管期限分为永久和定期两类。

会计档案保管清册和会计档案销毁清册保管期限为永久。

定期保管期限分为3年、5年、10年、15年、25年五类。

会计档案中,月、季财务会计报告的保管期为3年;固定资产卡片、银行存款余额调节表和银行对账单的保管期为5年;各种凭证、总账、明细账、辅助账簿和会计档案移交清册的保管期为15年;现金和银行存款日记账的保管期为25年。

会计档案的保管期限,从会计年度终了后的第一天算起。各类会计档案的具体保管期限按照《会计档案管理办法》的规定执行。

三、会计档案的查阅和销毁

(一)会计档案的查阅

各单位保存的会计档案不得借出。如有特殊需要,经本单位负责人批准,可以提供查阅或者复制,并办理登记手续。查阅或者复制会计档案的人员,严禁在会计档案上涂画、拆封和抽换。

(二)会计档案的销毁

会计档案保管期满需要销毁的,由本单位档案机构提出销毁意见,编制会计档案销毁清册。单位负责人应当在会计档案销毁清册上签署意见。销毁会计档案时,应由单位档案机构和会计机构共同派员监销。监销人在销毁会计档案前,应当按照会计档案销毁清册所列内容清点核对所要销毁的会计档案;销毁后,应当在销毁清册上签名盖章,并将监销情况报告本单位负责人。对于保管期满但未结清的债权债务原始凭证和涉及其他未了事项的原始凭证,不得销毁,应单独抽出立卷,由档案部门保管到未了

事项完结时为止。单独抽出立卷的会计档案应当在会计档案销毁清册和会计档案保管清册中列明。

第二节 会计法律制度

会计法律制度是调整会计关系的法律规范。会计关系是会计机构和会计人员在办理会计事务过程中以及国家在管理会计工作过程中发生的经济关系。为了保证会计工作的有序进行,国家通过制定一系列的会计法律制度,调整和规范各种会计方面的关系。

一、会计法律制度的构成

会计法律制度是指国家权利机关和行政机关制定的各种有关会计工作的规范性文件的总称。

1. 会计法律。会计法律是指由全国人民代表大会及其常委会经过一定立法程序制定的有关会计工作的法律。例如 1999 年 10 月 31 日九届全国人大常委会第十二次会议修订通过的《会计法》。

2. 会计行政法规。会计行政法规是指由国务院制定并发布,或者国务院有关部门拟订并经国务院批准发布,调整经济生活中某些方面会计关系的法律规范。例如国务院发布的《总会计师条例》。

3. 会计部门规章。会计部门规章是指国务院财政部门根据《会计法》制定的关于会计核算、会计监督、会计机构和会计人员以及会计工作管理方面的规定、办法、细则、通知、制度等规范性文件。例如 2006 年 2 月 15 日财政部发布的《企业会计准则》、2001 年 2 月 20 日财政部第 10 号令发布的《财政部门实施会计监督办法》、财政部与国家档案局联合发布的《会计档案管理办法》等。

4. 地方性会计法规。地方性会计法规是指省、自治区、直辖市人民代表大会及其常委会在与会计法律、会计行政法规不相抵触的前提下制定的地方性会计法规。

二、会计工作管理体制

会计工作管理体制是划分会计管理工作职责权限关系的制度,具体包括会计工作管理组织形式、管理权限划分、管理机构设置等内容。

(一)会计工作的主管部门

国务院财政部门主管全国的会计工作,县级以上地方各级人民政府财政部门管理本行政区域内的会计工作。

（二）会计制度的制定权限

国家统一的会计制度由国务院财政部门根据《会计法》制定并公布。国务院有关部门对会计核算和会计监督有特殊要求的行业,依照《会计法》和国家统一的会计制度制定具体办法或者补充规定,报国务院财政部门审核批准。中国人民解放军总后勤部可以依照《会计法》和国家统一的会计制度制定军队实施国家统一的会计制度的具体办法,报国务院财政部门备案。

（三）会计人员的管理

1. 从事会计工作的人员,必须取得会计从业资格证书。担任单位会计机构负责人(会计主管人员)的,除取得会计从业资格证书外,还应当具备会计师以上专业技术职务资格或从事会计工作3年以上经历。

2. 财政部门负责会计从业资格管理、会计专业技术职务资格管理、会计人员评优表彰奖惩,以及会计人员继续教育等。

（四）单位内部的会计工作管理

单位负责人负责单位内部的会计工作管理,应当保证会计机构、会计人员依法履行职责,不得授意、指使、强令会计机构和会计人员违法办理会计事项,对本单位的会计工作和会计资料的真实性、完整性负责。单位负责人是指单位法定代表人或者法律、行政法规规定代表单位行使职权的主要负责人。

三、会计监督

会计监督是会计基本职能之一,是我国经济监督体系的重要组成部分。加强会计监督,最有效的措施是建立会计监督体系。《会计法》规定了我国三位一体的会计监督体系:单位内部会计监督、政府监督和社会监督。

（一）单位内部会计监督

1. 单位内部会计监督的概念。单位内部会计监督是指为了保护单位资产的安全、完整,保证其经营活动符合国家法律、法规和内部有关管理制度,提高经营管理水平和效率,而在单位内部采取的一系列相互制约、相互监督的制度和方法。

2. 单位内部会计监督的主体和对象。内部会计监督的主体是各单位的会计机构和会计人员。内部会计监督的对象是单位的经济活动。

3. 单位内部会计监督制度的基本要求。各单位应当建立、健全本单位内部会计监督制度和内部控制制度。单位内部会计监督制度应当符合以下要求:

（1）记账人员与经济业务事项或会计事项的审批人员、经办人员、财物保管人员的职责权限应当明确,并相互分离、相互制约。

(2)重大对外投资、资产处置、资金调度和其他重要经济业务事项的决策和执行的相互监督、相互制约的程序应当明确。

(3)财产清查的范围、期限和组织程序应当明确。

(4)对会计资料定期进行内部审计的办法和程序应当明确。

4.会计机构和会计人员在单位内部会计监督中的职权。

(1)对违反《会计法》和国家统一的会计制度规定的会计事项,有权拒绝办理或者按照职权予以纠正。

(2)发现会计账簿记录与实物、款项及有关资料不相符的,按照国家统一的会计制度的规定有权自行处理的,应当及时处理;无权处理的,应当立即向单位负责人报告,请求查明原因,作出处理。

(二)会计工作的政府监督

1.会计工作的政府监督的概念。会计工作的政府监督主要是指财政部门代表国家对单位和单位中相关人员的会计行为实施的监督检查,以及对发现的违法会计行为实施的行政处罚,是一种外部监督。

2.会计工作的政府监督主体。县级以上人民政府财政部门为各单位会计工作的监督检查部门,对各单位会计工作行使监督权,对违法会计行为实施行政处罚。审计、税务、人民银行、证券监管、保险监管等部门依照有关法律、行政法规规定的职责和权限,可以对有关单位的会计资料实施监督检查。例如《税收征收管理法》规定,税务机关有权检查纳税人的账簿、记账凭证、报表和有关资料。

3.财政部门实施会计监督的对象和范围。财政部门实施会计监督检查的对象是会计行为,并对发现的有违法会计行为的单位和个人实施行政处罚。违法会计行为是指公民、法人和其他组织违反《会计法》和其他有关法律、行政法规、国家统一的会计制度的行为。

财政部门对各单位下列事项实施监督:

(1)是否依法设置会计账簿。

(2)会计凭证、会计账簿、财务会计报告和其他会计资料是否真实、完整。

(3)会计核算是否符合《会计法》和国家统一的会计制度的规定。

(4)从事会计工作的人员是否具备会计从业资格。

此外,国务院财政部门和省、自治区、直辖市人民政府财政部门,依法对注册会计师、会计师事务所和注册会计师协会进行监督、指导。财政部门对会计师事务所出具审计报告的程序和内容进行监督。

（三）会计工作的社会监督

1.会计工作的社会监督的概念。会计工作的社会监督主要是指由注册会计师及其所在的会计师事务所依法对委托单位的经济活动进行的审计、鉴证的一种监督制度。此外,单位和个人检举违反《会计法》和国家统一的会计制度规定的行为,也属于会计工作社会监督的范畴。

2.注册会计师及其所在的会计师事务所业务范围。注册会计师及其所在的会计师事务所依法承办下列审计业务:

(1)审查企业财务会计报告,出具审计报告。

(2)验证企业资本,出具验资报告。

(3)办理企业合并、分立、清算事宜中的审计业务,出具有关报告。

(4)法律、行政法规规定的其他审计业务。

四、会计机构和会计人员

会计机构是单位处理会计业务的职能部门。会计人员是从事会计工作的人员。各单位应当建立健全的会计机构,配备称职的会计人员,合法有效地处理会计业务。

（一）会计机构的设置

各单位应当根据会计业务的需要设置会计机构,或者在有关机构中设置会计人员并指定会计主管人员。对于不具备设置会计机构条件的单位,应当委托中介机构代理记账。

（二）代理记账

1.代理记账的概念。代理记账是指从事代理记账业务的社会中介机构接受委托人的委托办理会计业务。委托人是指委托代理记账机构办理会计业务的单位。代理记账机构是指从事代理记账业务的中介机构。

2.代理记账的业务范围。代理记账机构可以接受委托,受托办理委托人的以下业务:

(1)根据委托人提供的原始凭证和其他资料,按照国家统一的会计制度的规定进行会计核算,包括审核原始凭证、填制记账凭证、登记会计账簿、编制财务会计报告等。

(2)对外提供财务会计报告。代理记账机构为委托人编制的财务会计报告,经代理记账机构负责人和委托人签名并盖章后,按照有关法律、行政法规和国家统一的会计制度的规定对外提供。

(3)向税务机关提供税务资料。

(4)委托人委托的其他会计业务。

3.委托代理记账的委托人的义务。

(1)对本单位发生的经济业务事项,应当填制或者取得符合国家统一的会计制度规定的原始凭证。

(2)应当配备专人负责日常货币收支和保管。

(3)及时向代理记账机构提供真实、完整的原始凭证和其他相关资料。

(4)对于代理记账机构退回的要求按照国家统一的会计制度规定进行更正、补充的原始凭证,应当及时予以更正、补充。

4.代理记账机构及其从业人员的义务。

(1)按照委托合同办理代理记账业务,遵守有关法律、行政法规和国家统一的会计制度的规定。

(2)对在执行业务中知悉的商业秘密应当保密。

(3)对委托人示意其作出不当的会计处理,提供不实的会计资料,以及其他不符合法律、行政法规和国家统一的会计制度规定的要求,应当拒绝。

(4)对委托人提出的有关会计处理原则问题应当予以解释。

(三)会计机构负责人(会计主管人员)的任职资格

1.会计机构负责人(会计主管人员)的概念。会计机构负责人(会计主管人员)是指在一个单位内具体负责会计工作的中层领导人员。

2.会计机构负责人(会计主管人员)的任职资格。担任单位会计机构负责人(会计主管人员)的,除取得会计从业资格证书外,还应当具备会计师以上专业技术职务资格或者从事会计工作3年以上经历。

(四)会计从业资格

1.会计从业资格的概念。会计从业资格是指进入会计职业、从事会计工作的一种法定资质,是进入会计职业的"门槛"。

2.会计从业资格证书的适用范围。在国家机关、社会团体、公司、企业、事业单位和其他组织从事下列会计工作的人员(包括香港特别行政区、澳门特别行政区、台湾地区人员,以及外籍人员在中国大陆境内从事会计工作的人员),必须取得会计从业资格,持有会计从业资格证书:

(1)会计机构负责人(会计主管人员);

(2)出纳;

(3)稽核;

(4)资本、基金核算;

(5)收入、支出、债权债务核算;

(6)工资、成本费用、财务成果核算;

（7）财产物资的收发、增减核算；

（8）总账；

（9）财务会计报告编制；

（10）会计机构内会计档案管理。

3. 会计从业资格的取得。

（1）会计从业资格的取得实行考试制度。考试科目为：财经法规与会计职业道德、会计基础、初级会计电算化（或者珠算五级）。会计从业资格考试大纲由财政部统一制定并公布。

省、自治区、直辖市、计划单列市财政厅（局），新疆生产建设兵团财务局，中共中央直属机关事务管理局、国务院机关事务管理局、铁道部、中国人民武装警察部队后勤部和中国人民解放军总后勤部负责组织实施会计从业资格考试有关工作。

（2）会计从业资格报名条件。申请参加会计从业资格考试的人员，应当符合下列基本条件：遵守会计和其他财经法律、法规；具备良好的道德品质；具备会计专业基本知识和技能。

（3）会计从业资格部分考试科目免试条件。申请人符合基本报名条件且具备国家教育行政主管部门认可的中专以上（含中专，下同）会计类专业学历（或学位）的，自毕业之日起2年内（含2年），免试会计基础、初级会计电算化（或者珠算五级）。

4. 会计从业资格证书管理。

（1）上岗注册登记。持证人员从事会计工作，应当自从事会计工作之日起90日内，填写注册登记表，并持会计从业资格证书和所在单位出具的从事会计工作的证明，向单位所在地或所属部门、系统的会计从业资格管理机构办理注册登记。

（2）离岗备案。持证人员离开会计工作岗位超过6个月的，应当填写注册登记表，并持会计从业资格证书，向原注册登记的会计从业资格管理机构备案。

（3）调转登记。持证人员调转工作单位，且继续从事会计工作的，应当按规定要求办理调转登记。

（4）变更登记。持证人员的学历或学位、会计专业技术职务资格等发生变更的，应向所属会计从业资格管理机构办理从业档案信息变更登记。

5. 会计人员继续教育。

（1）会计人员继续教育的概念和特点。会计人员继续教育是指取得会计从业资格的人员持续接受一定形式的、有组织的理论知识、专业技能和职业道德的教育和培训活动，不断提高和保持其专业胜任能力和职业道德水平。

会计人员继续教育的特点：一是针对性，即针对不同对象确定不同的教育内容，采取不同的教育方式，解决实际问题；二是适应性，即联系实际工作需要，学以致用；三是灵活性，即继续教育培训内容、方法、形式等方面具有灵活性。

（2）会计人员继续教育的内容。会计人员继续教育的内容主要包括：会计理论与实务,财务、会计法规制度,会计职业道德规范,其他相关的知识与法规。

（3）会计人员继续教育的形式和学时要求。会计人员继续教育的形式包括接受培训和自学两种。会计人员应当接受继续教育,每年参加继续教育不得少于24小时。

（五）会计专业职务与会计专业技术资格

1. 会计专业职务。会计专业职务是区别会计人员业务技能的技术等级。会计专业职务分为高级会计师、会计师、助理会计师和会计员。高级会计师为高级职务,会计师为中级职务,助理会计师和会计员为初级职务。

2. 会计专业技术资格。会计专业技术资格分为初级资格、中级资格和高级资格三个级别。初级、中级会计资格的取得实行全国统一考试制度,高级会计师资格实行考试与评审相结合制度。

（六）会计工作岗位设置

会计工作岗位是指一个单位会计机构内部根据业务分工而设置的职能岗位。会计工作岗位可以一人一岗、一人多岗或者一岗多人。但出纳人员不得兼管稽核、会计档案保管和收入、费用、债权债务账目的登记工作。

（七）会计人员回避制度

国家机关、国有企业、事业单位任用会计人员应当实行回避制度。单位负责人的直系亲属不得担任本单位的会计机构负责人、会计主管人员,会计机构负责人、会计主管人员的直系亲属不得在本单位会计机构中担任出纳工作。

直系亲属包括夫妻关系、直系血亲关系、三代以内旁系血亲以及近姻亲关系。

（八）会计人员的工作交接

1. 交接的范围。会计人员调动工作、离职或者因病暂时不能工作,应与接管人员办理工作交接手续。

2. 交接的程序。一般会计人员办理交接手续,由单位的会计机构负责人、会计主管人员负责监交。会计机构负责人、会计主管人员办理交接手续时,由单位领导人负责监交,必要时,主管单位可以派人会同监交。

3. 交接人员的责任。移交人员对移交的会计凭证、会计账簿、会计报表和其他会计资料的合法性、真实性承担法律责任。会计资料移交后,如发现是在其经办会计工作期间内所发生的问题,由原移交人员负责。

五、违反法律的责任

违反《会计法》关于会计核算、会计监督、会计机构、会计人员有关规定的,应当承担法律责任。法律责任的种类包括:责令限期改正;罚款;行政处分;吊销会计从业资格证书;追究刑事责任等。

第三节　会计职业道德

　　人们在从事的各种职业活动中,会涉及各方面责、权、利的矛盾,职业道德能够调节各行业职业关系,维护正常的职业活动秩序,促进职业活动的健康进行,并有助于且建立良好的社会道德风尚。

一、职业道德与会计职业道德

(一)职业道德的概念和主要内容

　　1.职业道德的概念。职业道德的概念有广义和狭义之分。广义的职业道德是指从业人员在职业活动中应该遵循的行为准则,涵盖了从业人员与服务对象、职业与职工、职业与职业之间的关系。狭义的职业道德是指在一定职业活动中应遵循的、体现一定职业特征的、调整一定职业关系的职业行为准则和规范。

　　2.职业道德的主要内容。职业道德是道德在职业实践活动中的具体表现。各行业由于职业活动内容和职业特征不同,职业道德的内容也不尽相同,但各行业的职业道德也有着共同的主要内容。职业道德主要内容包括:爱岗敬业、诚实守信、办事公道、服务群众、奉献社会。

(二)会计职业道德

　　1.会计职业道德概念。会计职业道德是指在会计职业活动中应当遵循的、体现会计职业特征的、调整会计职业关系的职业行为准则和规范。

　　2.会计职业道德规范的主要内容。

　　(1)爱岗敬业。要求会计人员热爱会计工作,安心本职岗位,忠于职守,尽心尽力,尽职尽责。

　　(2)诚实守信。要求会计人员做老实人,说老实话,办老实事,执业谨慎,信誉至上,不为利益所诱惑,不弄虚作假,不泄露秘密。

　　(3)廉洁自律。要求会计人员公私分明、不贪不占、遵纪守法、清正廉洁。

　　(4)客观公正。要求会计人员端正态度,依法办事,实事求是,不偏不倚,保持应有的独立性。

　　(5)坚持准则。要求会计人员熟悉国家法律、法规和国家统一的会计制度,始终坚持按法律、法规和国家统一的会计制度的要求进行会计核算,实施会计监督。

（6）提高技能。要求会计人员增强提高专业技能的自觉性和紧迫感,勤学苦练,刻苦钻研,不断进取,提高业务水平。

（7）参与管理。要求会计人员在做好本职工作的同时,努力钻研相关业务,全面熟悉本单位经营活动和业务流程,主动提出合理化建议,协助领导决策,积极参与管理。

（8）强化服务。要求会计人员树立服务意识,提高服务质量,努力维护和提升会计职业的良好社会形象。

二、会计职业道德与会计法律制度的关系

（一）会计职业道德与会计法律制度的联系

会计职业道德是会计法律制度正常运行的社会和思想基础,会计法律制度是促进会计职业道德规范形成和遵守的制度保障。两者有着共同的目标、相同的调整对象,承担着同样的职责,在作用上相互补充;在内容上相互渗透、相互重叠;在地位上相互转化、相互吸收;在实施上相互作用、相互促进。

（二）会计职业道德与会计法律制度的区别

1. 性质不同。会计法律制度通过国家机器强制执行,具有很强的他律性;会计职业道德主要依靠会计从业人员的自觉性,具有很强的自律性。

2. 作用范围不同。会计法律制度侧重于调整会计人员的外在行为和结果的合法化;会计职业道德则不仅要求调整会计人员的外在行为,还要调整会计人员内在的精神世界。

3. 实现形式不同。会计法律制度是通过一定的程序由国家立法机关或行政管理机关制定的,其表现形式是具体的、明确的、正式形成文字的成文规定;会计职业道德出自于会计人员的职业生活和职业实践,其表现形式既有明确的成文规定,也有不成文的规范,存在于人们的意识和信念之中。

4. 实施保障机制不同。会计法律制度由国家强制力保障实施;会计职业道德既有国家法律的相应要求,又需要会计人员的自觉遵守。

三、会计职业道德教育

（一）会计职业道德教育形式

1. 接受培训。通过学校或培训单位对会计人员进行以职业责任、职业义务为核心内容的正面灌输,以规范其职业行为,维护国家和社会公众利益的教育。

2. 自我教育。会计人员自我学习、自身道德修养的行为活动。

（二）会计职业道德教育内容

1.会计职业道德观念教育。通过学习会计职业道德知识,树立会计职业道德观念,了解会计职业道德对社会经济秩序、会计信息质量的影响,以及违反会计职业道德将受到的惩戒和处罚。

2.会计职业道德规范教育。以爱岗敬业、诚实守信、廉洁自律、客观公正、坚持准则、提高技能、参与管理和强化服务为主要内容的会计职业道德规范是会计职业道德教育的核心内容,并贯穿于会计职业道德教育的始终。

3.会计职业道德警示教育。通过对违反会计职业道德行为和违法会计行为典型案例进行讨论和剖析,从中得到警示,提高法律意识、会计职业道德观念和辨别是非的能力。

4.其他与会计职业道德相关的教育。

（三）会计职业道德教育途径

1.通过会计学历教育进行会计职业道德教育。在学习会计理论和技能的同时,学习会计职业道德规范内容,了解会计职业面临的道德风险,树立会计职业道德情感和观念,提高运用道德标准判断是非的能力。

2.通过会计继续教育进行会计职业道德教育。在不断更新、补充、拓展会计专业理论、业务能力的同时,通过会计职业道德信念教育、会计职业义务教育、会计职业荣誉教育,形成良好的会计职业道德品行。

3.通过会计人员的自我教育与修养进行会计职业道德教育。通过自我教育、自我锻炼、自我修养,将会计职业道德规范转化为会计人员的内在品质,规范和约束自身的会计行为。

四、会计职业道德的检查与奖惩

1.财政部门对会计职业道德进行监督检查。检查的途径主要有：

（1）将会计法执法检查与会计职业道德检查相结合；

（2）将会计从业资格证书注册登记管理与会计职业道德检查相结合；

（3）将会计专业技术资格考评、聘用与会计职业道德检查相结合。

2.会计行业组织对会计职业道德进行自律管理与约束。

3.依据会计法等法律法规,建立激励机制,对会计人员遵守职业道德情况进行考核和奖惩。

4.会计人员违反职业道德情节严重的,由财政部门吊销其会计从业资格证书。

五、会计职业道德建设组织与实施

1. 财政部门组织和推动会计职业道德建设,依法行政,探索会计职业道德建设的有效途径和实现形式。

2. 会计职业组织建立行业自律机制和会计职业道德惩戒制度。

3. 企事业单位任用合格会计人员,开展会计人员职业道德教育,建立和完善内部控制制度,形成内部约束机制,防范舞弊和经营风险,支持并督促会计人员遵循会计职业道德,依法开展会计工作。

4. 社会各界各尽其责,相互配合,齐抓共管。

5. 社会舆论监督,形成良好的社会氛围。

思考与练习

一、单项选择题

1. 根据会计档案管理办法的规定,会计档案保管期限分为永久和定期两类。定期保管的会计档案,其最长期限是( )。

A. 5 年　　　　B. 10 年　　　　C. 15 年　　　　D. 25 年

2. 根据会计法的规定,行使会计工作管理职能的政府部门是( )。

A. 财政部门　　B. 税务部门　　C. 审计部门　　D. 证券监管部门

3. 中华人民共和国会计法规定,我国会计年度自( )。

A. 公历 1 月 1 日起至 12 月 31 日止　　B. 农历 1 月 1 日起至 12 月 30 日止

C. 公历 4 月 1 日起至次年 3 月 31 日止　D. 公历 10 月 1 日起至次年 9 月 30 日止

4. 会计档案由单位会计机构负责整理归档并保管一定期限内,移交单位的会计档案管理部门或指定专人继续保管( )。

A. 1 年　　　　B. 2 年　　　　C. 3 年　　　　D. 6 个月

5. 会计职业道德除具有职业道德的一般特征外,还具有一定的强制性和( )特征。

A. 复杂性　　　　　　　　　　　B. 较多关注公众利益

C. 教育性　　　　　　　　　　　D. 独立性

6. 客观公正的基本要求包括( )。

A. 端正态度,依法办事,实事求是,保持独立性

B. 端正态度,坚持准则,实事求是,保持独立性

C. 公私分明,依法办事,实事求是,保持独立性

D.端正态度,忠于职守,实事求是,保持独立性

二、多项选择题

1.根据《会计法》的规定,下列经济业务事项中,应当办理会计手续,进行会计核算的有(　　)。

A.款项和有价证券的收付　　　　B.财物的收发、增减和使用

C.财务成果的计算和处理　　　　D.债权债务的发生和结算

2.各单位应定期将会计账簿记录与相应的会计凭证记录逐笔核对检查以下内容是否一致(　　)。

A.时间　　　　　　　　　　　　B.编号

C.经济业务内容　　　　　　　　D.金额和记账方向等

3.根据会计法和企业会计报告条例的规定,下列各项中属于财务会计报告组成部分的(　　)。

A.会计报表　　　　　　　　　　B.会计报表附注

C.财务情况说明书　　　　　　　D.注册会计师出具的审计报告

4.下列各项中属于会计档案的(　　)。

A.原始凭证　　　　　　　　　　B.记账凭证

C.会计账簿　　　　　　　　　　D.财务会计报告

5.下列各项中表述正确的有(　　)。

A.票据中的中文大写金额数字应用正楷或行书填写

B.票据中的中文大写金额数字前应标明"人民币"字样

C.票据的出票日期可以使用小写填写

D.票据中的中文大写金额数字到元为止的在元之后应写"整"字

6.下列各项中,属于财政部门实施会计监督检查的内容有(　　)。

A.从事会计工作的人员是否具备会计从业资格证书

B.会计凭证、会计账簿、财务会计报告和其他会计资料是否真实、完整

C.会计核算是否符合《会计法》和国家统一的会计制度的规定

D.是否按照《税法》的规定按时足额纳税

7.根据《会计专业职务试行条例》的规定,下列各项中属于会计专业职务的有(　　)。

A.总会计师　　　　　　　　　　B.高级会计师

C.会计师　　　　　　　　　　　D.助理会计师和会计员

8.根据会计法的规定,下列各项中,单位出纳人员不得兼任的工作有(　　)。

A.稽核　　　　　　　　　　　　B.会计档案保管

C.银行存款日记账登记工作　　　D.费用账目登记工作

9.根据《中华人民共和国会计法》的规定,下列行为中属于违法会计行为的有
( )。

A.随意变更会计处理方法的行为

B.私设会计账簿的行为

C.不依法设置会计账簿的行为

D.任用不具有会计从业资格证书的人员从事会计工作的行为

10.我国目前的会计监督体系为( )。

A.单位内部监督　　　　　B.以注册会计师为主体的社会监督

C.以财政部门为主体的政府监督　　　D.舆论监督

三、判断题

1.向不同的会计资料使用者提供的财务会计报告编制依据应当一致。( )

2.保管期满但未结清的债权债务的原始凭证,经单位负责人批准后可以销毁。
( )

3.单位负责人对本单位会计工作和会计资料的真实性、完整性负责。( )

4.会计档案的保管期限分为永久和定期两类,保管期限从会计年度终了后的第二
天算起。( )

5.会计职业道德规范中的"坚持准则",不仅指会计准则,而且包括会计法律、法
规、国家统一的会计制度以及与会计工作相关的法律制度。( )

6.会计人员遵守会计职业道德情况是会计人员晋升、晋级、聘任会计专业职务、表
彰奖励的主要考核依据。( )

7.会计人员陈某认为,会计工作只是记记账、算算账,与单位经营决策关系不大,
没有必要要求会计人员"参与管理"。( )

四、简答题

1.我国会计法律制度的构成有哪几种形式?其代表法规的名称是什么?法律地
位如何?

2.会计职业道德与会计法律制度的区别有哪些?

3.会计职业道德规范的范围有哪些?

4.试述会计职业道德规范的主要内容、各自的地位和基本要求。

下篇　司法会计鉴定实务

第十三章　司法会计鉴定概述

内容提要：

本章主要介绍了司法会计鉴定的概念、特点、工作准则、范围、内容和意义，司法会计鉴定人应具有的权利与义务；以及司法会计鉴定文书的概念、要求、特点，司法会计笔录、司法会计检验报告和司法会计鉴定书的制作等有关内容。

第一节　司法会计鉴定的概念、特点和意义

一、司法会计鉴定的概念

司法鉴定是指在诉讼过程中对案件中的专门性问题，由司法机关委托国家鉴定机关或聘请具有专门知识技能的人，依照法律程序对其作出鉴别和判断的一种活动。其种类有：法医学鉴定、司法精神病鉴定、司法会计鉴定、司法化学鉴定、司法物理鉴定、犯罪侦查学鉴定等。

在现代司法证明活动中，司法会计鉴定是查明案件事实的一种重要方法和手段，而且随着科学技术的进步与社会经济的发展，司法会计鉴定在司法审判中的作用越来越重要。

司法会计鉴定是司法会计的重要组成部分，也是司法鉴定的一种特殊类型。它是会计、审计专门知识在诉讼活动中的主要应用，也是司法鉴定与会计、审计知识的结合运用。

司法会计鉴定是指司法会计鉴定人根据司法机关或诉讼当事人的指派或委托，对经济案件涉及的有关会计专业性问题，运用会计学、审计学和司法会计学专门知识进行鉴别和判断，作出鉴定结论的诉讼活动。

二、司法会计鉴定的特点

(一)司法会计鉴定的程序应遵守诉讼法的规定

司法会计鉴定是在诉讼过程中为查明有关会计核算资料事实而进行的一项活动。在我国的刑事诉讼法、民事诉讼法、行政诉讼法中对各个诉讼阶段鉴定的提起、决定、指派或聘请都做出了明确的规定。

(二)司法会计鉴定活动的性质是以科学技术手段核实证据的诉讼活动

进行鉴定时需要在鉴定对象分析研究的基础上,对发现的问题及所能说明的事实做出判断。通常情况下,需要具有专门知识的人通过鉴定对涉及专门性的财务问题作出结论,揭示这些证据材料与待证事实的联系以及能够证明的问题。例如合作经营纠纷案件中涉及的经营额,需要通过具有财务知识的人员计算才能确认。

(三)司法会计鉴定的主体是具有鉴定资格的自然人

完成司法会计鉴定工作、判断其鉴定结论,是具有专门知识的自然人。法律规定:人民法院对专门性问题认为需要鉴定的,应当交由法定部门鉴定;没有法定部门的,由人民法院指定鉴定部门鉴定。事实上受理委托的鉴定机构也需要再指派具有专门知识的人员完成具体的工作。

(四)司法会计鉴定的对象是案件中的专门性问题

经济犯罪具有隐蔽性,在现实生活中,许多线索难以成为犯罪的主要证据。在这类案件的侦破中,需要聘请具有财会知识的专业人员,根据有关材料进行分析、判断,并针对所要解决的问题提供结论性意见。也就是通过司法会计鉴定,来查明犯罪过程及犯罪结果所涉及的财务会计事实。

(五)司法会计鉴定结论是一种法定证据

司法会计鉴定结论与当事人陈述、证人证言、勘验笔录等证据一样,都是法定证据。司法会计鉴定结论是鉴定人根据提供的资料,对与案件有关的某些专门性问题进行鉴别和判断后所作的结论,是一种科学根据的意见,具有不可替代性。

三、司法会计鉴定的意义

司法会计鉴定是借助科学技术和专门知识,解决与案件有关的某些专门性问题的主要手段,它在诉讼活动中起着其他手段不可替代的特殊作用。

（一）司法会计鉴定是诉讼活动的重要手段，为案件的审理提供线索和证据

司法会计鉴定弥补了司法承办人员因财会知识欠缺而不能解决财务问题的矛盾。通过司法会计鉴定，能够鉴别和确认有关财务会计资料中所反映的财务会计问题，揭示这些证据资料与案件事实的内在联系，准确反映出犯罪行为的事实，为及时、准确地处理案件提供科学、可靠的依据。

（二）司法会计鉴定工作是适应新时期打击经济犯罪的需要

随着我国经济体制改革的不断深入，市场经济日趋发展，经济犯罪的类型也在不断增加，呈现出手段层出不穷、金额增大的特点。充分利用现代会计、审计的专业知识进行鉴定，能更好地查办房地产、股票、期货、计算机等经济领域的犯罪活动，维护国家经济秩序的安全和稳定。

（三）司法会计鉴定为审查、核实其他证据提供依据

司法会计鉴定结论还常可以用来作为审查同一案件内其他证据的一种重要手段。司法鉴定所得出的鉴定结论是鉴定人运用科学知识和专业技术手段对专门性问题进行分析、鉴别后做出的，一般具有较高的证明力，因而往往能成为审查案内其他证据的重要根据。

随着我国诉讼制度的改革和诉讼价值取向的转变，司法会计鉴定将发挥越来越重要的作用。

第二节　司法会计鉴定的工作准则、范围、内容和种类

一、司法会计鉴定的工作准则

司法会计鉴定的工作准则即是司法会计鉴定人员在从事鉴定活动过程中应遵循的准则。主要包括以下内容：

1. 确立司法会计鉴定计划。司法会计鉴定计划是进行司法会计鉴定工作的前提和根据，应符合程序，切实可行。

2. 确立司法会计鉴定范围。司法会计人员应对被查单位的经营管理制度、财务状况资料等进行认真的调查研究，据以制定检查的内容、范围、时间和方法。

3. 确立获取司法会计鉴定证据。司法会计人员通过检查、调查、核对、分析等方法取得充分适当的证据。没有证据或证据不足，不得作出肯定或否定的结论。

4. 实施好司法会计鉴定。在司法会计鉴定过程中，应作好记录、积累鉴定资料，并

妥善保存。

二、司法会计鉴定的范围

司法会计鉴定范围,是指通过司法会计鉴定活动所能够解决案件中的专门性问题的范围。这涉及司法机关在侦查、审理案件中所遇到的专门性问题,哪些应当可以通过司法会计鉴定来解决,哪些不应当通过司法会计鉴定来解决。根据诉讼法的有关规定,司法会计鉴定的范围只能限于案件所涉及的财务会计问题。但从司法实践看,并不是案件中涉及的所有财务会计问题都需要或可以通过司法会计鉴定来解决。

从理论与实际相结合的角度看,司法会计鉴定的范围包括:

1.对检察和公安机关侦查的经济犯罪案件和其他案件中涉及的会计资料进行鉴定,主要是对行贿受贿、贪污侵占、挪用公款、经济诈骗、偷税漏税、妨害公司企业财务管理六类案件的鉴定。

2.对法院审判、受理的经济、民事、刑事、行政案件中涉及的会计资料进行鉴定。

3.对上述司法会计鉴定的补充鉴定、重新鉴定、复核鉴定。

三、司法会计鉴定的内容

司法会计鉴定一般不是对发案期间的全部会计资料进行鉴定,而是对与案件直接相关的会计资料的鉴定。这时已有案件事实和比较明确的案件性质,可以对案件涉及的部分会计资料进行重点核实和鉴定。因此,司法会计鉴定的内容可以按案件的性质来划分。

(一)经济犯罪案件的鉴定

主要包括:

1.对行贿受贿案件的鉴定。主要是鉴定这类案件的性质、时间和数额等。

2.对贪污案件的鉴定。主要是鉴定这类案件的作案手段、方式、时间和金额。

3.对挪用公款案件的鉴定。主要是鉴定这类案件的作案手段、方式、时间和金额等。

4.对偷税、骗税案件的鉴定。主要是鉴定这类案件的性质、方式、数额等。

5.对经济诈骗案件的鉴定。主要是鉴定这类案件资金的来龙去脉。

6.对妨害公司企业财务管理案件的鉴定。妨害公司企业财务管理犯罪是妨害对公司、企业的财务管理秩序的经济犯罪。主要是虚报注册资本、提供虚假财务会计报告、妨害清算、非法经营、非法为亲友牟利等。

7.其他经济犯罪案件的鉴定。

（二）经济纠纷案件的鉴定

经济纠纷主要是合同纠纷。对经济纠纷案件的鉴定,主要是对纠纷的标的、数额、方式等进行鉴定。

（三）民事、行政侵权诉讼案件的鉴定

主要是对民事、行政侵权造成损害等的鉴定。

四、司法会计鉴定的种类

（一）按照鉴定案件性质的不同,分为刑事案件鉴定、经济争议案件鉴定、民事案件鉴定等

刑事案件鉴定目的在于揭发犯罪、惩办罪犯,因此在刑事案件中运用司法会计鉴定技术,不仅可获取和审查证据,而且可以用作侦察破案的手段,鉴定的范围可不受司法机关预先规定的限制。例如银行会计员在同城票据收付业务中,采用压票手段贪污或挪用公款,由于作案人使用客户支票进行作案,因而书证本身不能证明作案的对象即是银行资金,其他证据也不能直接证明犯罪的事实,只有司法会计鉴定结论才能直接证明作案人获取的资金是其所在银行的信贷资金。

经济争议案件鉴定目的在于解决经济纠纷,以保护当事人的合法权益,因此,鉴定的范围只能就案件的需要或当事人申请的范围进行,而且还要视鉴定费用和争议标的价值的大小,从经济上来考虑决定是否适宜采用司法会计鉴定。例如偷税案件中,确认某单位发生偷税事实时,需要通过司法会计鉴定,查明该单位少计算应缴纳税款的金额。司法会计鉴定是侦破经济犯罪案件的一项重要内容。

民事案件鉴定,其应用范围仅涉及争议数额较大,并能运用司法会计鉴定技术查明案情,获取证据的财产纠纷。由于市场经济的飞速发展,民事诉讼中涉及需要鉴定的财务会计问题也越来越多,如离婚案件中涉及的相关企业的财产金额,就需要一定的司法会计鉴别技术确认。

（二）按照鉴定客体的不同,分为会计核算资料鉴定、财产物资鉴定

会计核算资料鉴定是指对与查处案件有关的会计资料进行的鉴定,即对原始凭证、记账凭证、账簿、报表等会计资料进行的鉴定。根据会计资料的相互关系来鉴定其记录的正确性、真实性和合法性,以查明有关差错或舞弊行为。由于某些经济活动分别记录在各个会计要素之中,于是又构成了各会计要素的鉴定,即资产、负债、所有者权益、收入、费用和利润的鉴定。

财产物资的鉴定是指通过实物盘点与资金核实,来查明被鉴定单位财产实有数,

并在此基础上,对盘点的实物财产作出合理的估价,以确定其财产实际价值所采用的鉴定。

（三）按照鉴定要求的不同,分为会计业务性鉴定、反映案情会计核算资料鉴定

会计业务性鉴定是指对拥有的财产与会计核算资料进行会计业务性的检查与验收,用以查明有无在财会业务和计算上的差错或舞弊等违法行为所采用的鉴定。

反映案情会计核算资料鉴定是指根据会计资料反映的经济业务和财务活动,来检查和验证与案件有关的事实情况和证据所采用的鉴定。

（四）按照鉴定范围的不同,分为全面鉴定、部分鉴定

全面鉴定是指对某一时间内的会计核算资料,或某一财会人员经管的这部分会计核算资料,或某一特定日拥有的全部财产进行全面性鉴定所采用的鉴定方法。

部分鉴定是指对某部分会计核算资料或者拥有的部分财产进行的鉴定。运用此项技术的目的是为了查明与案件有关的某个事实情况和证据,而对某一个会计项目、某部分会计核算资料或者某项部分财产进行的鉴定。

第三节　司法会计鉴定人的权利与义务

司法会计鉴定人,即司法会计鉴定的主体,是指由司法机关指派或聘请的,对案件中的财务问题进行检查、验证、鉴别和判断的人。司法会计鉴定人的知识、技术以及思想素质直接影响着司法鉴定的效果,影响着诉讼活动、司法裁判活动的质量,也影响着当事人的生命财产等重大利益。

一、司法会计鉴定人的基本要求

司法会计鉴定人被认为是法官的辅助者,承担着近乎法官的准司法职能,因而,如同担任法官必须具备一定条件一样,担任司法会计鉴定人也要有严格的资格要求。

1. 专业知识素质:司法会计鉴定活动属于科学实证活动,从事此项工作的人员必须具备相应的专业知识。司法会计鉴定人必须对其所从事的司法鉴定领域的专门知识有过系统的学习,掌握了比较深厚的专业理论,并能熟练地运用,具备本科(或本科以上)学历和中级(或中级以上)职称。

2. 实践能力素质:司法会计鉴定人必须具有一定从事本专业司法鉴定工作的实践经验,经过考核办案的数量和质量达到规定要求,能独立解决本专业司法鉴定工作的实际问题。

3. 职业道德素质:司法会计鉴定人必须符合司法鉴定人职业道德规范的要求,实

事求是,客观公正,不徇私情,不谋私利。

二、司法会计鉴定人的选定

司法会计鉴定人的选择是否恰当,直接影响到鉴定结论的质量,影响到所办案件是否能够正确、及时地侦破和处理。

在司法实践中,司法会计鉴定人员的选择,主要从以下方面进行:

1. 司法机关内部配备的专职司法会计人员。如人民检察院、法院专门配备的司法会计人员。

2. 司法会计鉴定事务所的从业人员。司法会计鉴定事务所是从事司法会计鉴定的专门机构。

3. 会计师事务所、审计师事务所的从业人员。

4. 企业、事业单位内从事会计工作的人员。

5. 财经院校、科研机构内从事教学、科研的会计、审计学者和专家。

三、司法会计鉴定人的权利与义务

关于司法鉴定人的权利与义务,我国法律仅在《民事诉讼法》第72条第2款中规定,"鉴定部门及其指定的鉴定人有权了解进行鉴定所需的案件材料,必要时可以询问当事人、证人"。

司法会计鉴定人是法定的法律诉讼参与人之一,在诉讼过程中依法享有一定的诉讼权利,同时也应当履行一定的诉讼义务。

(一)司法会计鉴定人的权利

司法会计鉴定人的权利是法律赋予鉴定人在执业时一定行为的可能性。这种可能性经法律规定而成为鉴定人在执业时的权利保障。为了保障司法会计鉴定的顺利进行,司法会计鉴定人依法享有下列权利:

1. 参与权。司法会计鉴定人依法作为"有专门知识的人"有权应邀参与、协助委托人勘验、检查和模拟实验等与鉴定有关的活动,为案件提供证据材料。

2. 查询权。司法会计鉴定人有权查阅与鉴定有关的案卷材料,如现场勘验笔录、检验笔录、审讯笔录,询问与鉴定事项有关的当事人、证人。

3. 要求权。为了熟悉和掌握案情,保证司法会计鉴定结论的科学性和唯一性,司法会计鉴定人接受委托后,有权要求委托人无偿提供所需的鉴定材料、资料的权利。司法会计鉴定人在鉴定过程中如发现提交的鉴定材料、资料不充分或不符合要求时,有权要求委托人补充鉴定材料、资料的权利。

4. 拒绝权。委托人提供不合法或者不具备司法会计鉴定条件的鉴定委托,司法会计鉴定人可以拒绝受理;当委托人提供虚假情况或拒不提供鉴定所需材料时,司法会计鉴定人有权拒绝鉴定;对鉴定无关的问题,司法会计鉴定人有权拒绝解决、回答的权利。

5.保留权。司法会计鉴定人与其他司法会计鉴定人意见不一致时,有权保留自己的鉴定意见。鉴定结论是鉴定人做出的科学判断,鉴定人对鉴定结论负责,任何人不得强加鉴定人出具任何结论。当司法会计鉴定人与其他司法会计鉴定人共同鉴定,不能取得一致结论时,鉴定人有权保留自己的意见,分别出具鉴定结论。

6.司法会计鉴定人的人身财产不受侵犯权。司法会计鉴定结论往往对诉讼、仲裁等裁判结果起着重要乃至决定性的影响,因此,司法会计鉴定人往往成为与鉴定事项有利害关系的人关注的对象,当鉴定结论与自己的愿望发生冲突时,鉴定人往往成为利害关系人泄愤乃至报复的对象。近年来,对司法鉴定人的人身和财产侵害时有发生,如何有效地保证司法会计鉴定人公正、独立、实事求是地从事鉴定工作,如何保障司法鉴定人的人身和财产安全,已成为司法鉴定界关注的重要问题。

此外,司法会计鉴定人还有报酬权,即司法会计鉴定人有权获得执业报酬;控告权,即对侵犯鉴定人独立鉴定权的行为、打击报复行为,司法会计鉴定人员有权向有关部门进行控告;法律法规规定的其他权利。

(二)司法会计鉴定人的义务

司法会计鉴定人的义务是指在执业过程中,为正确反映待证事实的客观真实性,必须为或不为一定的行为,司法会计鉴定人应履行以下义务:

1.遵守职业道德和职业纪律的义务。职业道德是指在一定职业活动中应遵循的、体现一定职业特征的、调整一定职业关系的职业行为准则和规范。职业道德是从业人员在进行职业活动时应遵循的行为规范,同时又是从业人员对社会所应承担的道德责任和义务。职业纪律是从事一定职业的人们在履行职务活动中必须遵守的行为规则。

2.保守秘密的义务。司法会计鉴定人应保守在执业活动中知悉的国家秘密、商业秘密和个人隐私。

3.依法鉴定的义务。依法鉴定是指司法会计鉴定人只能在法律规定的范围内,依法开展鉴定工作。司法会计鉴定人在鉴定中,必须依照科学的鉴定程序、选用与鉴定事项相符合的技术标准进行鉴定,并以财务会计资料为基本事实依据,如实做出鉴定结论。鉴定人不得为谋求与有关人员的判断相符合,而故意歪曲客观事实,更不得故意开脱或加重有关当事人的责任。

4.依法回避的义务。为保证司法会计鉴定结论的客观、公正,鉴定人在遇到法律规定的回避情形的,应当退出或不得从事相应的鉴定活动。我国《刑事诉讼法》第28条、《行政诉讼法》第47条、《民事诉讼法》第45条都规定了鉴定人适用与法官(或侦查人员、检察人员)的回避,其规定是:鉴定人是案件当事人或者当事人、诉讼代理人的近亲属,与本案有利害关系,与本案当事人有其他关系,可能影响案件公正审理的,鉴定人必须回避。

5.依法按时出庭作证,接受询问的义务。鉴定结论属于法定证据,只有经过法庭质证,才能作为定案的依据。鉴定人接到法庭的出庭通知后,应做好出庭准备。依法按时出庭作证,接受法庭的询问。

第四节　司法会计文书

一、司法会计文书的概念

司法会计文书是司法机关或司法会计人员,在诉讼过程中,对案件涉及的会计事实进行审查、检查、鉴定制作的具有法律效力或法律意义的书面文件,主要是各种审查、检查、鉴定报告等。

司法会计文书概念,包含以下四层含义:

1.制作司法会计文书的依据是刑事诉讼法、民事诉讼法、行政诉讼法和会计法等相关法规;

2.制作司法会计文书的目的是为诉讼活动提供证据,为司法活动提供服务;

3.司法会计文书使用法律文书的专用格式;

4.司法会计文书的制作者是司法机关或有关司法鉴定机构的司法会计人员。

二、司法会计文书的要求

1.客观性。要求司法会计文书事实求是,客观反映现实情况,不掺杂任何假设、猜想等主观因素。

2.合法性。要求司法会计文书在形式上严格遵守法定程序,内容上符合法律规定;鉴定人采用的手段和方法符合诉讼法和有关法律的要求。

3.关联性。要求司法会计文书与所小案件之间具有内在的必然联系。

三、司法会计文书的特点

司法会计文书作为法律文书的一种,与其他法律文书有许多相同之处,但又具有不同于其他法律文书的特点。

1.专业性强。司法会计文书是会计、审计和司法会计专业知识在司法鉴定实践中的综合运用,是为了解决案件涉及的会计事实专门性问题而由司法会计人员或专门的司法鉴定机构制作的,在表述上必然使用较多的专业术语,具有很强的专业性。

2.司法性强。作为法律文书的一种,司法会计文书是国家有关法律的具体运用,对打击经济犯罪、解决经济纠纷,保护公民、法人合法权益都有重要意义。因此,必须严格按照法律规定的权限、范围、程序制作、传递,它具有很强的司法性。

3. 证据效力强。司法会计文书是诉讼法规定的有效证据种类,它是司法会计人员对会计资料进行认真审查、核实、论证后提供的诉讼证据,在制作前以大量的工作底稿为依据,在制作后经过侦查办案人员的审查判断,与其他证据互相印证,具有较强的证明效力。

4. 格式特定。司法会计文书格式一般由司法机关或司法行政部门统一规定,它体现出法律文书统一的法律效力,为制作和使用法律文书提供了方便。但应注意文书体例格式的要求,应与文书的内容相适应。

5. 含义单一。由于司法会计文书在司法诉讼活动中的重要地位,所以它在内容表述上必须做到含义单一、没有歧义、结论明确、表达准确,对有关的会计事实的性质、内容和责任等作出恰当的判断、论证和表达。

四、司法会计文书的制作

(一) 司法会计笔录的制作

司法会计笔录是指司法会计人员依法制作的反映诉讼活动过程,涉及会计专门性问题的各种文字记录,包括司法会计检查笔录、司法会计调查笔录、司法会计阅卷笔录等。它是认定会计事实和制作各种司法会计文书的依据。在司法会计各种笔录中,最重要的是司法会计检查笔录,它是对会计资料进行检查时,为固定检查情况所作的文字记录,是司法会计检查报告的载体。其他调查笔录、询问笔录、阅卷笔录等,是司法会计取证的方式,是司法会计制作鉴定结论的一种依据。

司法会计笔录除应遵循前面提到的制作原则和要求外,还应做到在活动过程中及时记录,不应事后凭记忆补记,以保证记录客观真实。

1. 司法会计检查笔录。司法会计检查笔录是指受司法机关指派或聘请的司法会计人员,在对会计资料检查过程中,对检查情况所做的客观文字记录。它是司法会计检查程序合法性和检查情况及其结果的文字依据。其由四部分构成:

首部:载明制作机关名称、笔录名称。

笔录特定项目:载明检验项目、主持人、检查人、检查时间、检查地点、被检查人姓名、职业、住址等情况。

检查情况和结果:载明检查经过、查清司法机关委托要求、检查的会计事项、检查结果及所附会计证据名称。

尾部:载明主持人、检查人签名,提供会计资料单位负责人和经办人签名,并加盖单位公章,检查的年、月、日。

2. 司法会计调查笔录。司法会计调查笔录是指司法会计人员为收集核实有关会计资料,向有关单位或有关人员进行调查时所做的文字记录。司法会计调查是查明会计资料真实性的一种方法,也是制作司法会计文书的一种重要依据。司法会计调查不同于公安、检察机关的侦查和法院的调查,它是由司法会计人员进行,而后者是由司法机关有关人员完成。因此,司法会计调查不具有侦查性质,也不能采用强制措施。

司法会计调查笔录由四部分构成:

首部:载明司法机关名称、司法文书名称。

笔录特定项目:载明调查项目、调查人姓名、记录人姓名、调查时间、地点、被调查人姓名、单位、职业等。

调查情况记录:主要载明调查人提问、被调查人陈述的具体内容,及提供的线索、证据等。

尾部:被调查人、调查人签名盖章、调查的年、月、日。

3.司法会计阅卷笔录。司法会计人员也有权了解与案件有关的必要的情况,以便做出正确的鉴定结论。了解案件有关情况主要是通过查阅案件有关材料,包括立案材料、被调查人陈述、有关书证、证人证明等。阅卷时将有关材料摘要记录下来,这种记录文字就是阅卷笔录。它对司法会计人员了解、核实有关会计事实有重要作用。阅卷笔录摘要应注意客观、公正和案件关键性的问题,同时要注意保密。

阅卷笔录的格式应根据具体情况而定,其内容一般应包括案由、被调查人基本情况、案件事实、已有证据和需要查明的事实、阅卷时间等。

(二)司法会计检验报告的制作

1.司法会计勘验、检查笔录。司法会计勘验、检查笔录,是指司法机关的案件承办人员在诉讼活动中,对案件中的财务会计资料、财务物资及相关场所进行勘验、检查后记录勘验、检查活动的司法会计证据文书。其由三部分构成:

首部:载明司法会计勘验、检查笔录的名称,案由、勘验、检查的时间、地点、参与勘验、检查的人员姓名、单位、职务等。

正文:主要载明勘验、检查的具体情况。是对勘验、检查作的客观记录。

尾部:载明参加勘验、检查的人员签名、见证人签名及备注说明等内容。

2.司法会计检验报告。司法会计检验报告,是指司法会计技术人员进行司法会计检验后依法制作的,载明检验过程及检验结论的司法会计证据文书。其由四部分构成:

首部:主要载明司法会计检验报告的名称及文号。

绪言:主要载明司法会计检验的受理依据、检验目的、检验概况等内容。

正文:主要载明司法会计检验过程及结论等内容,由检验、检验结论两部分组成。

尾部:主要载明司法会计技术人员所在机构名称、技术人员职务和姓名、检验报告制作日期以及附件名称等。

格式举例：

（首部）
司法会计检验报告
×检技鉴字（2007）第×号

（绪言）

（正文）

一、检验

二、检验结论   。

（尾部）

××市人民检察院

司法会计师：×××

二〇〇七年×月×日

附件：（略）

（三）司法会计鉴定书的制作

司法会计鉴定书是由司法会计人员进行司法会计鉴定后，依法制作的载明鉴定过程、分析意见及鉴定结论的法律文书。司法会计鉴定书在诉讼中具有重要作用，它所记载的鉴定结论是刑事、民事、行政诉讼法规定的证据之一。它从要求鉴定的会计事实是否发生，到确定该会计事实发生的时间、手段、数额、责任人及责任大小等，都具有直接或间接的证明力。同时，对审查、判断被鉴定人的陈述等其他证据的真实、可靠性，也有着重要作用。因此，司法会计鉴定书对查明案件事实、惩罚犯罪，保护公民、法人合法权益，具有十分重要的意义。

司法会计鉴定书作为一种法律文书，是司法会计鉴定结论等的载体，是鉴定结论的书面表现形式。司法会计鉴定书的鉴定意见，是鉴定人对鉴定事项的个人意见的陈述，不代表司法鉴定机构的意见。鉴定人个人意见的陈述，虽然具有书面形式，但在证据理论分类中，属于言词证据。

司法会计鉴定书由四部分构成：

首部：即文书标题，主要载明被鉴定案件的内容、性质和文号。

绪言：主要载明司法会计鉴定受理依据、鉴定要求、检材来源及资料范围等内容。

正文：主要载明司法会计鉴定结论及结论的依据、结论形成过程等内容。由以下两部分构成：

1. 检验和论证：即查明要求鉴定的会计事实，它是鉴定结果的事实依据。要逐项写明有关会计事项发生日期、内容、数量、金额、手段、经手人员、责任人和账务处理情况等。论证部分主要是表述对鉴定结论的论证意见,即引用技术标准及会计鉴定原理对检验结果进行分析论证。

2.鉴定意见:即鉴定结果,它是鉴定人对要求鉴定的会计事项,经鉴定后陈述的结论性意见。制作结论应注意:①结论应以检验部分所列事实为依据,对不是通过检验途径获得的信息,不能作为结论的依据。②结论的内容要与鉴定要求一致,不能随意增减鉴定结论的内容。③应注意完整地表述财务事实。④鉴定书中如有多项鉴定结论时,应注意顺序排列。

尾部:主要载明司法会计鉴定人所在机构的名称、鉴定人技术职务和姓名、鉴定书制作日期以及附件名称等。

司法会计鉴定书格式,可根据案件和所需鉴定问题的具体情况分别选择一般格式或分论式格式。这两种格式,其首部、绪言、尾部是相同的,其区别是正文部分结构不同。一般格式的正文由检验和论证、鉴定结论两部分组成;分论式格式正文部分由两个或两个以上的分论部分加综合结论部分组成,它实际上将两份一般格式合并,省略首部、绪言、尾部的重复。所以,只有一个鉴定要求的鉴定事项适用一般格式。而同一案件需要解决多个财务会计事实鉴定事项的,适合分论式格式。

格式举例:
一般格式:

　　(首部　)

司法会计鉴定书

×检技鉴字(200×)第×号

(绪言)

(正文)

一、检验及论证。

二、鉴定结论

(尾部)　　　　　　　　　　　　　　　　××市人民检察院

　　　　　　　　　　　　　　　　　　　　司法会计师:

　　　　　　　　　　　　　　　　　　　　二〇〇×年×月×日

　　附件:(略)

分论式格式：

司法会计鉴定书的分论式格式举例：

（首部）

司法会计鉴定书

×检技鉴字(200×)第×号

_____

（绪言）

_____

（正文）

（一）

一、检验及论证

_____

_____

二、鉴定结论

_____

_____。

（二）

一、检验及论证

_____

_____

二、鉴定结论(二)

_____

_____。

（三）

一、综合论证

二、鉴定结论：

（结论一）

（结论二）

（综合结论）

（尾部）

×× 市人民检察院

司法会计师：× × ×

二○○×年×月×日

附件:(略)

××省人民检察院检察技术处　××

二〇〇×年×月×日

附录 司法会计文书
司法会计鉴定委托书

济法民字(2007)第 3 号

××会计师事务所:

我院办理的荣华经贸有限公司诉威信经贸有限公司合资经营纠纷案,需要查明有关财务会计问题,根据《中华人民共和国民事诉讼法》第 72 条之规定,特委托贵所进行司法会计鉴定。

鉴定要求:

确认荣华经贸有限公司 2006 年 12 月 30 日所有者权益总额。

鉴定需要在一个月内完成。

请确定鉴定人员后,将鉴定人员名单报我院民事审判庭。

××市人民法院(公章)

2007 年 2 月 15 日

聘 请 书

济法民字(2007)第 10 号

我院办理的荣华经贸有限公司诉威信经贸有限公司合资经营纠纷案,需要查明有关财务会计问题,根据《中华人民共和国民事诉讼法》第 72 条之规定,特聘请××注册会计师担任本案司法会计鉴定人。

鉴定要求:

确认荣华经贸有限公司 2006 年 12 月 30 日所有者权益总额。

鉴定需要一个月内完成。

××市人民法院(公章)

2007 年 2 月 15 日

送 检 报 告

济检反贪字(2007)第 5 号

检察长:

我院(局)办理的××贪污一案,为了查明贪污手段、数额,需要进行司法会计技术检验鉴定。

鉴定要求:

1. 确认华英公司 2005 年 12 月第 89 号记账凭证所列会计处理业务的正确性；

2. 确认华英公司 2006 年 8 月 6 日现金应结存额与实际结存额是否相符。

当否,请指示。

审查起诉处(局)

办案人:××

××

2007 年 6 月 10 日

领导批示:同意鉴定。由技术处安排。

2007 年 6 月 12 日

(二联:案件承办部门存卷)

补充检材通知书

市中级人民法院:

贵院送检的张兵诉武和文股票纠纷案中的股票损益鉴定,经我所鉴定人员初步检验,发现缺少下列重要检材:

一、"太原物业"证券代理商 A1534562650#股东资金账户历史对账表及相关存取货币资金凭证。

二、"齐鲁检材"证券代理商 A5462864853#股东资金账户历史对账表及相关存取货币资金凭证。

三、"联合证券"证券代理商 A5981300564#股东资金账户历史对账表及相关存取货币资金凭证。

此项鉴定需补充上述检材

特告。

同远会计师事务所(公章)

2007 年 8 月 6 日

中断鉴定通知书

市中级人民法院:

贵院送检的张兵诉武和文股票纠纷案中的股票损益鉴定,经我所鉴定人员初步检验,发现缺少重要检材,并已于二〇〇七年八月六日通知贵院补充检材,因尚未收到补充检材,需要暂时中断鉴定工作,待补充检材后继续鉴定。

特告。

同远会计师事务所(公章)

2007 年 8 月 16 日

终止鉴定通知书

×检技发（2007）第 36 号

刑事检察二处：

根据贵处（2007）第 15 号《送检报告》，受检察长指派，对××省××股份有限公司等单位偷税案件涉及下列问题进行司法会计鉴定：

（一）2004 年 6 月 5 日至 2005 年 1 月××冶金有限公司流转税的纳税申报有无错误及应纳税额。

（二）2005 年 5 月至 2006 年 6 月 2 日××省××股份有限公司流转税的纳税申报有无错误及应纳税额。

（三）2003 年 5 月至 2005 年 7 月××制药公司流转税的纳税申报有无错误及应纳税额。

2007 年 5 月 18 日，代理检察员于××送来××冶金有限公司、××省××股份有限公司、××制药公司 2003 年 5 月至 2006 年 6 月部分会计资料。

检验中发现，送检的××冶金有限公司、××省××股份有限公司、××制药公司 2003 年 5 月至 2006 年 6 月的会计凭证和明细账不全。无法满足作出前述结论的要求，故终止鉴定。

技术处
2007 年 5 月 12 日

思考与练习

1. 简述司法会计鉴定的概念、特点和意义。
2. 简述司法会计鉴定的工作准则与分类。
3. 司法会计鉴定人有哪些权利与义务？
4. 什么是司法会计文书？司法会计文书的类型有哪些？
5. 司法会计文书制作的原则和要求是什么？
6. 如何制作司法会计鉴定书？

第十四章 资产的鉴定

内容提要：

资产是会计要素之一，几乎所有的会计要素都与其直接或间接相关。资产包括流动资产、固定资产、长期投资、无形资产等。对资产的鉴定，本章主要介绍对货币资金、存货、应收账款、固定资产、无形资产的鉴定。

第一节 流动资产的鉴定

一、货币资金的鉴定

货币资金是企业资产的重要组成部分，是企业资产中流动性最强的一种资产，也是不法分子盗窃、贪污、挪用的重要对象。因此货币资金的鉴定是司法会计鉴定的重要内容，对维护财经纪律，防止盗窃、贪污、挪用等问题的发生，打击不法分子，保护货币资金的安全和完整具有十分重要的意义。

货币资金包括现金、银行存款、其他货币资金（包括外埠存款、银行汇票存款、银行本票存款等）。因此，货币资金的鉴定包括现金的鉴定、银行存款的鉴定和其他货币资金的鉴定。

（一）现金的鉴定

现金是货币资金的重要组成部分，是通用的支付手段，也是对其他资产进行计量的一般尺度和会计处理的基础，它可以随时用来购买其他资产和清偿债务，支付有关费用。由于现金是流动性最大的一种货币资金，企业必须对现金进行严格的管理和控制，使现金能在经营中合理、通畅地流转，保护现金的安全，提高现金的使用效益。

1. 现金业务的主要错弊及会计表现。

（1）截留各种现金收入，包括现销和应收账款的收现。开设"小金库"是现金假账最常见的形式，即现金收入不入账。例如：销售收入明细账与产成品或库存商品明细账中的有关记录，存在产成品或库存商品明细账中有销售记录，而销售明细账中无此记录，或者前者大于后者的情况；"固定资产"、"低值易耗品"等明细账户中所反映的有关残值收入,有无收入不入账现象;属于残值收入的物资报废而账上无记录,则可能隐匿收入。

(2)挪用资金,虚报冒领。例如:单位反映成本、费用支出情况的明细账及会计凭证中存在以领代报、以借代报的记录;有关费用凭证,存在涂改原始凭证、报销的凭证没有经过审核、签字模糊的现象;利用副本重复报销或用白条虚报支出的现象;利用吃空额、涂改或虚报工资表中的有关内容进行贪污的现象;有私人购物品公款报销进行贪污的现象。

(3)现金超额存放和白条抵库。例如:出纳员采取措施掩盖贪污或挪用公款的现象,或转移账外资金;"白条"抵充库存现金;超过库存限额部分的现金不及时送存银行。

2. 现金鉴定的程序和方法。现金鉴定的程序和方法包括现金内部控制鉴定的程序和方法、现金收入的鉴定程序和方法、现金支出的鉴定程序和方法等。

(1)现金内部控制鉴定的程序和方法。保证现金的安全、完整,是现金管理的首要目标。企业应当严格按照国家有关现金管理的规定收支现金,并严格按照企业会计制度的规定核算现金的各项收支业务。其程序和方法如下:

第一,鉴定现金收支业务中相关职务是否分离。现金收付及保管只能由经批准授权的出纳来负责处理,其他职员不得接触支付前的任何现金。而且出纳也不得从事除登记现金、银行存款之外的其他账簿凭证的登记、填制工作。会计制度明确规定会计、出纳不能兼任,分工必须明确。

第二,鉴定现金的收付是否严格遵守国家的相关规定。企业应每日将超过限额的现金及时全部送交银行,出纳不得坐支;现金的使用范围必须符合国家规定;现金的收付必须严格按照会计制度及时、正确地填制有关凭证,并登记入账。

第三,鉴定企业是否建立稽核制度。库存现金应做到日清、日结、日对,保证账实相符。出纳每天通过对现金日记账簿的结账,同时清查现金,保证账实相符。会计部门或内部审计部门应随时抽查盘点现金。

(2)现金收入的鉴定程序和方法。根据"现金日记账"收方记录逐项、逐笔进行核对,保证账证、证证相符。其程序和方法如下:

第一,鉴定现金收款收据记账联与存根联金额数字是否一致。是否存在截留各种生产经营收入、各项罚没收入。例如将销售收入中的现金部分或全部不入账,存入小金库。

第二,鉴定是否存在私自将投资、联营的所得转移、存放于外单位或境外。有关经济活动是否根据合同协议及时、足额收取投资和联营利润。

第三,鉴定是否存在隐匿回扣、佣金好处费。检查有关会计资料和财产物资的记录或实际情况,分析该单位在采购过程中是否存在舍近求远,所购物资质次价高、不适销的情况。

（3）现金支出的鉴定程序和方法。根据"现金日记账"付方记录逐项、逐笔进行核对，保证账证、证证相符。其程序和方法如下：

第一，鉴定"现金日记账"付方业务金额记录内容的真实性。对金额较大、登记摘要内容模糊不清的账目与付款凭证及原始凭证进行核对，是否存在挖补、更改、合计汇总金额不相符的现象。

第二，鉴定会计凭证是否账证一致，即付款凭证合计金额与原始凭证合计金额是否一致，若原始凭证合计金额小于付款凭证合计金额，则可能存在贪污差额款。

第三，对非正常业务的重要现金支出，着重注意每笔支付是否经过授权人签字批准、手续是否完备。

3.案例分析。

案情摘要：

有人举报某公司出纳王××有贪污、挪用公款行为。鉴定人员在 2006 年 12 月 1 日审查该公司"其他应收款"明细账时，发现一笔"上年结转"应收李××的暂借差旅费 3 万元。

鉴定方法：

1.鉴定人员查阅 2006 年的其他应收款明细账，发现借款时间为 2005 年 1 月 12 日，凭证号为 12#，金额为 5 万元，其记录真实，手续完备。

2.鉴定李××出差及报销情况。经查李××已于 2005 年 4 月 18 日报销并结清该项费用，核查 2005 年 4 月 18 日"现金日记账"支付现金 5 万元。其记账分录为：

借:营业费用——差旅费　　　　　　　　　　　　　　50 000

　　贷:现金　　　　　　　　　　　　　　　　　　　　　50 000

显然，报销凭证应该抵减前期借款，询问出纳确系挪用公款。

鉴定结论：

在账务处理时，没有冲减"其他应收款"账户，利用职务之便挪用公款。

(二)银行存款的鉴定

1.银行存款业务的主要错弊及会计表现。银行存款是企业存入银行或其他金融机构的货币资金。企业根据业务需要，在其所在地银行开设账户，运用所开设的账户，进行存款、取款以及各种收支转账业务的结算。

银行存款是单位货币资金中最主要的部分，也是不法分子觊觎的对象。银行存款业务的错弊及会计表现如下：

（1）存入的现金来源不合法。

（2）超过库存限额的现金没有全部、及时地送存银行。

（3）有假存、少存、支出后不记账的舞弊行为。例如会计人员对银行存款支出后不记账或者将销售款贪污后，在账上仍作银行存款和销售收入同时增加处理。

（4）出借账户，非法违规出借银行存款。例如非法提现，用于非法开支，出租账号收取好处费。

2. 银行存款鉴定的程序和方法。银行存款鉴定的程序和方法包括银行存款内部控制鉴定的程序和方法、银行存款增加或减少鉴定的程序和方法、银行存款结存鉴定的程序和方法等。

（1）银行存款内部控制鉴定的程序和方法。银行存款的收付业务具有收付集中、支付频繁的特点。对银行存款的内部控制包括职责分离、支票管理、余额核对等。其程序和方法如下：

第一，鉴定银行存款收付业务的相关人员职责分离。在银行存款收付业务中涉及出纳、会计、主管及银行相关人员。应做到银行存款的审批人同出纳、支票保管人员和记账员职责相分离，负责调整银行往来账的人员同现金收付员、应收和应付账款员相分离。

第二，鉴定是否有严格的支票管理制度。所有的空白支票必须连续编号，空白支票应妥善保管，支票存根要按有关规定妥善保存。任何有文字或数字更改的支票应予作废（加盖"作废"戳记），并且同其他支票存根一起，按顺序编号并保留。每项支票支出，都必须经过核准的发票或其他必要的凭证作为书面依据，而且必须经过指定的支票签署者的审批和签发。所有已签发的支票，应于当日及时入账，并定期与相关账户核对。

第三，鉴定银行存款余额的真实性。对银行存款总分类账、银行存款日记账、银行对账单应及时核对，做到账账相符、账证相符，并编制银行存款余额调节表，调整未达账项，核实银行存款余额的准确性、真实性。

（2）银行存款减少鉴定的程序和方法。银行存款减少鉴定的程序和方法是鉴定银行存款日记账付方业务记录的真实性、划出银行存款的理由是否正当以及账账、账证、证证是否一致等。其程序和方法如下：

第一，鉴定银行存款日记账付方业务记录的真实性。根据现金日记账收方或银行存款日记账付方记录的提取现金摘要，审阅提取现金的有关摘要上的说明，是否有正当理由，提取现金后是否入账。根据"现金"科目和"银行存款"科目，分析资金流向是否正当、合理。

第二，鉴定划出银行存款的理由是否正当。根据银行存款对账单与"银行存款日记账"逐笔核对并调阅有关会计凭证，查证银行存款支出理由是否恰当，是否支出后不记账，以掩盖非法开支的舞弊问题。

第三，核对企业的销售收入明细账与商品明细账，查证是否有发出商品后长期货款未收，并查证是否有假退货现象。

（3）银行存款结存鉴定的程序和方法。银行存款结存鉴定的程序和方法重点在核对银行对账单记录上，其程序和方法如下：

第一,鉴定银行存款日记账是否有多记或少记现象。将银行对账单记录与银行存款日记账逐笔核对,核实调节表上各个调节项目的记录是否真实完整。任何漏记或多记项目现象都是违规行为。

第二,鉴定未达账项的增减情况及余额调节表的真实性。在核对银行存款日记账账面余额和银行对账单余额的基础上,复核未达账项加减调节,验证调节后两者的余额计算是否正确。

3. 案例分析。

案情摘要:

鉴定人员在核查某企业"银行存款日记账"时,发现该账户借贷业务明显少于"银行对账单"的借贷业务,怀疑有非法行为。

鉴定方法:

1. 鉴定"银行存款日记账"与"总账"的余额、"银行存款日记账"与"银行对账单"余额是否一致。经核实账账相符、账证相符。

2. 鉴定"银行存款日记账"与"银行对账单"的借方合计金额、贷方合计金额是否一致。经核实"银行存款日记账"与"银行对账单"的借方金额不相符、"银行存款日记账"与"银行对账单"的贷方金额不相符,经过逐笔核对"银行存款日记账"的借贷金额明显少于"银行对账单"的借贷金额。显然出纳人员利用职务之便非法出租账户。

鉴定结论:

虽然相关账户的余额相符,但借方合计金额、贷方合计金额不一致。"银行存款日记账"没有按时间、按顺序逐笔登记;出租账户,非法收取手续费。

(三)其他货币资金的鉴定

1. 其他货币资金业务的主要错弊及会计表现。其他货币资金包括外埠存款、银行汇票存款、银行本票存款、信用卡存款等。其他货币资金主要错弊及会计表现如下:

(1)外埠存款有超出采购存款的用途。

(2)银行汇票超出使用范围。例如用银行汇票为个人消费或为职工购买物品;开出银行汇票,套取现金;将现金用于非法活动,例如个人用于炒买炒卖股票。

(3)贪污汇票存款。例如利用假发票或购进质次价高的商品,发票单位或收款单位不一致的现象。

2. 其他货币资金鉴定的程序和方法。其他货币资金鉴定的程序和方法主要包括鉴定开设账户的合理性、合规性、合法性,其程序和方法如下:

(1)鉴定开设账户的合理性。查阅各种存款的日记账,查证各种专户存款开立是否必要;外埠存款是否因临时、零星采购物资所需而开立;信用证存款是否因在开展进出口贸易业务中采用国际结算方式所需而开立等。

(2)鉴定外埠存款的合规性。鉴定人员应认真审查外埠存款购进的全部商品、材料和其他物资,看其有无超出采购存款的佣金;查阅"其他货币资金"科目下的"外埠存款"明细账余额,查明有无长期挂账现象,若有,则说明有不及时办理结算手续或挪用资金的问题。

(3)鉴定银行汇票、银行本票的合规性。审查银行汇票、银行本票申请书,查明被审单位与收款单位有无业务往来。审查购销合同规定的结算方式是否采用银行汇票或银行本票结算;审查有无长期挂账而挪用存款或侵占行为等。

3.案例分析。

案情摘要:

鉴定人员在 2006 年 12 月核查某企业"其他货币资金——外埠存款"明细账时,发现 2004 年 5 月 15 日 6#凭证汇出汇款 350 万元,至今未结账。经核对该企业的往来单位,发现很少与汇出所在地有联系。

鉴定方法:

1.鉴定该项外埠存款账户资料的真实性。经查在申请书上申请的理由为"为采购商品需要,在 A 地开设临时采购户"。核查 2004 年 5 月 15 日 6#凭证记录:

借:其他货币资金——外埠存款   3 500 000

   贷:银行存款   3 500 000

所附信汇凭证注明开户行:××工商行××支行 A 办事处,收款单位为:A 地采购部。

2.鉴定巨款的去向。前往 A 地办事处,核对对账单,发现其存款余额 350 万元,收款单位和付款单位均为 A 地证券公司。经鉴定人员反复核查,A 地办事处为了吸收存款同意该企业以外埠采购为名设立账户,实际上允许该企业自由存取,违反结算纪律。

3.进一步核查"银行存款日记账"发现转入本市××厂的金额达 60 万元。

鉴定结论:

该企业挪用外埠资金,用于投资。其目的是通过证券交易赚取收益,作为"小金库"存款;A 地办事处为了吸收存款违反结算纪律。

二、存货的鉴定

存货是企业在生产经营过程中,为生产耗用或销售而储存或持有的各种具有实物形态的流动资产。在大多数企业资产中,存货资产不仅占用的资金大,而且品种繁多,比如为生产储备的各种原材料、燃料及辅助材料,生产过程中的在产品、自制半成品,生产完毕已入库等待销售的产成品及各种商品,在生产过程中使用的包装物、低值易耗品等。

存货具有如下特点:一是存货属于流动资产范围,它通常在一年内被消耗或经出售转换为现金;二是存货是数额较大的流动资产,在资产总额中往往占有较大的比例;三是存货由于始终处于不断地耗用和重置过程中,更换频繁,它的计价比较复杂;四是存货价值确定的合理性直接影响销货成本和净收益,也影响资产负债表和损益表中有关数字的真实可靠性;五是存货在不断地耗用过程中容易发生错误和舞弊行为。因此对存货的鉴定、核算和监督非常重要。

(一)存货业务的主要错弊及会计表现

由于企业存货的品种、规格、型号复杂,进出频繁,数量和质量变化较大,若管理不严,将会产生一些漏洞,给贪污、盗窃等不法行为以可乘之机。

1.外购存货的主要错弊及会计表现。

(1)外购材料成本有时存在不真实性。根据会计制度的规定,工业企业外购材料所发生的费用及运输途中的合理损耗应计入所购材料的成本,但在实践工作中,有些企业将各种进货费用直接以"管理费用"列支,从而造成成本不实,影响本期及以后各期经营成果的准确性。

(2)当期费用存在不真实性。按照商品流通企业会计制度规定,出口商品和内销商品应以其原进价作为采购成本,购进环节发生的进货费用直接以"营业费用"列支;进口商品以其国外进价与进口税金之和作为采购成本。但在实际核算中,有些企业在有关进货费用的处理上不规范,人为地增加或减少物资采购成本,造成会计信息失实。

(3)有些企业往往采用虚列成本的方式,夸大自制存货和委托加工存货的成本,达到少交税金的目的。

(4)有些企业将捐赠的存货不入账,形成账外财产或有意将其出售后形成"小金库"。

(5)存货购进过程中发生的溢缺、毁损的会计处理有时处理不恰当,把应由责任人赔偿的短缺毁损损失作为企业的"营业外支出"或"营业费用"、"管理费用"处理;把属于供货方多发等原因造成的商品溢余私分或账外出售后作为"小金库"处理等。

2.存货发出的主要错弊及会计表现。

(1)存货发出时选用的计价方法不够合理、恰当。存货的计价方法各有其优缺点和适用范围,企业应根据自身实际生产经营管理的需要和实际情况并结合每一种计价方法的特点选用存货计价方法。但在实际工作中存在一些问题,主要表现在:

一些材料种类不多,材料管理制度不够健全的中小型工业企业选用计划成本材料进行日常核算,造成材料计划成本的制定缺乏依据和稳定性;而一些材料品种较多的大型工业企业采用实际成本进行材料的核算,增加了核算工作量,不能适应材料管理和核算的需要。对这类问题,鉴定人员应了解该企业选用何种方法,调查该企业材料管理和核算方面的基本情况,确定其选用方法的合理性。

采用实际成本核算材料或商品产品的工商企业,不能根据材料、商品的变动、物价走势、管理要求确定合理的存货发出计价方法。例如有些企业存货的增减变动比较复杂,品种规格较多,一般应采用加权平均法计算发出成本,但却选用了个别计价法,从而增加了核算工作量,也给业务、仓库等部门的管理工作增加了难度。对这类问题,鉴定人员应查阅有关存货明细账贷方记录及对应账户的记录确定其选用方法是否合理、正确。

(2)随意变更存货的计价方法。根据会计制度规定,企业可以根据自身的需要选用制度所规定的存货计价方法,但选用的方法一经确定,年度内不能随意变更,如确实需要变更,必须在会计报表中说明变更原因及对财务状况的影响。

(3)人为地多计或少计存货发出的成本。有些企业为了达到隐匿收益的目的,采用各种不正确的手段,人为地调高计划成本,隐匿利润;有些企业则相反,有意确定较低计划成本,达到虚报利润的目的,造成虚盈实亏。

(4)以样品、材料、商品或产品报损的方式发出存货,私分或出售存入"小金库",造成国家财产流失、增加了当期费用。

存货的确认,除应确定在性质上是否属于存货外,还应确定是否属于企业的存货。通常是以是否拥有所有权作为判断标准,凡所有权已属于企业,不论企业是否已收到或持有,均应作为本企业的存货;反之,若无所有权,即使存放于企业,也不能作为本企业的存货。

(二)存货鉴定的程序和方法

1.存货内部控制鉴定的程序和方法。存货内部控制鉴定存在于存货业务流转过程中的控制,涉及采购、验收、存储、发货等几个环节。存货的内部控制鉴定包括鉴定存货业务中相关职务是否分离、是否建立了授权批准控制制度、存货库存控制制度等。其程序和方法如下:

(1)鉴定存货业务中相关职务是否分离。存货业务涉及采购、验收、保管领用、盘点、会计记录等工作,从事这些工作的人员应适当分离。例如采购部门人员与验收、保管人员适当分离,产成品验收部门同产品制造部门人员分离,保管人员同会计记录人员分离。

(2)鉴定授权批准控制制度。例如采购存货应由使用部门或企业提出采购计划或清单,经有关领导批准后执行,不能由采购人员自行决定。存货的耗用或销售要由具体部门编制计划,并报主管领导批准。

(3)鉴定存货库存控制制度。为了控制存货的储存数量,对存货应定期或不定期进行盘点,对盘盈盘亏应查明原因,转交财会部门按规定作出账务处理。

2.存货取得时鉴定的程序和方法。对存货的取得,可以通过记账凭证的审查和实物流程的跟踪,鉴定业务的手续和核算工作的合法性。其程序和方法如下:

(1)鉴定购进业务手续是否齐全。例如存货进库是否经过质检、计量、验收、办理入库等手续;购进相关凭证是否经过业务主管、采购、质检、验收、保管、会计等相关人员复核签章。

（2）鉴定采购合同的可行性。即合同内订购的材料,是否符合材料商品采购计划的要求和生产部门的需要,并符合生产进度安全和经营的需要。

（3）鉴定存货购入账户设置的合规性。例如材料采购业务的核算,一般应设置"材料采购"、"原材料"、"燃料"、"包装物"、"低值易耗品"等总分类账户;流通企业则设置"商品采购"、"库存商品"、"商品进销差价"等总分类账户。对相关凭证审阅,进行账证核对,验证其账务处理是否符合财务制度的规定。

3.存货发出鉴定的程序和方法。存货发出业务,一般由企业生产计划、销售计划和销售合同作出安排。生产用料发出时,应填制"领料单";销售商品或材料,一般根据销售计划和销售合同规定的条件和发货时间,由业务员填制发货单,经审核无误后送仓库发货。发货后,将内部转账、结算联签章后,转交销售部门和财会部门办理转账和货款结算。其程序和方法如下:

（1）鉴定存货发出是否经过授权批准。领料单、发货单（或提货单）所列材料、商品是否符合计划和合同规定,是否经过必要的审批、复核手续。

（2）鉴定存货发出是否与合同相符。企业销售各类产品、商品或其他物资,一般应双方签订购销合同,以明确双方责任,以保证按期供货、及时收回货款。

（3）鉴定存货发出手续是否完备。领料单、发货单（或提货单）所列材料、商品是否手续完备,以明确责任;计算是否无差错,填写是否清楚。

4.存货储存鉴定的程序和方法。存货储存鉴定的程序和方法包括鉴定存货结存数量的真实性、记录的准确性、盘存情况、存放情况等,其程序和方法如下:

（1）鉴定存货结存数量的真实性。成立清点小组,对存货进行盘点,核对账面数量与实际数量是否一致。

（2）鉴定存货记录的准确性。鉴定人员可随机抽查各类存货记录,对存货的数量、单价、金额进行复核,以验证其存货记录的正确性。

（3）鉴定存货的盘存情况。根据盘查结果,填制盘存表,并写出盘点报告。

（4）鉴定存货的存放情况。存货的存放是否有理有序,有无防火、防盗及其他安全措施等。

（三）案例分析

案情摘要:

鉴定人员在查阅某商品流通企业会计报表时,发现2006年10月份利润额较以前各期及上年同期有明显减少,主营业务成本水平较以前各期及上年同期增加,经了解,该企业市场环境、销售情况近两年比较稳定。

鉴定方法:

核对账账相符的真实性。经检查该企业采用加权平均法计算主营业务成本,核对"库存商品"明细账中计算的主营业务成本总额为125 642元,而"库存商品"总账账户

及"主营业务成本"账户记录的主营业务成本225 642元,其记账凭证的内容为:

借:主营业务成本　　　　　　　　　　　　　　　　225 642
　　贷:库存商品　　　　　　　　　　　　　　　　　225 642

经过核实该企业主管人员承认虚转成本10万元。

鉴定结论:

该企业利用虚转成本的手段隐匿利润,达到偷税漏税的目的。

三、应收账款的鉴定

应收账款是指企业因销售商品、产品,提供劳务等活动,应该向购货单位或接受劳务单位收取的款项,是企业在赊销业务中所形成的债权性资产。

(一)应收账款业务的主要错弊及会计表现

1.应收账款的真实性,有虚列债权的现象。

2.应收账款增减变动的记录有些时候不完整。

3.应收账款存在是否可收回,长期挂账的现象。

4.坏账准备的计提方法和比例有时候不够恰当,坏账准备的计提不充分;企业在各项应收款项中,可能会因购货人拒付、破产、死亡等原因而无法收回。

5.应收账款的期末余额不够正确。

(二)应收账款鉴定的程序和方法

1.应收账款内部控制制度的鉴定。由于应收账款产生于销售收入业务,是销售收入过程中的一个环节,因而对应收账款内部控制制度的鉴定也应融于销售业务内部控制鉴定中,通过对销售业务内部控制的健全性、有效性作出评价,从而达到对应收账款内部控制的鉴定,特别应注意是否进行了职能分工。

2.鉴定应收账款核算的正确性,主要通过账账核对和明细账设置进行检查。

3.鉴定总分类账与明细账的余额是否一致。如果账账核对出现差异时,应仔细分析,当分类账总额小于明细账总额时,多数是记账差错所致;当分类账总额大于明细账总额时,应特别注意,可能有关人员私吞货款。

4.检查原始凭证,鉴定证证是否一致。通过审阅账户的明细账和原始凭证,如属虚列主营业务收入,则可能其记账凭证未附原始凭证,或者没有附销售部门核准的销售发票和发运单,或者明细账没有登记在账户上。

(三)案例分析

案情摘要:

鉴定人员对某企业年度资产负债表审核时,了解到该企业坏账准备提取率为

0.4%,该企业"应收账款"余额为 860 632 元,但"坏账准备"贷方余额为 13 442.53 元。

鉴定方法:

1. 鉴定"坏账准备"应计提金额。查阅企业的"应收账款"、"应收票据"、"其他应收款"、"坏账准备"账户的余额,该企业 12 月末,"应收账款"余额为 860 632 元,应提坏账准备 3 442.53 元(860 632 × 0.4% = 3 442.53)。该企业 11 月末"坏账准备"贷方余额为 442.53 元,故 12 月应计提 3 000 元坏账准备。

2. 鉴定"坏账准备"实际计提金额是否正确、合理。调阅 12 月 30 日 28# 凭证分录为:

```
借:管理费用                                      13 000
    贷:坏账准备                                      13 000
```

经核查,该企业虚增提取基数,任意提高计提标准,并将"应收票据"账户的余额、"预付账款"账户的余额与"应收账款"账户的余额一起作为计提基数,从而使当年管理费用虚增了 10 000 元。

鉴定结论:

该企业为了降低本年度纳税所得额,故意将不应计提坏账准备的"应收票据"、"预付账款"纳入计提范围;同时,人为地将计提比率提高,虚减利润 10 000 元。

第二节 非流动资产的鉴定

企业的非流动资产是指除流动资产以外的其他资产,包括固定资产、长期投资、无形资产、在建工程、工程物资和开发支出。下面我们主要介绍固定资产和无形资产的鉴定。

一、固定资产的鉴定

固定资产是指使用期限为一年以上、单位价值在规定的标准以上且在使用过程中保持其原有实物形态的资产。由于固定资产在企业资产总额中占有相当大的比重,并对资产负债表,损益表等重要财务报表的编制结果是否真实、正确具有很大影响,所以,对固定资产的核算正确与否的鉴定十分重要。

(一)固定资产业务的主要错弊及会计表现

1. 实际工作中,有些企业不严格按照国家标准划分固定资产与低值易耗品,混淆两者的区别。主要表现在:第一、企业购入固定资产的支出属于资本性支出,而购入某些低值易耗品的支出属于收益性支出,混淆资本性支出与收益性支出的区别。第二、企业固定资产的价值是在其有效使用期内,以折旧的方式分期转移到生产成本与营业费用中,并从本期和以后各期收益中得到补偿;而低值易耗品的价值则是一次或分次摊销的形式,记入到生产成本或营业费用中去,从本期收益中得到补偿。两者价值的转移形式不同,每期所转移价值水平也不相同。混淆两者的区别,必然造成企业本期与以后各期经营成果的计算不真实、不准确,进而影响到企业应向国家交纳的所得税。

2.企业对固定资产没有根据实际情况进行分类。一般企业多采用按经济用途和使用情况分类。对固定资产的分类正确与否主要涉及企业对哪些固定资产应计提折旧,以及折旧费用的列支问题。这些问题都直接影响到企业费用与成本的计算、财务成果的确定、计算所得税的依据。比如将非生产经营用的固定资产归类于生产经营用固定资产。前者计提的折旧费用计入管理费用,作为期间费用从当期销售收入中抵扣。后者计提的折旧费用计入制造费用,然后采用适当方法分摊到生产成本,在产品销售时计入主营业务成本,从当期销售收入中抵扣。两者的列支范围不同,计入损益的时期也不相同。

3.混淆采用经营租赁方式租入的固定资产与采用融资租赁方式租入的固定资产。前者不计提折旧,由租出企业计提折旧;后者按规定计提折旧。混淆两者的区别,将会降低或提高折旧费用,从而造成企业财务成果与所得税的误差。

(二)固定资产鉴定的程序和方法

固定资产是企业的劳动资料,对固定资产的鉴定是通过对固定资产相关经济活动及其账目的检查进行。其程序和方法如下:

1.固定资产内部控制的鉴定程序和方法。

(1)鉴定固定资产是否有严格的管理控制制度。新增固定资产是否经过预算申请,相关机构审批、复核,才能购入。对固定资产的调出、出售、报损、盘盈、盘亏都要有相关的申请报批程序。

(2)鉴定固定资产是否有严格的会计管理控制制度。对固定资产的总账与明细账进行定期或不定期的核对,做到账账相符、账证相符、账实相符。

(3)鉴定固定资产是否有严格的职责分工制度。对固定资产的取得、保管、登记、使用、维护等均应由专人负责,分清责任。

(4)鉴定固定资产是否有严格的库存保管制度。

2.固定资产取得时鉴定的程序和方法。

(1)鉴定购入固定资产是否符合有关规定,查阅有关原始凭证,包括购货合同、发票、保险单发运凭证等文件,看其计价是否正确,授权批准手续是否齐备,会计处理是否正确。

(2)查证固定资产价值是否包括了有关费用,特别注意有无将运杂费计入成本;了解计价依据,核对入账价值,鉴定投资者投入固定资产实有金额。

(3)审查租赁协议或合同,了解租赁费的构成项目,鉴定融资租入的固定资产实有数。

（4）鉴定接受捐赠的固定资产实存金额。

3. 固定资产有偿调出、出售、报损后鉴定的程序和方法。固定资产的减少包括固定资产有偿调出、出售、报废、毁损、盘亏等方式，其程序和方法如下：

（1）鉴定出让时的结转金额是否正确。将累计折旧、固定资产、银行存款、固定资产清理等账户进行核对，有无将拆除费用计入生产成本的情况。

（2）鉴定转入营业外收支账户的正确性。重新计算变价净收入与账面净值的差额，并与营业外收支账户上登记的数额核对，有无将其差额列入其他收入账户或管理费用账户的情况。

4. 固定资产实有数鉴定的程序和方法。鉴定固定资产实有数的目的是查证账实是否相符。因此，应鉴定固定资产账户账面数字与实物数量的一致性，其程序和方法如下：

（1）鉴定小型、易动而价值又大的设备，应进行实地清点，有无被盗、贪污、占用情况。

（2）鉴定大型、不动的设备是否完整，并检查其零部件、附属设备是否存在。

（3）鉴定租出设备的真实性、合理性。检查有关协议、合同，有无以出租为名，倒卖国家财产的问题，并鉴定租金收入的账务处理是否正确。

（4）鉴定租入设备是否为单位生产经营管理所必需，租金支出是否正确。并注意检查有无以租入为名，进行计划外购置的情况。

5. 固定资产折旧鉴定的程序和方法。鉴定固定资产折旧的账目，重点是计提折旧是否合规、是否正确。鉴定时主要是审查固定资产折旧的计提方法、计提价值、折旧方法、折旧额等项目。其程序和方法如下：

（1）鉴定折旧方法和折旧计提比率是否符合规定，折旧方法前后是否一致。注意租出或租入的固定资产应由谁来提取折旧。有无应由本单位计提折旧而未计提，不应本单位计提而又计提的情况。

（2）鉴定当月减少固定资产是否计提折旧，当月增加固定资产是否计提折旧。注意有无混淆在用和未用固定资产的情况。

（3）鉴定计提折旧的固定资产是否正确，并复核其折旧额，检查其计算、入账是否正确。

（三）案例分析

案情摘要：

鉴定人员在对某厂进行查阅时，发现该企业2006年7月至9月的费用水平低于正常情况，财务成果好于往年同期。对该企业收入、费用支出项目逐一进行了分析、比较，发现折旧费一项比往年同期低了很多，在此期间，企业的固定资产并未减少。

鉴定方法：

1.鉴定计提折旧业务的准确性。通过核查7月至9月"固定资产"折旧计算表中所列的各项固定资产计提折旧的具体情况，与各项"固定资产卡片"逐一核对，发现该企业第三车间厂房和机器设备在7月至9月内没有计提折旧，3个月应计提折旧额58 000元。

2.鉴定其是否属于计提折旧对象。经核查该车间属于季节性停止生产，厂房和机器均暂停使用。

鉴定结论：

按照国家规定，房屋、建筑物无论是否使用均应计提折旧，季节性停用的机器设备也应计提折旧，该企业人为虚减费用，虚增利润。

二、无形资产的鉴定

无形资产是指企业为生产商品或者提供劳务、出租给他人、或为管理目的而持有的，没有实物形态的非货币性长期资产，主要包括专利权、专有技术、商标权、著作权、土地使用权和商誉等。

无形资产虽没有实物形态，但某些无形资产的存在有赖于实物的载体，如计算机软件需要存储在磁盘中。但这并没有改变无形资产本身不具有实物形态的特征。无形资产在多数企业里发生的业务量比较少，一般采用逐笔核对的方法进行鉴定。

（一）无形资产业务的主要错弊及会计表现

1.无形资产是否存在。

2.无形资产是否归被审计单位所有。

3.无形资产的增减变动及其摊销的记录是否完整。

4.无形资产的摊销政策是否恰当。

5.无形资产的期末余额是否正确。

6.无形资产在会计报表上的披露是否恰当。

（二）无形资产鉴定的程序和方法

1.无形资产内部控制的鉴定程序和方法。

（1）鉴定无形资产审批制度的完整性，验证无形资产的取得是否经过批准、手续是否完整，验证其是否得到合理的控制。

（2）鉴定无形资产是否存在，是否具有获利能力，核查取得无形资产的项目是否为企业长期拥有，其经济效益能否超过同行业收益水平。

（3）鉴定无形资产计价制度的正确性，对购入或投资者投入的无形资产，应检查合同、协议的规定、评估确认文件。

（4）鉴定无形资产摊销制度的合理性。

2.无形资产增加的鉴定程序和方法。无形资产增加大致可分为两种情况，一是企业创办初期，投资人作为投资投入的；二是企业在经营过程中购入、自行开发以及接受捐赠形成的。其程序和方法如下：

（1）鉴定购入无形资产发票的价款是否真实、正确。鉴定人员必须核查有无伪造、篡改的行为，购入无形资产直接相关的费用是否计入价值，有无其他无关费用计入无形资产购入成本的行为。

（2）查阅无形资产账户，查证企业商誉的作价入账是否只是在企业合并情况下发生，有无在正常的经营期内，擅自将商誉作价入账。

（3）鉴定无形资产的作价行为。审查企业由法定评估部门的评估证书，从而查明企业有无未经法定评估而擅自对无形资产作价的行为。

3.无形资产减少的鉴定程序和方法。无形资产的减少包括无形资产出售转让、投资转出，以及寿命结束退役。

（1）鉴定无形资产出售转让、投资转出行为的真实性。企业的某项无形资产不需要时，或者是出售比继续使用在经济上更为合算时，方能出售。许多企业行为没有科学的决策程序，不经过可行性分析，往往造成无形资产投资转出效益少，甚至发生亏损现象。鉴定人员应结合长期投资，查证企业是否与被投资单位签订合同、协议，其内容是否符合互利互惠原则，有无经办人为个人私利故意签订对企业不利的合同条款。

（2）鉴定无形资产出售转让、投资转出计价的合理性。无形资产的价值应按照当时的市价，考虑该项无形资产的全部使用有效期，以及转出时尚存的有效期予以确认。如果无市场价格可以参照，则可按无形资产的实际成本，扣除已摊销额，加上适当的利润予以确认。我国目前不仅国有固定资产流失严重，而且无形资产的流失问题也很严重，其中最大漏洞就是在企业合资、兼并、租赁、破产及转让过程中对无形资产压低其转让价值，甚至不计价而使国有资产遭受损失。鉴定人员必须按计价原则进行审查、验证，必要时可以向专家或专业评估机构申请协助。

（3）鉴定无形资产出售转让、投资转出的账务处理是否正确。制度规定，企业转让或出售无形资产取得的净收入，除国家法规另有规定外，应计入企业的"其他业务收入"账户。其转让成本，计入"其他业务成本"账户。鉴定时应清查"其他业务收入"、"其他应付款"、"其他业务成本"等有关账户，是否有乱列收入、支出，违反规定人为增加或减少利润的现象。

4.无形资产摊销鉴定的程序和方法。无形资产的摊销是价值的转移，在无形资产寿命周期结束之前，无形资产能在企业发挥作用，但摊销会逐步进行。在实际中存在对无形资产摊销不合理、不合规的现象。

（1）鉴定无形资产摊销期限的正确性。查阅企业的有关合同、协议和申请书规定的摊销期限是否一致，是否符合有关规定。

（2）鉴定无形资产摊销的账务处理。无形资产的摊销按规定列入管理费用，因此必须查阅制造费用、销售费用、营业外支出、其他业务支出等相关账户是否相互混淆。

（3）鉴定无形资产的摊销是否有任意多摊或少摊，人为地调节财务成果。

三、案例分析

案情摘要：

鉴定人员查阅某企业无形资产转出时，发现企业向外转让专有技术一项，取得转让收入6万元，该专有技术的账面价值是3万元。其相应账务处理为：

借：银行存款	60 000
贷：营业外收入	60 000
借：营业外支出	30 000
贷：无形资产	30 000

鉴定方法：

1. 鉴定"营业外收入"、"营业外支出"明细账中有无该项收入。经查证无此项业务发生。

2. 鉴定该项业务账务处理是否正确。很明显该业务的账务处理错误。

鉴定结论：

由于错误的账务处理，将应列入其他业务收支的情况，列入了营业外收支，其结果逃避了转让无形资产应交的营业税。

思考与练习

一、问答题

1. 简述银行存款鉴定的程序和方法。

2. 简述存货鉴定的程序和方法。

3. 简述固定资产实有数鉴定的程序和方法。

二、案例题

1. 案情摘要：

鉴定人员查阅某企业2006年2月末银行存款账户日记账余额785 601元，银行对账单余额748 506元，并核准未达账项如下：

（1）银行已收、企业未入账款项42 000元；

（2）银行已付、企业未付账款项115 200元；

（3）企业已收、银行未入账款项45 820元；

(4)企业已付、银行未付账款项 102 450 元。

鉴定要求：

根据以上资料编制银行存款余额调节表，并判断银行存款余额是否正常。

2．案情摘要：

(1)鉴定人员查阅某商品流通企业"库存商品"明细账时，发现 2006 年 4 月所购商品的采购成本比前两次进货高。

(2)核对记账凭证与原始凭证记录的真实性。经检查该 4 月 12 日 15# 凭证记账凭证，内容为：

借：物资采购	21 000
应交税金——应交增值税	3 570
贷：银行存款	2 4570

该记账凭证所附的原始凭证是一张增值税专用发票和费用发票，专业发票上注明该批商品进价 20 000 元，增值税率 17%，费用发票上注明运杂费 600 元，包装费 400 元。显然该企业将上述进货费用 1 000 元计入了商品成本。

鉴定要求：

该企业的账务处理是否正确？给企业造成怎样的影响？

3．案情摘要：

(1)2006 年 4 月，鉴定人员查阅某企业"固定资产"总账，发现该企业 2006 年 1 月新增固定资产 2 800 元，进一步检查该项业务有关的固定资产卡片，发现该项固定资产的品名为"计算机配件——××"。

(2)核实 2006 年 1 月 26# 凭证分录为：

借：固定资产——计算机配件——××	2 800
贷：银行存款	2 800

所附原始凭证为转账支票一张、购货发票一张。发票为购计算机配件——××，价值 2 800 元。

鉴定要求：

该企业账务处理是否正确？造成怎样的影响？

4．案情摘要：

(1)鉴定人员查阅某生产服装的工业企业时，发现无形资产中有商誉作价 40 万元。其账务处理为：

借：无形资产	400 000
贷：实收资本	400 000

(2)复核"无形资产"下"商誉"明细账和"实收资本"有关明细账，发现企业没有与任何单位发生合并行为。

鉴定要求：

该企业账务处理是否正确？对企业造成怎样的影响？

第十五章　负债与所有者权益的鉴定

内容提要：

本章主要介绍了流动负债中短期借款、应付账款，长期负债中长期借款、应付债券，以及所有者权益中实收资本、资本公积、盈余公积和未分配利润的司法会计鉴定。

企业的负债分为流动负债和长期负债。流动负债又可分为短期借款、应付账款、应付票据、预收账款、其他应付款、应付职工薪酬、应付利息、应付股利、应交税费、一年内到期的长期负债等；长期负债包括长期借款、应付债券、长期应付款、其他长期负债等。在进行会计处理时，有可能未正确划分流动负债和长期负债的界限，也有可能为了达到粉饰企业财务状况的目的而隐瞒负债，还有可能利用应付账款等负债账户进行贪污舞弊，这些均会导致负债方面的错弊。所有者权益包括实收资本、资本公积、盈余公积、未分配利润等，在进行会计处理时，可能有随意增减资本的情况，或者将资本公积、盈余公积转为实收资本，还可能有不按财经法规的规定进行结算等，这些将会导致所有者权益方面的错弊。在法律诉讼中，应视具体情况采取相应的程序和方法进行司法会计鉴定。

第一节　流动负债的鉴定

流动负债是过去的交易形成的现实义务，没有实物形态，如果故意低估，则不容易找到证据，但能够用货币资金准确地计量，它有确定的受款人和偿付日期，需要在未来的某一时间通过转让资产或提供劳务偿付给债权人。由于流动负债包括的内容很多，这里我们重点介绍短期借款和应付账款的鉴定。

一、短期借款的鉴定

短期借款是企业向银行或其他金融机构借入的期限在一年内（含一年）的各种借款。企业仅仅拥有短期借款的使用权，需要在约定期限内归还，而且还要支付一定的利息。这部分利息作为财务费用与企业本期收益有关。

(一)短期借款业务的主要错弊及会计表现

1.短期借款使用不当。短期借款的目的是满足近期对资金的需要,维持正常的经营活动。多数短期借款都有规定的用途。而实际工作中,有的企业短期借款使用不当,使用效率低下。

2.短期借款归还不及时。这一方面影响企业的资信状况,另一方面加重企业的利息支出负担。这种情况有时是企业随意将短期借款挪作他用造成的。

3.没有合理的短期借款使用计划和还款计划。表现在企业对短期借款需用数量估计不合理,没有合理地安排使用,对保证短期借款到期偿还的资金来源没有科学的计划等。

4.短期借款的利息计算不正确,主要表现为利用借款利息人为调节企业成本。

(二)短期借款鉴定的程序及方法

1.检查确定相关的内部控制是否存在。编制短期借款明细表,并对其进行查证核实,确认其存在的真实性。

2.查证其借款计划,并将有关内容同企业现金流量表或筹资计划书核对,以确定借款计划是否必须、合理;获取或编制短期借款明细表,复核其加计数是否正确,并与明细账和总账余额核对是否相符。向银行或其他债权人函证重大的短期借款,检查短期借款的真实性;搜集被查单位所编制的借款计划,同时对其审阅,并将其有关内容与企业现金流量表或筹资计划书核对,在调查了解有关实际情况的基础上,查证借款计划是否必要、是否科学合理。

3.查证借款企业的物资保证情况。分析企业的借款物资保证有无不足或多余,以确定是否存在短期借款管理方面的漏洞,以至违法违纪问题。

4.对于年度内增加的短期借款,检查借款合同和授权批准手续,了解借款数额、借款条件、借款日期、还款期限、借款利率以及借款用途,并与相关的会计记录进行核对。对于年度内减少的短期借款,检查相关会计记录和原始凭证,核实还款数额。

5.查证短期借款是否存在归还不及时、不足额的问题时,可查阅短期借款有关明细账,看其还款时间同借款计划和银行规定还款时间是否相符,查证还款是否及时。并可核对借款额和还款额,确定还款是否足额。

6.根据借款合同,复核已计借款利息是否正确。检查短期借款是否在资产负债表上充分披露。查证应付利息总账与明细账以及财务费用总账与明细账,短期借款总账与明细账,看短期借款利息计提是否及时,金额是否正确。

（三）案例分析

案情摘要：

2006 年 12 月份某检察院要求对某企业借入一笔为期 8 个月的银行借款进行检查。

鉴定方法：

鉴定人员在审查某公司"短期借款"、"财务费用"总账及明细账时发现，某企业 12 月份借入一笔为期八个月的银行借款，利息总额为 8 万元，规定在借款到期时连同本金一同归还。按照规定，利息应采用计提的方法，每月计入财务费用账户 1 万元。经查证：该企业为了在年末少交所得税，就采用在当年多计提短期借款利息的舞弊手段，于年末将 8 万元利息全部计入当年损益，使当年利润少实现 7 万元，漏交所得税 2.31 万元。

鉴定结论：

由以上可以鉴定，该公司不按借款规定，采用多计提短期借款利息的舞弊手段，增加了企业的财务费用，调减利润，少缴了所得税。

二、应付账款的鉴定

应付账款是指企业因购买材料、商品或接受劳务供应等而应付给供应商的款项。

（一）应付账款业务的主要错弊及会计表现

1. 用商品抵顶应付账款，隐瞒收入。有的企业用商品抵顶债务，不通过商品销售核算，隐瞒商品销售收入，偷漏增值税。企业如用商品抵顶债务时，通常做"借：应付账款，贷：库存商品"的会计分录，故意不做销售，不计增值税（销项税）。

2. 不合理计入，假公济私。有些企业对于一些非法开支，或已超过标准或规定的费用，人为计入"应付账款"进行缓冲。

3. 故意推迟付款，合伙私分罚款。有些企业财务人员伙同对方财务人员，故意推迟付款，致使企业支付罚款，待支付罚款时，双方私分此罚款，使企业受到损失而肥了个人的腰包。

4. 将已经取得的销售折扣通过应付账款转出，利用应付账款，贪污现金折扣。有些企业在支付货款符合现金折扣的条件下，按总额支付，然后从对方套取现金私分或留存"小金库"。按规定，对付款期内付款享有现金折扣的应付账款按总价借记："材料采购"，贷记："应付账款"；在付款期内付款时，对享有的现金折扣应予以扣除，而且以折扣后的金额付款。但有些企业付款时，对享有的现金折扣不予扣除，通过以下方式套取现金折扣，即借：应付账款——××单位（总价），贷：银行存款，之后再从销货单位拿取折扣的部分。

5. 故意增大应付账款。如某企业采购人员在采购某物时,要求对方开票员多列采购金额,套取企业现金。

6. 利用应付账款虚构债务,以实现销售收入的隐藏。有些企业为了隐藏一些非法收入或不正当收入,以达到偷逃税款的目的,就会在收到现金(或银行存款)时,同时挂"应付账款"。

7. 虚列应付账款,调节成本费用。有些企业为了调控利润的实现数额,就采用虚列应付账款的方式,虚增制造费用,相应减少利润数额。

8. 长期挂账应付账款不进行核销。主要表现在企业的若干"应付账款"明细款项长期未付而挂账,有的属于合同纠纷或无力偿还,有的属于销货单位消亡而无从支付的情况,这样易导致虚列债务。

9. 利用某一应付账款账户转移部分销售收入,为其他单位套取物资而隐匿收入并贪污受贿。

10. 隐瞒退货。企业向供货单位购买货物后,取得了蓝字发票,但又因故把货物退回,取得了红字发货票。而作弊人员用蓝字发票计入应付账款,而将红字发票隐瞒,然后寻机转出,贪污"应付账款"。

(二)应付账款的鉴定程序和方法

1. 调查了解企业相关内部控制制度,审查报表金额与总账、明细账金额。

2. 编制应付账款的明细表,以便审查虚假或不正常项目。

3. 通过审查贷方发生额检查是否与长期应付款混淆。

(三)案例分析

案情摘要:

2007 年某检察院对某公司会计刘某涉嫌利用职务之便,贪污公款一案进行会计鉴定。

鉴定方法:

1. 鉴定人员在审查该公司"应付账款"明细账时,发现 2007 年 7 月 3 日 25 号凭证记录该公司采购一批生产物资,其应付账款增加 20 万元,7 月 4 日 36 号凭证记录偿还 20 万元货款。支付货款如此迅速,鉴定人员怀疑其中有现金折扣,决定查明情况。

2. 鉴定人员调阅了 7 月 3 日的 25 号凭证,其记录为:

借:物资采购   200 000

    贷:应付账款——A   200 000

所附单据为供货单位发票一张,合同一份,规定付款期一个月,如果在 10 天内付款,给予现金折扣 20%。

调阅 36 号凭证,其分录为:

借:应付账款——A　　　　　　　　　　　　　　　　　　200 000
　　贷:银行存款　　　　　　　　　　　　　　　　　　　　160 000
　　　　现金　　　　　　　　　　　　　　　　　　　　　　40 000

所付原始凭证为转账支票存根和现金收据两张。鉴定人员分析:一笔货款为什么采用两种结算方式? 折扣为何用现金支付? 通过对收款单位调查,发现仅收入160 000元支票一张。询问出纳人员时,供认是由会计刘某从保险柜中取出现金并签发支票用于结算货款。鉴定人员在审查借条时,通过对笔迹鉴定,发现其与收款收据字迹相同,现金收据纯属伪造。

鉴定结论:

由以上鉴定可见,该公司由于财务制度不严,刘某利用职务之便,通过应付账款科目,贪污现金4万元。

第二节　长期负债的鉴定

长期负债包括长期借款、应付债券、长期应付款、其他长期负债等。在进行账务处理时,有可能未正确划分流动负债和长期负债的界限,也有可能为了达到粉饰企业财务状况的目的而隐瞒负债,还有可能利用长期应付账款等负债账户进行贪污舞弊,这些均会导致长期负债方面的错账。对于上述情况,应采用适当程序和方法进行司法会计鉴定。

一、长期借款的鉴定

长期借款是企业向银行或其他金融机构借入的期限在一年(不含一年)以上的各种借款。长期借款需要在约定期限内归还,而且还要支付一定的利息。长期借款一般在借入时,都有专门的用途。

(一)长期借款业务的主要错弊及会计表现

1.利息不入费用,长期挂账。按照国家有关制度规定,长期借款利息要预提,做“借:财务费用,贷:长期借款”的账务处理。有些企业为了完成计划利润,对长期借款利息不预提,长期挂账,隐瞒亏损。

2.混淆资本化利息。根据我国财务会计制度的规定,企业长期借款在固定资产建造期间的利息费用应予以资本化,不能计入期间损益;在固定资产交付使用后发生的利息支出,可直接计入当期损益。但有些企业为了体现利润,在固定资产交付使用后,做“借:固定资产,贷:长期借款”的账务处理,不将利息计入期间费用。

（二）长期借款的鉴定程序和方法

1.检查确定相关的内部控制是否存在。编制长期借款明细表,并进行查证核实,确认其存在的真实性。

2.检查是否符合借款条件。审查长期借款发生时相关手续是否齐全,借款利息是否合理。

3.检查是否签订了借款合同、是否履行了必要的审批手续。

4.检查是否按照规定使用借款、有关账务处理是否正确无误、长期借款本金利息的归还是否及时。

5.检查企业是否低估债务以及导致低估成本费用,从而高估会计利润。检查长期借款的年内减少数,复核利息计算是否准确,有无多计利息或少计利息,利息资本化会计处理是否得当。检查长期借款费用资本化会计处理是否正确。

6.检查有无到期未偿还的长期借款,逾期借款是否办理了延期手续,一年内到期的长期借款是否转入到短期借款科目。

7.审查应付款项中有无隐藏长期借款的现象。

（三）案例分析

案情简介:

检查某动物研究中心的长期借款。该中心 2006 年 1 月 1 日向银行借入款项 100 万元,年利率10%,期限五年,用于建造试验室。该试验室于 2006 年 3 月 1 日动工, 2007 年 3 月 1 日完工。

鉴定方法:

1.检查确定该企业长期借款内部控制是否存在。

2.检查是否签订了借款合同、是否按照规定使用借款、有关账务处理是否正确无误、长期借款本金利息的归还是否及时。检查企业"长期借款"总账、明细账及有关凭证,发现 2007 年 3 月 1 日的会计分录中,该中心做:

借:固定资产

　贷:长期借款

账务处理没有将利息支出列为期间费用,由此造成虚增利润的后果。

鉴定结论:

由以上可以鉴定,该公司为了调节利润,利用混淆长期借款利息资本性支出与收益性支出界限的舞弊手段,从而多计资产,少计费用,调增利润,粉饰了财务状况。

二、应付债券的鉴定

应付债券是企业依法定程序发行的,约定在一定期限内还本付息的一种具有一定价值的证券,是企业为筹集资金而发行的一种书面凭证。通常凭证上记载了债券面值、债券利率和利息、期限等。企业发行的超过一年期以上的债券,构成非流动负债。

（一）应付债券业务的主要错弊及会计表现

1. 未经批准,擅自发行。有些企业发行债券没有合法的程序,通过伪造一些资料（或数据）来骗取审批。例如某企业为了获准发行债券,遂将上报的资产负债表中的净资产人为地调至限额,骗取发行资格。

2. 变相提高债券利率。根据有关规定,发行债券的票面利率不得高于银行同期居民储蓄定期存款利率的1.4倍。有些企业为了给内部职工以优惠或为了尽快发行债券,就采用折价发行债券的方式发售,从而变相提高债券利率。

3. 对债券发行中的费用控制不严格、发行费用严重超标。

4. 混淆资本性支出与收益性支出的界限。根据国家有关规定,企业发行债券筹集资金如果是用于购建固定资产,则应付债券上的应计利息以及溢价和折价的摊销,支付债券代理发行手续费及印刷费,在资产尚未交付使用前计入在建工程的成本,在资产交付使用后计入财务费用。有些企业为了完成目标利润,在资产交付使用后依然不将债券利息计入财务费用,而计入"在建工程",从而达到少计费用,多计利润的目的。

5. 摊销债券溢价、折价违规、溢（折）价不摊销和账务处理错误。有些企业为了调节利润,就会采用不摊溢（折）价的方法来达到目的。

6. 债券使用超出章程范围、挪用债券资金等。企业发行债券必须具有明确的目的和用途。有的企业发行债券筹集资金后,擅自改变用途,使债权人无形中承受极大的风险。

（二）应付债券的鉴定程序和方法

1. 检查确定相关的内部控制是否存在。编制生产成本明细表,对其进行查证核实,确认其存在的真实性。

2. 检查发行债券的整套程序,检查是否符合《公司法》、《证券法》的有关规定。

3. 检查债券发行费用的真实性,重点审查代理发行费用,以及印刷费用的会计处理。

4. 检查发行债券的溢价、折价、摊销计算和会计处理。

5. 检查债券利息的计算和会计处理,有无混淆资本性支出与收益性支出的界限。

6. 检查债券使用情况,是否有超出章程范围、挪用债券资金的情况。

（三）案例分析

案情简介：
检查某企业利用混淆债券利息资本性支出与收益性支出的界限。某石化企业

2005 年 1 月 1 日发行面值为 1 000 万元的债券用于新建车间,企业按 900 万元发行,票面利率为 10% ,2007 年 1 月 1 日该车间交付使用。

鉴定方法:

鉴定人员在检查该企业"应付债券"总账、明细账及相关会计凭证的债券利息的计算和会计处理时,发现该企业在 2007 年 4 月 1 日计提利息时做

借:在建工程

  贷:应付债券——应计利息

    应付债券——债券折价

的账务处理。

鉴定结论:

由以上可以鉴定,该公司为了调节利润,利用混淆债券利息资本性支出与收益性支出界限的舞弊手段,从而虚增资产,少计费用,调增利润,粉饰了财务状况。

第三节 所有者权益的鉴定

所有者权益类会计科目包括实收资本、资本公积、盈余公积、未分配利润等。在进行会计处理时,可能有随意增减资本的情况,或者将资本公积、盈余公积转为实收资本时不按规定结算等。对于上述情况,应采用适当的程序和方法进行司法鉴定。

一、实收资本的鉴定

实收资本是投资者按照企业章程或者合同、协议的约定,实际投入企业经营活动的各种资金及财产物资,是所有者权益的主要组成部分。

(一)实收资本业务的主要错弊及会计表现

1. 企业没有按出资者的类型正确设置明细分类账,有错记、漏记和作弊的行为。例如将国家投资记入其他投资主体账户的情况。

2. 企业股票按面值发行的发行费用没有作为开办费处理;溢价发行的溢价收入和除发行费用的余额没有全部记入"资本公积"账户。

3. 企业股份制改造时,改组后的企业没有全部承担原企业所有的资产和负债,净资产的作价入股不正确。企业应将评估调整后的全部资产减全部负债的净资产折价入股,以净资产换取的股份按实际支付价折算的金额与净资产相比较,检查折算值是否全部计入"股本"账户。折算大于净资产的差额是否作为商誉,折算小于净资产的差额是否作为股本溢价记入"资本公积"账户。此外《公司法》规定,有限责任公司(含国有独资公司)依法变更为股份有限公司时,折合的股份总额应等于公司净资产额。

4.投资者以实物投资时,企业的会计处理没有按规定进行。如果评估确认价值小于投出单位的账面原价,按投出单位固定资产的账面原价借记"固定资产账户",按评估确认的价值贷记"实收资本(股本)"账户,按固定资产的账面原价与评估确认价值的差额贷记"累计折旧"账户。

5.企业吸收外币投资时,如果企业以人民币作为记账本位币,企业没有按合同约定的汇率将外币折合成人民币入账。如果合同没有约定汇率,企业没有按下列原则进行处理:企业用于登记注册的货币如与记账本位币一致,按收到出资时的市场汇率折合;企业用于登记注册的货币如与记账本位币不一致,按企业第一次收到出资时的市场汇率折合。如果出资人分期出资,则各期出资均应按第一期收到出资时的市场汇率折合。折合汇率一般按收到出资当日的市场汇率折合。因此,当企业收到外币投资时,将按收到出资当日的市场汇率折合的金额借记入"银行存款"账户,将按上述资本折合汇率折算的金额贷记"实收资本(股本)"账户,将两者的差额记入"资本公积"账户。

6.企业用资本公积、盈余公积转增资本时,企业没有按原有持股比例增加各股东的股本,并记入"实收资本(股本)"的明细账。企业用资本公积、盈余公积转增资本时,一方面借记"资本公积"、"盈余公积"的账户,另一方面贷记"实收资本(股本)"账户。

7.企业在当期减资,企业收购股票的价格大于其票面价值的差额,企业没有按规定进行会计处理。如果企业所收购的股票原来是溢价发行的,应首先用发行股票时的溢价进行弥补,即借记"盈余公积"账户,盈余公积仍不足弥补的,再借记"利润分配——未分配利润"账户,用未分配利润弥补,按实际支付的款项贷记"银行存款"等账户;如果企业所收购的股票原来是按面值发行的,盈余公积不足以弥补的,再借记"利润分配——未分配利润"账户,用未分配利润弥补,按实际支付的款项贷记"银行存款"等账户;如果企业因严重亏损而减资,应按注销的股份借记"实收资本(股本)"账户,贷记"利润分配——未分配利润"账户。

(二)实收资本的鉴定程序和方法

1.对实收资本内部控制制度的健全性和有效性进行审查。查账人员可以编制实收资本内部控制制度调查表,来对企业实收资本内部控制制度是否存在问题的情况进行鉴别。

2.分析比较实收资本账户余额的变动情况。查账人员应将本期实收资本账户余额的实际数与上期进行比较,将本期实际数与资本预算和现金预算进行比较,通过比较分析有无异常的情况,并对此作进一步检查。

3.检查实收资本的业务是否合法。判断实收资本业务是否合法,主要是审阅股东会、董事会会议记录、国家的有关法律、法规,政府主管部门有关实收资本业务的文件、批文、营业执照等。检查实收资本的业务是否合法包括对出资方式、出资比例和出资期限、出资依据进行检查。

(1)假账鉴别人员应检查企业投资者的出资方式是否符合企业的章程、合同和国家有关法律的规定。如为合资企业,还应结合外方有关实物投资的有关技术证明资料,检查其投资方式是否具备规定的条件。

(2)假账鉴别人员应检查出资依据是否合法。如果投资者以货币资金出资,应检查投资者存入或汇入企业开户银行的进账单、交款凭证或转账支票,看其存入银行的日期、用途、金额、币种是否与企业章程、合同的规定相一致;如果投资者以实物投资,应检查实物的原始发票、验资证明、财产所有权证明等原始单据;如果投资者以无形资产投资,应检查专利权证书、商标注册证书和评估机构的评估报告等原始单据。

(3)假账鉴别人员应检查企业章程、合同、招股说明书等有关文件中关于出资比例的规定是否合规,再检查企业"实收资本(股本)"、"银行存款"、"固定资产"、"无形资产"等相关账簿和有关部门的批文等凭证,以判断投资者的实际出资与企业章程、合同、招股说明书是否一致。

(4)假账鉴别人员应检查企业"实收资本(股本)"明细账、银行收款单据、财产移交证明、出资证明、验收报告等单据,检查出资者的实际出资日期与企业章程、合同的规定是否一致。

4.检查实收资本的真实性。假账鉴别人员应将"实收资本(股本)"明细账、有关的资产账户、原始凭证进行核对,检查是否一致。假账鉴别人员应特别注意原始凭证所反映的内容,确认股本投入的种类、币种、汇率和投入日期等经济业务事项是否确实存在,必要时对实物资本进行盘点、核对和查询。

5.检查实收资本的完整性。查账人员除了应检查企业账面上所记载的实收资本是否确实存在,即是否真实外,还应检查企业的实收资本是否都已反映在账簿中,即是否完整。查账人员应将"实收资本(股本)"明细账、有关的资产账户核对后的余额再与股本的备查账簿和有关原始文件的记录进行核对,判断企业是否遗漏记录了股本业务。

6.检查实收资本的计价和会计处理是否正确。

(三)案例分析

案情简介:

检查实收资本的计价和会计处理是否正确。某合资企业中方投资份额为20万美元,企业合同约定折合美元汇率1:8,中方投资者以人民币于规定期限内分两次出资,5月1日出资88万元人民币,当日外汇牌价1美元=8.00元人民币,6月1日出资84.7万元人民币,当日外汇牌价1美元=8.30元人民币,检查发现,该企业对中方投资的账面记录为:

借:银行存款　　　　　　　　　　　　　　　172.7 万元
　贷:实收资本　　　　　　　　　　　　　　162.7 万元
　　　资本公积　　　　　　　　　　　　　　　10 万元

鉴定方法:

检查企业"实收资本"明细账、银行收款单据、财产移交证明、出资证明、验收报告等单据,检查出资者的实际出资日期与企业章程、合同的规定是否一致。发现该企业应把中方多投的几万元交还给中方,不应列入资本公积。该企业中方出资方式符合规定,第一次投资 88 万元人民币折合 11 万美元,第二次投资 84.7 万元人民币,按当日外汇牌价折合 9 万美元,还多余人民币 10 万元。按合同汇率折合多余的 10 万元人民币,为中方多投入的货币资金,不能作为资本公积,只能作为其他应付款。从而虚增所有者权益,虚减负债。

鉴定结论:

经鉴定该企业吸收外币投资时,没有按合同约定的汇率将外币折合成人民币入账,违反了会计核算原则,从而虚增所有者权益,虚减负债。

二、资本公积的鉴定

资本公积是指企业取得的但不是由企业生产经营活动本身带来的各种增值。包括股本溢价、资本溢价、接受捐赠的资产价值、外币资本折算差额等。

(一)资本公积业务的主要错弊及会计表现

1. 接受财产捐赠,记入当期损益。企业将地方政府、社会团体或个人以及海外团体或个人赠与的财产,记入当期损益,虚增利润,减少所有者权益。企业接受捐赠的现金或实物时,应按接受的捐赠款或实物价格记入"资本公积"科目。而有些企业却视为盈利记入"营业外收入",虚增了当期利润。

2. 投资额低于账面价值的差额,冲减资本公积。企业以实物、无形资产向其他单位投资,投资合同、协议确认的价值或评估价值低于账面价值时,对其差额企业应作为当期损益处理,有些企业却直接冲减"资本公积",减少了所有者权益,虚增利润。

3. 对外投资评估价值高于账面价值的差额,列入当期损益。企业以商品或固定资产作价投资时,当评估价高于账面价值时,企业本应计入"资本公积"科目核算,但企业直接计入"营业外收入",虚增当期利润。

4. 溢价发行股票,按实收金额汇入股本。企业溢价发行股票时,股本应按股票面值登记入账,其差额部分应记入"资本公积——股权溢价"。有些企业混淆了法定资本的界限,将实收金额借记"银行存款",贷记"股本"进行核算。

5. 内部职工发放现金股利,挤列费用。企业内部职工购买职工股,在发给职工现金股利时,通过应付工资计入费用。企业分配股利应在税后利润分配中列支,但企业在利润分配中计提应付股利,实际支付时不冲减应付股利,而是通过"应付工资"在费用中列支,使应付股利挂账,以便乘机转入"小金库"。

(二)资本公积的鉴定程序和方法

1. 检查确定相关的内部控制是否存在,检查资本公积的真实性和完整性。查账人员应检查企业接受投资的财产清单、接受捐赠的财产清单、报关单,企业对外投资或产权变动进行资产评估的有关报告以及办理增资的有关审批文件,并与"资本公积"的总账和明细账进行核对,做到账证相符,账账一致。

2. 检查资本公积的形成是否合法。对资本溢价,查账人员应检查企业是否按实际出资额扣除其投资比例所占的资本额计算;对股本溢价,查账人员应检查企业是否按股票发行价格与其面值的差额扣除发行股票的手续费、佣金后的余额计入资本公积。对捐赠资本公积,查账人员应检查所捐赠的资产是否办理了移交手续,其计价是否取得了有关单据或评估确认,是否办理了验收手续。对法定财产重估增值资本公积,查账人员应检查企业资产重估是否符合法定财产重估的范围且办理了审批手续,评估机构是否具有国家规定的评估资格,评估的方法是否科学合理。对资本折算差额资本公积,查账人员应检查企业的资本折算汇率是否经企业董事会批准并由投资各方认可且载入企业章程或投资合同,外币资产的折算汇率是否按出资当日的国家外汇牌价或当月1日的国家外汇牌价折算。

3. 检查资本公积的使用是否合法。查账人员应检查企业的资本公积是否按规定转增资本,在转增资本时是否经董事会决定并报工商行政管理机关办理增资手续,实际增资额与批准的数额是否一致,企业有无挪用资本公积的情况,如将资本(股本)溢价用于发放股利,将资本公积用于集体、职工福利。

4. 检查分析比较"资本公积"账户余额的变动情况。查账人员应将本期资本公积账户余额的实际数与上期进行比较,将本期实际数与资本预算和现金预算进一步比较,通过比较分析有无异常的情况,并对此作进一步检查。

(三)案例分析

案情简介:
检查某公司是否采用不合法手段减少资本公积,虚增利润。
鉴定方法:
检查人员在检查某公司企业对外投资或产权变动进行资产评估的有关报告以及办理增资的有关审批文件、"长期投资"、"库存商品"、"资本公积"的总账和明细账以及有关凭证时,发现如下处理:该公司以库存商品进行投资,账面原价1 000 000元,计税价1 170 000元,但投资确认的价值为800 000元,公司为了调整利润,将本应记入营业外支出科目记入了"资本公积"科目,即:

借:长期投资　　　　　　　　　　　　　　　　　　　800 000

　资本公积　　　　　　　　　　　　　　　　　　　370 000

　贷:库存商品　　　　　　　　　　　　　　　　　　1 000 000

　　应交税金——应交增值税　　　　　　　　　　　　170 000

鉴定结论:

经鉴定该公司利用投资额低于账面价值的差额,冲减资本公积,以不合法手段虚增了利润。

三、盈余公积的鉴定

盈余公积是企业按照国家规定从税后利润中提取的公积金。

(一)盈余公积业务的主要错弊及会计表现

1.将营业外收入、投资收益等内容列入到盈余公积,逃避税收。

2.未按规定擅自多提或少提盈余公积。

3.未经批准、未办理有关手续,擅自转增资本;未经批准,擅自用盈余公积分配股利。

4.将盈余公积挪作他用,增加集体或职工福利,发放奖金等。

(二)盈余公积的鉴定程序和方法

1.检查确定相关的内部控制是否存在。编制生产成本明细表,并对其进行查证核实,确认其存在的真实性。

2.审查盈余公积合法性,确认企业提取盈余公积是否符合财务制度的规定。

3.审查确认盈余公积的使用是否遵循财务制度的规定,主要有用于弥补亏损、转增资本、分配股利、兴办职工福利。

4.审查确认弥补亏损或转增资本,以及分配股利后,盈余公积是否低于法定的数额(不应低于注册资本的25%)。

5.查明支付股利数额是否超过法定的百分比(不超过股票面值的6%);查明转增资本是否具有合法手续。

6.审查确认盈余公积是否按法定盈余公积、任意盈余公积和公益金分类核算,相互之间有没有混淆现象。

(三)案例分析

案情简介:

检查A股份有限公司将罚款收入列作盈余公积。

鉴定方法：

检查人员对 A 股份有限公司上年度的利润分配合规性进行复查时，发现"盈余公积——法定盈余公积"的贷方发生额较按规定比例应计提的金额超出 43 000 元。经调阅其记账凭证及所附原始凭证——银行收账通知单，发现其为一笔 43 000 元的罚款收入。检查人员要求再提供罚款依据时，A 公司才提供一份未履行的合同及依此收取罚款的情况说明。检查人员与 A 公司会计主管人员核实情况后指出，上述账务处理不仅违反了会计制度而且还逃避了所得税的缴纳。

鉴定结论：

经鉴定该公司将罚款收入列作盈余公积，违反了会计制度，虚增所有者权益，少计利得，调减利润，从而达到少交所得税的目的。

四、未分配利润的鉴定

未分配利润是企业实现的净利润用于弥补亏损、提取盈余公积和向投资者分配利润后留存在企业的、历年结存的利润。

（一）未分配利润业务的主要错弊及会计表现

1. 未分配利润的形成不合规。主要表现在：企业为了少计收入、少算利润达到少缴税金的目的，有时将应属于其他业务收入、营业外收入、投资收益等项目的核算直接计入未分配利润，影响企业未分配利润的真实性。

2. 擅自使用未分配利润。不按合同、协议、章程以及董事会纪要的规定分配利润。

（二）未分配利润的鉴定程序和方法

1. 对利润分配环节进行控制测试。未分配利润是利润总额进行利润分配后的余额，因此未分配利润审计应结合利润及利润分配审计进行。

2. 审计时应查明有无因漏缴或少缴所得税，漏计或少计利润而减少未分配利润的情况。

3. 审查确认利润分配比例是否符合合同、协议、章程以及董事会纪要的规定，利润分配额及年末未分配数额是否一致。

4. 审查资产负债表与利润分配表中未分配利润数的一致性，以及利润表与利润分配表中利润总额的一致性。

（三）案例分析

案情简介：

检查某公司 2006 年度利润分配环节的相关问题。

鉴定方法：

1. 检查人员对利润分配环节内部控制制度进行测试。该公司的财会部门对利润分配尚未健全集中管理、记录和审核控制制度，不能及时反映和监控公司利润，实现合理分配；公司没有定期将利润分配明细账与总账进行核对，这样有可能使得二者账账不符；有关利润分配各总账账户余额与利润分配表、利润表中对应项目之间缺乏定期的核对制度；存在不按利润分配的顺序进行分配的问题，影响了利润分配表中会计信息的真实性。

2. 检查人员审核利润分配明细账以及有关的记账凭证和原始凭证，确定利润分配表中各构成项目是否真实存在；检查人员又函证了外部投资者确定被审计单位投资收益的真实数额；检查人员发现该公司 2006 年度通过税前向其控股子公司多分配投资利润，以转移母公司利润、用税前利润弥补亏损，漏缴所得税的事实；对应作调整的永久性差异事项，没有作任何调整；虚列"待决应付款"以藏匿材料的成本贷差，从而达到扩大公司福利和增发奖金的目的。

鉴定结论：

经鉴定该公司违反规定税前分配利润；不按规定确认应税利润和利润分配项目不真实，从而形成不真实的未分配利润。

思考与练习

1. 某一企业 2002 年 1 月 1 日发行五年期面值为 500 万元的债券，票面利率为 10%。企业按 510 万元的价格发行，2002 年 12 月 1 日，企业计提利息时做会计分录，

借：财务费用	500 000
贷：应付债券——应计利息	500 000

按照国家有关规定，企业发行债券应在到期日内分摊溢（折）价。该企业多计费用 2 万元，从而造成少计利润 2 万元，少缴企业所得税 0.66 万元。正确的会计分录应为：

借：财务费用	480 000
应付债券——债券溢价	20 000
贷：应付债券——应付利息	500 000

分析判断该企业上述有关债券溢价处理的确认是否正确，会造成什么影响。

2. A 公司委托 B 证券交易所代理发行普通股 100 万股，每股面值 2 元，根据股东大会决议和双方签订的承销合同，每股发行价格为 2.60 元，发行手续费为发行收入的 3%；查账人员审查该公司"股本"账户后，其余额为 2 000 000 元；审查"资本公积"账户，并无记录，但其记账凭证已经找到，其会计分录如下：

借：银行存款	2 522 000

    贷:股本　　　　　　　　　　　　　　　　　　　　　　2 000 000

       本年利润　　　　　　　　　　　　　　　　　　　　　522 000

分析判断该企业上述有关股票溢价处理的确认是否正确,会造成什么影响,鉴定人员应进一步做哪些方面的调查?

3.某企业以购建几条大型生产线为借口发行债券筹集资金 1 000 万元,由于当时股票市场十分看好,便将 1 000 万元全部投于了股市。股市风云变幻,该企业在 1 个月之内便损失 50 万元。分析判断该企业上述有关债券筹集资金处理是否正确,会造成什么影响。

第十六章　费用、收入、利润的鉴定

内容提要：

企业损益包括收入和成本费用两项内容。本章主要介绍企业收入中产品销售收入、其他业务收入，成本、费用中生产成本、管理费用以及利润中利润总额和利润分配的司法会计鉴定。

第一节　费用、成本的鉴定

企业的费用，是指为销售商品、提供劳务等日常活动所发生的经济利益的流出。费用按照其经济用途，分为生产成本和期间费用两大类。企业应当严格划分期间费用与成本的界限。

一、生产成本的鉴定

生产成本是企业为生产一定种类和数量的产品所发生的应记入产品成本、劳务成本的费用，包括：直接材料、直接人工和制造费用。

(一)生产成本业务的主要错弊及会计表现

1.没有正确划分各种产成品之间的费用界限；

2.没有严格区别产品成本与期间费用的核算界限；

3.将不属于在产品成本的费用记入在产品成本，未能正确计算在产品成本；

4.企业在完工产品与在产品费用分配方法选择上，不应当采用定额不准确的定额成本计价法；

5.虚增在产品数量、增加在产品成本；

6.人为加大在产品核算的成本，企业把新开发的产品试制费记入产成品成本中；

7.在产生副产品时不按照正确方法核算，成本核算方法错误。

(二)生产成本的鉴定程序和方法

1.检查确定相关的内部控制是否存在。编制生产成本明细表，并对其进行查证核实,确认其存在的真实性。

2.检查监督直接材料成本、直接人工成本、制造费用、产成品和在产品等内部控制制度。对遵守各项《企业会计制度》的有关规定进行检查、对成本项目的构成进行分析研究、对成本单位进行考察、对完工程度进行检查等。目的是为了检查成本费用核算系统的正确性、合法性。

3.分别对各个成本项目进行查证。包括审查直接材料耗用量的真实性,审查直接材料的计价标准,审查直接材料费用的分配原则,进行分析性复核;对直接人工的合理性进行审查,对工资费用的范围和计算过程进行审查,审查福利费用的计算程序,审查人工费用分配标准,审查人工费用的会计处理结果是否正确;审查制造费用的各个项目是否正确,审查制造费用发生的真实性,审查制造费用的归集和分配方法是否正确、合理;审查产成品的入库会计凭证、入库手续的合法性,审查产成品入库数量的真实性,审查产成品成本结转结果。

4.检查主营业务成本、主营业务税金及附加和期间费用。

(1)审查直接成本的真实性。检查是否存在加大材料成本,从中谋私的现象;

(2)直接人工费的计算是否正确,制造费用的分配是否合理,有无扩大制造费用的列支范围,对折旧的计提、固定资产的处置是否符合规定;

(3)对成本的核算方法前后是否一致。

二、管理费用的鉴定

管理费用是指企业为组织和管理生产经营活动所发生的各种费用。包括企业的董事会和行政管理部门在经营管理中发生的,或者其他应当由企业统一负担的各项费用。管理费用包含内容很多,是不法分子常常用来调节利润、偷逃税款进行违法活动的会计账户。

(一)管理费用业务的主要错弊及会计表现

1.企业虚列、虚报有关费用,私设"小金库",或利用假发票、假收据冒领、贪污公款的现象。

2.不按有关规定摊提管理费用,如职工福利费的提取比例不正确、企业招待费不严格按照财务制度规定的比例列支等。

3.将不属于管理费用的开支列入管理费用,人为调节利润。

4.混淆生产成本与管理费用支出的界限。

(二)管理费用的鉴定方法和程序

1.检查确定相关的内部控制是否存在。编制管理费用明细表,并对其进行查证核实,确认其存在的真实性。

2.通过检查管理费用总账和明细账以及相关的原始凭证,检查管理费用支出是否符合国家规定的开支标准,有无任意扩大开支范围和提高开支标准的现象,有无巧立名目、挥霍浪费、请客送礼等违反财经纪律的支出。

3.检查管理费用明细账中管理费用的核算是否真实、合理、合法。检查是否在保证生产经营不断扩大的前提下,节约开支,有无随意浪费、贪污挪用的行为;检查管理费用开支是否按财务会计制度规定办理有关业务,有无弄虚作假、营私舞弊、虚报费用开支、贪污行贿等犯罪行为;检查有无虚增职工工资总额基数巧立补贴名目,提高职工福利费等项目的补贴标准,多提附加工资的现象。

4.检查各种购物报销的原始凭证是否真实、合法、合理。发票或收据的抬头是否为本单位,有无合法的经手人、验收人和领导签字;有无私人购买生活用品,在单位报销的现象。

(三)案例分析

案情简介:

检查某公司 2005 年管理费用明细账时发现如下事项:

1.该公司 2005 年木工车间失火,为修复厂房及核销火灾损失共支付 115 000 元,该公司将该项支出列入"管理费用—其他费用"科目。

2.该公司技术科 2005 年租入实验设备 4 台,按合同规定每年支付租金 60 000 元,按设备原价 70 万元计提折旧,年折旧率 5% ,年折旧额 35 000 元,两项共计 95 000 元,已列入管理费用。

3.职工宿舍全年生活用水用电 8 500 元,企业自行组织职工外出休养所开支的车船费、住宿费共计 8 000 元均列入管理费用。

4.为购货单位代垫运杂费 3 600 元,列入管理费用。

鉴定方法:

1.检查管理费用总账和明细账以及相关的原始凭证,车间失火、为修复厂房支出应计入"营业外支出"。

2.检查管理费用明细账和固定资产明细账,该企业不应提取租入实验设备折旧,计提折旧费,导致了利润虚减,少缴所得税。

3.检查管理费用总账和明细账以及相关的原始凭证,职工宿舍全年生活用水用电,应由职工负担,计入管理费用导致虚减利润,少交所得税。而企业自行组织职工外出休养所开支的费用应计入应付职工薪酬,但是该企业计入了管理费用,也会导致虚减利润,少缴所得税。

4.检查管理费用总账和明细账以及相关的原始凭证,代垫运杂费应予以收回,但是该企业计入了管理费用,也会导致虚减利润,少缴所得税。

鉴定结论:

该厂利用虚列管理费用的方法,少计利润,偷逃所得税行为属实。

第二节 收入的鉴定

收入是指企业在销售商品、提供劳务及让渡资产使用权等日常活动中所形成的经济利益的总流入,包含主营业务收入和其他业务收入。企业应当严格按照收入的确认原则进行合理确认和计量。主营业务收入的错弊表现包括:主营业务收入的入账时间不正确;主营业务收入的入账金额虚假;有意隐藏收入或者有意虚增销售收入;将主营业务收入作为其他业务收入、营业外收入;销售折扣与折让的会计处理错误;销售退回会计处理不当;对增值税的销项税额的会计核算不正确等。应根据具体情况进行司法鉴定。

一、主营业务收入的鉴定

主营业务收入是企业收入的主要来源,也是不法分子用以调节利润,偷逃税收,粉饰业绩最常用的账户,因此对主营业务收入的鉴定是司法会计鉴定的重要内容之一。

(一)主营业务收入业务的主要错弊及会计表现

1. 发票管理不严格。发票是企业销售产品的主要原始凭证,也是计税的主要依据。有些企业不按发票管理办法严格管理发票,在发票的使用和保管过程中存在许多问题,主要表现在开销售发票时,开"阴阳票",代他人开票等。这样便给偷税、漏税、贪污盗窃、私设"小金库"留有了余地。

2. 产品销售收入入账时间不正确。根据企业会计准则及会计制度规定,企业发出商品,同时收讫货款或取得索取货款的凭证时间,作为销售收入的入账时间。但是有的企业常常违反入账时间,人为地改变入账时间,改变当期计税基数,随意的调整当期的利润,影响了利润数据的真实性。

3. 产品销售收入的入账金额不实。某些企业销售商品时以"应收账款"、"银行存款"直接冲减"库存商品"、"产成品",从而随意变动了记账的销售额,造成当期损益不实。

4. 故意隐匿收入。企业为了逃税,在发出商品、收到货款、但发票尚未给购货方的情况下,将发货联单独存放,而作为应付款下账。

5. 白条出库,作销售入账。企业应在发出商品、提供劳务,同时收讫货款或取得索取货款的凭证时,确认产品销售收入的实现。有的企业为了虚增利润,依据白条出库来确认销售收入的实现。

6. 预收货款提前转作销售收入。企业预先收到购货单位支付的货款，应通过"预收账款"账户进行核算，等发出商品时，进行冲减"预收账款"，同时增加"产品销售收入"。但企业为了调整利润，在产品还未发出时便作为销售，视为销售收入的实现。

7. 向预付款单位发出商品时，不做销售处理。财务制度规定企业向购货单位预收货款后，应当在发出产品时，做实现销售的账务处理。但企业通常在预收购货单位的货款向购货单位发出商品时，为了调整当期损益，直接记入"分期收款发出商品"而不记入"产品销售收入"，从而偷逃税金，转移了利润。

8. 虚设客户，调整利润。有的企业为了调增利润，便采取假设客户，编造产品销售收入的做法。

9. 延期办理托收承付，调整当年利润。企业采用托收承付的结算方式销售产品，当产品发出，托收手续已办妥并取得收取价款的凭据时，应作为销售收入处理。但企业为了控制利润数额，少交税，便采取了延期托收手续，故意减少当期产品销售收入的手法。

10. 销货退回，虚拟业务。按财务制度规定，对销售退回不论是本年度退回，还是以前年度的销售退回，均应冲减当月销售收入。但在工作中，有些企业为了不影响收入利润，对退回的产品不入账，形成账外物，或者直接虚拟往来，不冲减产品销售收入。

11. 延期结算代销产品，经办人员获利私吞。企业委托其他单位代销产品，代销清单应按企业与代销单位商定的日期按时提供来作为委托单位入账的原始依据。有的委托单位经办个人私欲强烈，私用职权，允许代销单位采用延期提供代销清单的不法行为。

12. 赊销商品转作收入，虚增存货周转率。企业将没有产生收入的赊销产品，按现销作为当期的收入办理，以至于提高了企业的存货周转率。

13. 销售自制半成品，直接冲减生产成本。企业为了调整损益，将应入库后作销售的半成品，在未入库之前直接从车间发给客户，并将取得的销售收入直接冲减生产成本。

14. 低价出售产品，经办人员捞取回扣。在市场竞争中，企业在业务上允许销售人员根据情况，在给定的价格变动幅度内上下浮动。这样使得有关经办人在销售价格上有机可乘。

15. 产品"以旧换新"，用差价计收入。企业采用"以旧换新"的促销方式，对新旧产品都应入账处理。对改进的旧产品做购进处理，对发出的新产品应作销售处理。但企业却用差价计算销售收入，使得企业少交税款。

16. 凭空填制记账凭证，将收入转为损失。企业在结账时，发现收入太大，税金过高，便凭空填制记账凭证，虚减产品销售收入，将收入转为财产损失计入当年损益。开"阴阳票"、代他人开票等。这样便给偷税漏税、贪污盗窃、私设"小金库"留有了余地。

17. 补收的销售额，直接计营业外收入。企业因报价错误，少收了货款后，向购货方追缴货款的差额,企业直接计入"营业外收入",从而来减少销项税额。

18. 对销售折扣与折让处理不规范来调整收入。按规定,工业企业发生的销售折扣及折让应抵减产品销售收入项目,商品流通企业则单独将其反映在"销售折扣与折让"账户。但企业在工作中经常虚设折扣与折让事项冲减收入。

19. 用销售折扣与折让,截留纳入"小金库"。有的企业通常把属于销售收入的金额以"折让"、"折扣"名义擅自截留,存入"小金库",以便用在一些非法支出方面。

20. 销售退回的运杂费一并混入销售冲销。企业销售货物发生退回,经双方协议,退回运杂费由销货方承担。但企业将销售返回的运杂费一并冲销销售收入,使得企业虚减收入。

21. 来料加工节省材料不作收入。工业企业对外进行加工、修理、修配业务,按合同规定节省材料可留归企业所有,该企业将节省材料作价出售,却不作收入处理,留以后备用。

22. 工业性劳务直接冲减成本。工业企业从事工业性劳务,属于主营业务,对其收入与成本应进行明细核算,劳务收入记入"主营业务收入",期末结转其成本。有的企业将工业性劳务收入直接记入"生产成本"以冲减劳务成本,达到逃税的目的。

23. 在建工程领用产成品不做销售处理。企业在建工程在领用自制产品时,应视同销售。结算时按产品售价,借记:"在建工程",贷记"主营业务收入"。有的企业为了降低固定资产的造价,在领用自制产品时,不做销售收入处理,而是直接冲减成本。

(二)主营业务收入的鉴定程序和方法

1. 检查确定相关的内部控制是否存在。编制主营业务收入明细表,并对其进行查证核实,确认其存在的真实性。

2. 严格按照《企业会计准则——收入》规定,检查主营业务收入的确认条件。

3. 检查主营业务收入的类别是否正确、收入的实现时间是否符合要求、有无提前或滞后现象、金额是否正确、有无错记漏记现象、销售折扣及折让是否按递减项目处理、销售退回是否冲减收入、折扣与折让的原因是否充分、会计处理是否完整等。

4. 重点检查结账日后的收入与退货记录。

(三)案例分析

案情简介:
某工业企业产品成本严重不实,虚列期间费用,少计利润,有偷税行为。
鉴定方法:

1. 鉴定人员在检查某工业企业主要产品成本报表时,发现其生产的××牌电视机单位成本比年初有明显上升,对其成本项目进行比较,主要原因是生产该品牌产品的直接材料费提高造成的,从而引起了鉴定人员的怀疑。

2.鉴定人员审阅了该产品的单位成本报表。根据报表提供数据得知,今年生产该产品的单位成本与上年相比、与计划指标相比,不但没有降低反而提高了,进一步利用产量指标、消耗量指标和价格指标,采用因素分析法计算,确定为直接材料的价格上涨所致。又到材料库审阅了有关材料明细账,证实企业通过提高材料单价,加大成本,少计利润,从而达到偷税目的。

3.鉴定人员审阅了该工业企业管理费用总账及明细账。经查证该工业企业虚列管理费用,少计利润,从而达到偷税目的。

鉴定结论:

该厂利用人为提高材料单价加大产品成本以及虚列管理费用的方法,少计利润,偷逃增值税、所得税,侵占国家财政收入。

二、其他业务收入的鉴定

企业除了主营业务收入外,还可能发生一些非主营业务收入,比如材料、废料销售,包装物、固定资产出租,固定资产变价,无形资产折让、技术转让,外购商品销售及修理,运输及其他劳动服务取得的收入。其中有些收入的发生不是经常性的,很容易滋生弊端,被不法分子利用,隐瞒收入,窃为己有。

(一)其他业务收入业务的主要错弊及会计表现

1.检查确定相关的内部控制是否存在。编制长期借款明细表,并对其进行查证核实,确认其存在的真实性。

2.其他业务收入不真实,多计或少计收入,甚至转移收入,搞小集体利益或贪污。

3.其他业务收入确认不合规,提前确认或滞后确认收入,搞虚假利润。

4.利用其他应付款科目掩盖收入。

(二)其他业务收入的鉴定程序和方法

1.检查确定相关的内部控制是否健全。

2.检查其他业务收入会计处理是否正确;与费用科目对应,检查收入与费用是否配比。

3.检查其他业务收入的确认和计量是否准确,是否存在提前确认或滞后确认收入的现象。

(三)案例分析

案情简介:

检查某企业其他业务收入不真实,转移收入。

鉴定方法：

鉴定人员检查"其他业务收入"、"营业外收入"总账及明细账。发现企业将转让的无形资产收入 10 万元，本应记入"其他业务收入"，而企业故意将"其他业务收入"记入"营业外收入"。"其他业务收入"科目应交营业税为 $10 \times 5\% = 5\,000$ 元，则企业少交营业税 5 000 元。所以某工业企业产品成本严重不实，虚列期间费用，少计利润，有偷税行为。

鉴定结论：

经鉴定该企业将转让收入记入"营业外收入"，偷逃"营业税"，偷税行为属实。

第三节　利润的鉴定

利润是企业在一定期间所获得的经营成果。企业的利润一般包括营业利润、投资净收益、补贴收入和营业外收支等部分。关于营业收入、营业成本和营业税金等常发生的舞弊，譬如：虚列产品和其他销售收入调节利润、虚列销售成本和费用调节利润等，应根据具体情况进行司法鉴定。

一、利润业务的主要错弊及会计表现

1. 虚列收入、调整利润。企业财务人员受上级领导指示，对已实现的收入不按现行财务会计制度的规定进行账务处理。企业领导人为了私利，授意会计人员虚增利润，造成企业虚盈实亏。有的企业谋求团体利益，虚增、虚减、转移或截留利润。有些效益较好的企业为了偷逃税款，对已实现的收入不做销售处理，一是虚挂往来，二是不入账或跨期入账，既逃交了税金，又达到隐瞒利润的目的。

2. 虚转成本，调整利润。有的企业管理混乱，财务部门受领导旨意，人为地增加或减少销售成本，造成利润虚增或虚减。财务管理制度不健全，库存账没有设，每笔业务和成本结构结转都是通过计划利润来作相应的调整。

3. 转移股利收入，挂往来账。投资企业收到被投资企业发放的股利，应作为投资收益入账。有的企业为了截留分得的股利，将股利不作为投资收益处理，而计入其他"应付账款"。

4. 出售股票收益，用于职工福利。出售股票取得的高于股票账面价值的数额，应作为投资收益处理。有的企业为了弥补职工福利费的不足，便转作职工福利费，以至于将出售股票收益予以截留。

5. 截留联营利润，发放职工奖金。有的企业私心过重，与联营单位协商后，将从联营单位应分得的利润隐匿在联营单位。同时授意联营单位联营利润由"应付利润"直接转入"其他应付款"账户。以后，该投资单位根据需要将应分得的联营利润直接从联营单位提现,放入"小金库",以备用于职工超过定额的工资及奖金。

6.隐藏联营投资利润,直接转入联营投资。现行制度规定,联营投资利润实行"先分后税"的原则,对外投资的企业分得联营利润后,应作为投资收益入账,依法交纳所得税。但有的企业为了偷逃所得税,将应从联营单位分得的联营利润,直接作增加联营投资处理,而不作投资收益入账。

7.转移罚没收入,不作利润处理。企业在经济交往中,收取的赔款、罚金、滞纳金等各种罚没收入均应计入"营业外收入"账户,有的企业为了将罚没收入挪作他用,便虚挂往来账户。

8.转移营业收入,计入营业外收入。营业收入是指企业取得的与企业生产经营活动有直接关系的各种收入,而营业外收入是指企业取得与企业生产经营活动无直接联系的各种收入。营业外收入不属经营性收入,不交纳销售税金,而经营收入却应交纳销售税金。有的企业为了少交税金,故意将营业收入转入营业外收入进行核算。

9.没收财产损失,计入当年损益。根据企业财务制度规定,企业被没收的财物损失,支付的各种罚没资金,应在税后利润中列支。有的企业为了少交所得税,将被没收的财物损失直接计入了"营业外支出",按年终实现的利润总额计交所得税。

10.转移正常停工损失,计入营业外支出。按规定由于自然灾害造成的非正常损失及非正常停工损失,应计入营业外支出。但有的企业为了控制利润水平,延期交纳所得税,便将正常的停工损失也计入"营业外支出"。

11.提前报废固定资产,调整当年利润。据企业财务制度规定,固定资产盘亏、报废、毁损和出售的净损失,均应列作营业外支出。有些企业为了调整当年利润和少交所得税,将部分固定资产提前报废处理。

12.应收入的包装物押金,列入营业外支出。企业在收到使用包装物押金时,直接转入"小金库",而账务上却作包装物押金被没收的处理,直接列入营业外支出。企业在借用或租用包装物时,将押金借记:"其他应收款",贷记:"现金",收到押金时则直接借记:"营业外支出",贷记:"其他应收款"。

二、利润的鉴定程序和方法

1.检查确定相关的内部控制是否存在。

2.对利润总额的鉴定是在营业利润、投资净收益、营业外收支净额的基础上进行的,主要是查证、核实利润总额的正确性。

3.检查鉴定应结合利润形成环节的特点,通过审核与"本年利润"账户相关的各损益类账户,审查利润形成的真实性、合法性。

案例分析

案情简介:

检查某企业2005年度采用不合法手段虚构利润。

鉴定方法：

1. 鉴定人员对营业利润构成项目明细账的审核，主要是看其是否有虚构利润和隐瞒利润的现象。发现其中"翼翼公司"明细账在 12 月 29 日有一笔借方发生额 50 万元，审计人员认为这项记录金额较大并发生于月末不寻常，于是将明细记录与有关记账凭证转字 912# 进行了核对，审计人员审阅这张记账凭证发现它没有附任何原始凭证，进一步追查发票存根，没有发现相应的销售发票，查阅产成品仓库账，也没有发现提货记录。经向冰峰公司发函询证后，鉴定人员确定这笔销售业务是该公司为完成 2005 年利润目标虚构的。

2. 鉴定人员对投资收益明细账的审核。通过审查投资净收益的记录是否完整、计算是否正确，确定投资净收益在会计报表上的披露是否恰当。鉴定人员指出了该公司的投资收益中隐瞒有关公司转来的投资利润 13 200 元和漏记 2005 年度的国库券投资收益 16.8 万元一事实，并责令进行调整——调增利润 13 200 元和补记国库券投资收益 16.8 万元。

3. 鉴定人员对营业外收支明细账的审核。主要审查营业外收支的记录是否完整、计算是否正确，确定营业外收支在会计报表上的披露是否恰当。鉴定人员对营业外收支的明细账进行审计，指出：该公司在 2005 年度未对为蓝心公司向银行借款 90 万元提供担保这一诉讼案件作相应的会计处理、该公司盘点库存原材料短缺的账务处理以及管理员张仪过失而应由其赔偿部分为 5 万元的其他应收款余额按 5% 的比例计提坏账准备的问题。

鉴定结论：

经鉴定该企业利用营业利润构成项目明细账，虚构利润，导致利润总额不真实。

思考与练习

1. 简述管理费用的鉴定程序及方法。

2. 某企业销售一台电脑，购货方提走电脑，并将货款 5 000 元已付给了该企业，但未索取发票联。该企业不作主营业务收入处理。分析判断该企业上述有关收入的确认是否正确，对利润会造成什么影响。

3. 某企业财务部受领导授意，在某月未发生销售，也未收到任何收款凭证的情况下，虚拟一个购货单位购买产品，货款暂欠 500 万元的白条作为原始凭证下了账。月末结转成本 300 万元。分析判断该企业上述有关收入的确认是否正确，可能会有什么问题存在？

图书在版编目（CIP）数据

司法会计原理与实务 / 袁泉主编. —北京：中国政法大学出版社，2008.1
（警官高等职业教育系列教材）
ISBN 978-7-5620-3160-4

Ⅰ.司… Ⅱ.袁… Ⅲ. 司法-会计学-高等学校：技术学校-教材   Ⅳ.D918.95

中国版本图书馆CIP数据核字(2008)第014198号

出版发行	中国政法大学出版社
经　　销	全国各地新华书店
承　　印	保定市中画美凯印刷有限公司

720mm×960mm　　16开本　　18印张　　360千字
2008年2月第1版　　2019年1月第4次印刷
ISBN 978-7-5620-3160-4/D•3120
定　价：49.00元

社　　址	北京市海淀区西土城路25号
电　　话	(010)58908435(编辑部)　58908325(发行)　58908334(邮购)
通信地址	北京100088信箱8034分箱　　邮政编码 100088
电子信箱	fada.jc@sohu.com(编辑部)
网　　址	http://www.cuplpress.com（网络实名：中国政法大学出版社）